A EMPRESA 360°

SARAH KAPLAN

A EMPRESA 360°

Como levar em conta os interesses de todos os stakeholders e conduzir sua empresa por um caminho de transformação

Tradução
Ada Felix

Benvirá

Copyright © Sarah Kaplan, 2019
Todos os direitos reservados
Título original: *The 360° Corporation – From Stakeholder Trade-Offs to Transformation*

Direção executiva Flávia Alves Bravin
Direção editorial Renata Pascual Müller
Gerência editorial Rita de Cássia S. Puoço
Edição Tatiana Vieira Allegro
Produção Rosana Peroni Fazolari
Preparação Maria Silvia Mourão Netto
Revisão Mauricio Katayama
Diagramação Caio Cardoso
Capa Tiago Dela Rosa
Impressão e acabamento Bartira

Dados Internacionais de Catalogação na Publicação (CIP)
Angélica Ilacqua CRB-8/7057

Kaplan, Sarah
 A empresa 360° : como levar em conta os interesses de todos os stakeholders e conduzir sua empresa por um caminho de transformação / Sarah Kaplan ; tradução de Ada Felix. – São Paulo : Benvirá, 2020.
 280 p.

Bibliografia
ISBN 978-85-5717-366-8
Título original: The 360° Corporation

1. Administração de empresas 2. Responsabilidade social da empresa 3. Empresas - Aspectos sociais I. Título II. Felix, Ada

20-2089
CDD 658
CDU 658

Índice para catálogo sistemático:
1. Administração de empresas

1ª edição, agosto de 2020

Nenhuma parte desta publicação poderá ser reproduzida por qualquer meio ou forma sem a prévia autorização da Saraiva Educação. A violação dos direitos autorais é crime estabelecido na lei n. 9.610/98 e punido pelo artigo 184 do Código Penal.

Todos os direitos reservados à Benvirá, um selo da Saraiva Educação.
Av. Paulista, 901, 3º andar
Bela Vista - São Paulo - SP - CEP: 01311-100

SAC: sac.sets@somoseducacao.com.br

*Para Anita: rumo à lua,
às estrelas e além*

Sumário

Prefácio | A empresa na sociedade 9

Parte I | Introdução à empresa 360° 15

1 | A destruição criativa revisitada: como as necessidades dos stakeholders criam trade-offs para a empresa 17

2 | Antes de correr, é preciso caminhar: entenda seus trade-offs (Modo 1) 49

Parte II | O argumento da responsabilidade social: reveja seus trade-offs (Modo 2) 67

3 | Existe de fato um ganha-ganha? A busca do valor compartilhado 69

4 | Dificuldades com o business case: como o business case da diversidade impede avanços 83

Parte III | Além das armadilhas do business case: inove para resolver seus trade-offs (Modo 3) 113

5 | A RSE não é um mero acessório: inovação na cadeia de suprimentos 115

6 | Stakeholders como fonte de inovação: transforme suas operações 129

Parte IV | Prospere em meio a trade-offs intratáveis (Modo 4) 151

7 | Como lidar com paradoxos: vendendo de forma sustentável ... 153

8 | Experimentação: verde de verdade 175

Parte V | Liderando a revolução 360° 203

9 | O CEO 360°: um mapa para o líder organizacional 205

Epílogo | Uma nova perspectiva para os stakeholders 215

Agradecimentos 225

Notas 227

Índice remissivo 267

Prefácio
A empresa na sociedade

Quando comecei a dar aulas na Wharton School,* no começo da década de 2000, um mantra comum entre os alunos era *"learn, earn, return"* [aprender, ganhar, devolver]. A ideia era fazer o MBA ("aprender"), sair e conseguir muito dinheiro ("ganhar") e depois, lá na frente, dar algo de volta à sociedade por meio de voluntariado e filantropia ("devolver"). É um jeito de pensar que separa o que a pessoa faz para ganhar a vida daquilo que poderia fazer pela sociedade. E é uma mentalidade ainda hoje reforçada em muitas faculdades de administração pelo fato de a ética ser ministrada como matéria totalmente distinta das demais disciplinas estudadas no curso. E, o que é ainda mais preocupante, pelo fato de o ensino da ética frequentemente reforçar o mandamento de Milton Friedman de que o único dever ético de uma empresa (desde que as "regras do jogo" sejam respeitadas) é para com o acionista.[1]

Por sorte, quando menciono o "aprender, ganhar, devolver" hoje em dia, meus alunos dizem nunca ter ouvido esse lema. Talvez porque eu agora lecione na principal escola de negócios do Canadá e o *ethos*

---

* A Wharton é a faculdade de administração e negócios da Universidade da Pensilvânia, nos Estados Unidos. [N.E.]

aqui seja outro. O mais provável, no entanto, é que uma nova geração de alunos não vê essas esferas como coisas separadas. Diante dos problemas sociais e ambientais de hoje, essa geração não está interessada em trabalhar em um mundo no qual o lucro é importante em determinado momento e a responsabilidade social em outro, posterior. É gente que não vê e, com efeito, não tolera essa divisão.

Essa mudança de ventos já produziu iniciativas como o movimento "B Corporation" (B Corp), que incentiva empresas a buscar a certificação como Empresa B (de benéfica) – ou seja, aquela que satisfaz critérios de desempenho social e ambiental. Cerca de 2.500 companhias no mundo todo já receberam o selo. Segundo os valores da B Corp:

- devemos ser a mudança que buscamos no mundo;
- todo negócio deve ser conduzido como se as pessoas e o lugar importassem;
- com seus produtos, práticas e lucro, toda empresa deve aspirar a não prejudicar ninguém e beneficiar a todos;
- para isso, precisamos agir com a consciência de que dependemos uns dos outros e de que, portanto, somos responsáveis uns pelos outros e por gerações futuras.[2]

Em 2017, os fundadores da organização responsável pela certificação B Corp, a B Lab, divulgaram uma carta aberta a dirigentes empresariais pedindo a todos que rejeitassem a divisão entre lucro e ética: "No atual cenário de crescente insegurança, medo, discursos de ódio e violência, e em meio à falta de confiança em nosso sistema econômico, todo líder empresarial tem a responsabilidade e a oportunidade sem precedentes de erguer uma sociedade mais inclusiva".[3]

Que essa turma escrevesse algo assim não chega a ser surpresa. Afinal, são da B Lab. O mais surpreendente talvez seja que, na mesma época, Larry Fink, CEO da BlackRock – uma empresa de investimentos com mais de 1 trilhão de dólares sob gestão –, escreveu uma "Carta a CEOs" que dizia o seguinte:

Vemos muitos governos que estão deixando de se preparar para o futuro em questões que vão da aposentadoria e da infraestrutura à automação e a recapacitação de trabalhadores. O resultado é uma sociedade que se volta cada vez mais para o setor privado e pede a empresas que respondam a desafios maiores da sociedade. Com efeito, as expectativas depositadas sobre sua empresa nunca foram tão grandes. A sociedade está exigindo que as empresas, tanto públicas como privadas, sirvam a um propósito social. Para ter sucesso ao longo do tempo, toda empresa deve não só produzir resultados financeiros, mas também mostrar como dá uma contribuição positiva para a sociedade. A empresa deve beneficiar todos os stakeholders – incluindo acionistas, funcionários, clientes e comunidades nas quais atuam.[4]

Conclusão: a empresa não pode negligenciar o universo de stakeholders que a cerca.[5] Cada um chegará a essa conclusão por suas próprias razões: porque "click-ativistas" armam um escarcéu nas redes sociais quando a empresa comete deslizes; porque o consumidor pode querer distância de empresas irresponsáveis; porque os famosos millennials podem simplesmente não querer trabalhar para empresas desprovidas de uma proposta de valor socialmente responsável; porque o investidor está exigindo obediência a critérios ambientais, sociais e de governança; porque você tem a responsabilidade pessoal de pensar o papel da empresa frente a urgentes desafios sociais e ambientais – e por aí vai.

Tendo chegado a esse ponto, o passo seguinte é definir como avançar. O grande problema é que satisfazer as demandas dos stakeholders em geral requer medidas que podem comprometer o lucro. Não é uma simples questão de ir e fazer. Melhorar condições de trabalho, investir em avanços ambientais, lidar com o impacto do consumismo, criar pipelines de talentos para comunidades marginalizadas ou cessar atividades poluidoras custa caro. É caro em termos de caixa, caro em termos de tempo e caro em termos de disrupção organizacional.

Esse custo, entretanto, não é desculpa para que a empresa "vá devagar". Até porque agir nunca foi tão urgente quanto hoje. A elevação do nível do mar já está provocando inundações em muitos lugares; a poluição está sufocando cidades; a revolução da inteligência artificial vai produzir grandes reviravoltas, com robôs eliminando empregos; o progresso rumo à igualdade racial e de gênero está perdendo fôlego. A questão do "como" não é menor.

Criei uma disciplina na Rotman School para tentar encontrar a resposta a essa pergunta. Batizei a matéria de "Corporation 360°", porque queria que olhássemos para todos os stakeholders ao redor da empresa, em tudo quanto é direção, em 360 graus. O que posso dizer é que não há resposta fácil. Não há um manual com instruções passo a passo ou um punhado de ferramentas simples (lembrete para mim mesma: livros de negócios não deveriam admitir que não há solução fácil!). Nos últimos nove anos, meus alunos e eu pensamos muito sobre o papel da empresa na sociedade e sobre o que uma empresa pode fazer para lidar com os trade-offs criados por necessidades de stakeholders que estejam em conflito com a meta econômica da empresa. Buscamos ideias e inspiração de acadêmicos, jornalistas, líderes empresariais, ONGs e autoridades e agentes públicos. Sou grata a todos os indivíduos e organizações que me ajudaram a tornar este livro possível.

Não estou nem um milímetro mais próxima de uma solução rápida, mas destilei princípios para a ação. Também descobri armadilhas que devem ser evitadas por quem deseja fazer progresso. Este livro reflete essas ideias. Fiz o máximo para que minhas diretrizes fossem o mais viáveis possível. Para isso, sugiro quatro modos de ação que vão de idenficar trade-offs a seguir prosperando, mesmo quando esses trade-offs parecem impossíveis de administrar. Ser uma empresa 360° é dominar os quatro modos.

Alguns dirão que minha tese nas páginas seguintes é muito cheia de nuances. Isso não me preocupa, pois os problemas tratados são complexos. Se eu desse respostas simples, estaria adulterando a realidade vivida diariamente por gestores ao tentar resolver os trade-offs que enfrentam. E, aliás, uma mensagem que quero passar é que empresas de sucesso no final florescem em meio a essa complexidade, pois a usam para testar ideias e inovações que abrem caminho para novas formas de trabalhar. Meu objetivo é que os quatro modos de ação esboçados aqui sejam um caminho possível para sua empresa avançar. Ao mesmo tempo, espero que deixem espaço suficiente para que você possa traçar sua própria rota.

PARTE I
Introdução à empresa 360°

A destruição criativa revisitada

Como as necessidades dos stakeholders criam trade-offs para as empresas

Antes mesmo que o furacão Katrina chegasse à costa do Golfo do México, em agosto de 2005, o Centro de Operações de Emergência do Walmart já tinha entrado em ação. O trabalho começou pelo de sempre. Munidos de sofisticados sistemas de informação, os gerentes sabiam que, quando vem um furacão, a população busca lanternas, lonas, geradores, água e Pop-Tarts de morango. Sim: uma popular bolachinha recheada, sabor morango. O pessoal da logística correu para abastecer as lojas. Mas, quando o Katrina tocou o solo e a gravidade da situação ficou clara, a prioridade deixou de ser a lei da oferta e da demanda e passou a ser prevenir perdas: a gerência despachou carros-fortes para recolher dinheiro nas lojas e acionou planos para impedir saques.

Em meio a isso tudo, algo interessante ocorreu.

Além de abastecerem as gôndolas com o sabor certo de Pop-Tarts e protegerem as lojas contra saqueadores, os gerentes do Walmart nas zonas atingidas abriram os depósitos da varejista para fornecer comida, água e roupa à população da área e às equipes de emergência. Da sede do Walmart partiram ordens para a entrega de alimentos enlatados e outros mantimentos diretamente à zona da catástrofe – e para distribuí-los de graça. Ou seja, o Walmart estava tomando medidas que não contribuíam diretamente para seu resultado final no balanço. A empresa havia abandonado o rotineiro manual de resposta a desastres.

Durante a crise, o pessoal do Walmart em geral chegava às zonas atingidas antes da FEMA, a agência federal de gestão de emergências dos Estados Unidos. Na esteira da tragédia, Philip Capitano, prefeito da cidade de Kenner – onde fica o aeroporto de Nova Orleans –, lembrou o papel do Walmart e disse que, durante o pior do Katrina, "a única salvação em Kenner tinham sido as lojas do Walmart. Não houve saques generalizados porque o Walmart entregou comida e água para que a população pudesse sobreviver [...]. A Cruz Vermelha e a FEMA deviam receber uma lição de logística e mobilização do Walmart".[1]

O Walmart também doou 17 milhões de dólares em dinheiro, mais de 100 mil refeições e cem caminhões de mercadorias às áreas mais atingidas pela tormenta. E, em uma decisão inédita na empresa, garantiu o emprego de todos os trabalhadores de lojas que haviam deixado de operar. "Quero que nossa resposta seja condizente com nosso porte e com o impacto que podemos exercer", disse o CEO, Lee Scott. E foi. Em meados de setembro de 2005, somente 13 das 126 lojas atingidas pelo Katrina permaneciam fechadas, e a empresa tinha remanejado 97% dos funcionários afetados.[2]

A impressionante escala e a profunda tarimba do Walmart em logística puderam brilhar de verdade nessa ocasião. Na esteira do Katrina, a empresa conseguiu mobilizar, em prazo curtíssimo, toda a sua rede de distribuição para levar mercadorias de todo o território americano exatamente para onde eram necessárias. Em uma entrevista ao programa *Meet the Press*, do canal NBC, Aaron Broussard, presidente da paróquia de Jefferson, no estado da Louisiana, disse que, "se o governo americano tivesse agido como o Walmart agiu, não [estaríamos] nessa crise".[3] O episódio rendeu muita publicidade positiva ao Walmart. George H. W. Bush e Bill Clinton, dois ex-presidentes americanos que pilotavam uma campanha de arrecadação de fundos para os atingidos pela tragédia, louvaram a empresa pela rápida resposta. Lee Scott apareceu no programa *Larry King Live*, da CNN, para falar sobre a ação do Walmart. Uma reportagem no *Washington Post* de 6 de setembro daquele ano levou o título "Walmart at Forefront of Hurricane Relief" [Walmart Toma a Frente na Ajuda contra o Furacão]. Toda essa reação mostra quanto é inusitado que uma empresa aja com o mesmo altruísmo do Walmart – que, aliás, apenas fez o que muitos diriam ser o certo a fazer. Mas o fato é que, se uma empresa tiver de fazer algo que não dê lucro, é muito provável que simplesmente não o faça.

Mas será que tudo isso foi de fato puro altruísmo? É verdade que o pessoal da empresa que lidou diretamente com a tragédia agia, sim, pelo desejo de ajudar o próximo – mas, do ponto de vista da empresa, é preciso dizer que havia incentivos menos explícitos. O furacão Katrina ocorreu em um momento difícil para o Walmart, que vinha recebendo críticas por várias questões. Um documentário devastador sobre a empresa – *Walmart: The High Cost of Low Price*, do diretor Robert Greenwald – estava prestes a estrear. Uma leva de reportagens na imprensa revelava que o piso salarial da varejista era tão baixo que quem ganhava nessa faixa estava apto a receber subsídios do governo americano (Medicaid e auxílio-alimentação). Não surpreende, portanto, que, ao mesmo tempo que reforçava sua resposta à tragédia, o Walmart também trabalhava a imagem da empresa com a contratação da Edelman, uma das maiores firmas de relações públicas do mundo.

Um texto publicado na revista *Advertising Age* um mês após a cheia dizia: "Milhões [gastos] em propaganda institucional no ano passado não ajudaram a melhorar muito a reputação do Walmart [...]. Mas, agora, na esteira do furacão Katrina, o Walmart está recebendo o tipo de publicidade que anunciante nenhum pode comprar".[4] Gente com um olhar mais crítico observou que a ajuda às vítimas era o mínimo que o Walmart podia fazer. Afinal, a empresa recebera milhões de dólares em subsídios públicos, incluindo benefícios fiscais, para erguer centros de distribuição na região. A conclusão do artigo na *Advertising Age*? A conduta do Walmart após o Katrina foi "louvável, mas não heroica".[5]

Mais tarde, o Walmart comunicaria que o lucro no trimestre havia caído somente um centavo de dólar por ação. A longo prazo, as lojas ganharam ao criar listas de compras (*wishlists*) para as vítimas da tempestade. Em suma, críticos argumentaram que o Walmart, em vez de altruísta, fizera o mínimo necessário – e que todo o seu esforço, por mais bem-intencionado que tivesse sido, também visava produzir resultados econômicos para a empresa.

Em suma, é complicado. E é difícil saber o que uma empresa deve fazer. Apenas o que é do interesse de investidores? Para alguns, essa é a missão da empresa: fazer só o que é bom para os detentores de ações. Será que o Walmart devia ter tomado apenas medidas que aumentassem o lucro e as vendas? Ou seja, devia ter vendido o máximo possível de Pop-Tarts a quem entrasse nas lojas, mas deixado os trabalhadores afetados ao deus-dará, sem emprego enquanto durasse a crise? Será que foi correto a varejista ajudar os funcionários e a população simplesmente porque era o certo a fazer – ainda que para muitos isso fosse uma tentativa escancarada de melhorar sua imagem? No caso específico do Walmart, talvez a decisão fosse óbvia. Mas e se houvesse um conflito irreconciliável entre interesses de investidores e de outros stakeholders – incluindo aqui comunidades, trabalhadores, consumidores, fornecedores e meio ambiente? Essa é a pergunta crucial para as empresas no século 21. E não só em meio a crises, mas diariamente.

A ideia deste livro é trazer respostas a essas perguntas, mostrando aos líderes como se envolver com stakeholders de um modo produtivo para todos. Muitos reconhecem que, ao agir, é importante considerar um leque amplo de públicos interessados, mas poucos sabem exatamente como fazê-lo. Aliás, poucos sequer entendem que essas escolhas podem estar implícitas – para não dizer explicitadas – no próprio modelo de negócios da empresa. Minha tese é que levar a sério os anseios de stakeholders da empresa pode produzir uma transformação inovadora no modelo de negócios. Não se trata apenas de defender a diversidade ou a sustentabilidade – embora isso naturalmente importe –, mas de encarar as coisas pela óptica de cada um desses grupos e enxergar novas maneiras de fazer negócios. Embora a mudança possa ser árdua e repleta de incertezas, ao final do percurso a empresa estará pronta para participar do século 21.

No caso do Walmart, a experiência com o Katrina foi transformadora, pois abriu uma janela para um novo jeito de ser. Foi o início de uma série de campanhas exploratórias que levaram a empresa a promover mudanças radicais nas operações, incluindo o compromisso de produzir zero resíduos, usar 100% de energia renovável, promover o empoderamento econômico de mulheres e várias outras iniciativas. A complexidade daquele momento abriu um novo caminho para a empresa.[6] Essa é a mensagem que o leitor deveria levar deste livro: trade-offs, conflitos e desafios podem ser fonte de inovação e transformação.

Trade-offs

Hoje, mais do que nunca, empresas estão sendo instadas, pressionadas, obrigadas, incentivadas e persuadidas a considerar um número maior de stakeholders em seus cálculos. Há inúmeras razões. A crise financeira de 2008 lançou luz sobre o impacto generalizado que uma empresa pode exercer na sociedade. A mudança climática abriu os olhos de muitos para o efeito potencialmente tóxico da atividade empresarial. A cadeia de suprimentos global é mais visível do que nunca – e muita gente está mais consciente sobre hábitos de consumo do que no passado. No atual cenário político, o público espera que as empresas adotem uma agenda que inclua políticas sociais. O efeito disso tudo é que, cada vez mais, a empresa precisa levar em conta outros stakeholders – e não só o acionista – ao traçar estratégias e gerir a organização.

Foi uma mudança radical – e incrivelmente rápida. Em 2011, apenas 20 das empresas do índice S&P 500 incluíam relatórios de sustentabilidade ou responsabilidade social nas demonstrações anuais. Em 2015, o total era de 81%.[7] Alguns países – Dinamarca, Reino Unido, África do Sul e, em breve, toda a União Europeia – já exigem que todas as empresas forneçam informes ambientais, sociais e de temas correlatos. Em 2015, o banco de dados da Global Reporting Initiative reunia relatórios de 5.481 empresas do mundo todo.[8]

Há quem ache que essa atenção a uma multiplicidade de stakeholders é uma mudança boa e necessária. Para essas pessoas, o mundo empresarial está fortemente implicado em muitas das mazelas da sociedade – da poluição à pobreza, da discriminação à desigualdade de renda – e poderia também ser um protagonista na busca de soluções para esses desafios. Outros se opõem genuinamente à mudança – não porque não queiram a solução desses problemas, mas por achar que encarregar a iniciativa privada de resolvê-los provavelmente produziria um resultado insatisfatório.[9] Esses oponentes da Responsabilidade Social Empresarial (RSE) acreditam que abandonar o foco exclusivo na geração de valor econômico (pelo critério do retorno total para os acionistas) seria antiético ou exporia a empresa a muitas ineficiências. Para essa ala, com tantos objetivos em jogo seria difícil monitorar e controlar o desempenho de gestores. Deixar pautas sociais nas mãos da iniciativa privada seria outro motivo de preocupação.

O desafio para quem deseja levar em conta todo esse universo de stakeholders (e o temor daqueles que acham a ideia péssima) é que cada parte interessada entra na roda com visões e interesses distintos sobre o que teria valor. Quando esses interesses não estão alinhados, dirigentes de empresas são obrigados a fazer escolhas – ou trade-offs. Exemplos: quando o custo de instalar filtros de controle de poluição em usinas de energia ou o custo operacional de criar galinhas sem confinamento em gaiolas ou o custo de melhorar condições de trabalho em fábricas de roupa em Bangladesh é elevado, é bem provável que o retorno financeiro da empresa que adota essas mudanças diminua ou que a empresa simplesmente não possa promover a mudança. E, mais do que criar conflitos entre interesses de stakeholders e retornos financeiros, é bem possível que haja conflito entre as necessidades de cada grupo de interessados. Quando o Walmart pratica preços baixos, é bom para o consumidor, mas esses mesmos preços baixos significaram, ao longo da história, salários baixos para o trabalhador. Quando o consumidor ganha, o trabalhador pode perder.

Essas opções são mutuamente excludentes, pois os desejos são irreconciliáveis. Em uma situação dessas, ao concluir que não é possível satisfazer a todos, a empresa fica encurralada. O poder público pode impor normas que exijam o controle da poluição ou condições melhores para animais em fazendas industriais – e, assim, tomar a decisão por ela. Se isso não ocorre, a empresa pode se aferrar a suas diretrizes, que provavelmente a instruem a agir de modo a maximizar o retorno dos investidores. Uma ala de economistas e líderes empresariais acredita, inclusive, que a empresa deve invariavelmente aderir ao mandamento proferido por Milton Friedman em 1970: "A responsabilidade social de uma empresa é uma só: utilizar seus recursos e se dedicar a atividades destinadas a aumentar o lucro, sempre respeitando as regras do jogo – ou seja, é tomar parte em uma competição livre e aberta, sem recurso a ardil ou fraude".[10] Em suma, as decisões da empresa não devem favorecer nenhum outro stakeholder que não o acionista.

Como, então, acomodar diferentes stakeholders? A regulamentação pelo poder público seria um meio, pois dá a valores sociais um lugar à mesa ao exigir que empresas cumpram normas sobre poluição, segurança no trabalho, zoneamento, uso da água etc. A regulamentação cria as "regras do jogo" que Friedman mencionou, mas, dado o poder de empresas de influenciar políticas públicas pela prática do lobby, o temor é que a regulamentação não nos conduza até onde precisamos chegar. É verdade que vemos empresas gradativamente assumindo responsabilidade de modo *voluntário* nessas áreas, indo além da regulamentação – embora essa ação voluntária não minimize os trade-offs subjacentes. Se a empresa estiver cercada por todos os lados por stakeholders que tornam esses trade-offs cada vez mais evidentes – fornecedores, funcionários, consumidores, meio ambiente –, a solução é se tornar aquilo que chamo de "empresa 360°". A empresa 360° é uma organização capaz de lidar de maneira produtiva e efetiva com as tensões geradas por esses trade-offs. Neste livro, aponto uma rota para aqueles que desejam liderar a revolução das 360°. Nela, sustento que a empresa pode traçar planos explícitos e coerentes para resolver as tensões criadas por essas escolhas. Como explicarei nas páginas a seguir, às vezes há situações em que todos saem ganhando. Às vezes, o raciocínio criativo pode produzir uma solução inovadora, mutuamente benéfica. Em certos casos, a solução não é particularmente satisfatória para nenhuma das partes e, ainda assim, é o melhor caminho a seguir (naquele determinado momento). Nesses casos, há considerações e estratégias que podem ajudar os líderes empresariais a tomar a melhor decisão possível. Este livro vai abordar todos esses modos de ação e servir como um guia completo para gerentes, diretores, CEOs e inovadores às voltas com pressões vindas de todas as direções (360 direções, para ser exata).

Uma condição indispensável para lidar com trade-offs do jeito que só uma empresa 360° é capaz é, naturalmente, saber quais são os trade-offs. Chamo isso de Modo 1 porque é o ponto de partida. Não há possibilidade de ação sem uma clara compreensão de quem está ganhando e quem está perdendo. Essas escolhas são implícitas em todo tipo de negócio, mas a maioria das organizações não tem uma noção clara de quais são, pois falta análise. Aliás, de conversas que tive com líderes de empresas, pude constatar que muitos sequer tinham refletido sobre como seu *modus operandi* embute uma série de escolhas potencialmente involuntárias sobre quais stakeholders valorizar e quais desconsiderar. Ter clareza sobre os trade-offs torna as tensões evidentes, o que prepara o terreno para os outros três modos de ação.

O discurso predominante hoje é articular um *business case* – um argumento econômico – voltado para a ação. É o que chamo de ação no Modo 2, o que permite que líderes repensem os trade-offs. É algo no cerne do conceito de valor compartilhado, hoje tão popular. Pode haver maneiras de reformular ações para que todos saiam ganhando, com benefícios tanto para acionistas como para outros stakeholders. Se colaborar com o sistema de ensino de uma localidade em Bangladesh onde sua empresa produz roupas for melhorar a qualidade da mão de obra ao longo do tempo e garantir que a comunidade apoie a empresa, não há muito o que pensar. Não é bom só para a sociedade; é bom também para a empresa. Daí nascem coisas como o business case da diversidade: se for possível provar que equipes mais diversificadas são mais inovadoras, a diversidade deixa de ser só uma boa prática e passa a ser uma decisão econômica inteligente.

Mas o valor compartilhado tem seus limites. Há muitas situações nas quais o business case simplesmente não é evidente. Quando é assim, a empresa pode passar para o Modo 3, que a leva além do valor compartilhado. Quando o ganha-ganha (ou win-win) não é claramente nítido, a empresa pode buscar soluções inovadoras – novas tecnologias, novos processos, novas formas de fazer negócios – para poder contornar os trade-offs. É aqui que surgem as possibilidades transformadoras da empresa 360°. Se seu processo de fabricação de calçados desperdiça muita matéria-prima, talvez a resposta não seja simplesmente cortar o material com mais eficiência, mas inventar um processo de produção totalmente novo, no qual a parte superior do calçado seja uma peça inteiriça (como fez a Nike com o sistema Flyknit). Se seu sistema de entrega just-in-time está gerando mais poluição e maior consumo de energia, talvez a resposta não seja dar um jeito de enfiar mais produtos nos caminhões, mas sim redesenhar completamente o veículo (como fez o Walmart em colaboração com a Peterbilt no programa Advance Vehicle Experience) ou achar novas maneiras de entregar produtos (um dia, quem sabe, os drones da Amazon). O Modo 3 é transformador.

O Modo 4 é o mais difícil. Às vezes, simplesmente não há como achar soluções, nem mesmo inovadoras. Nos Modos 2 e 3, ainda há uma maneira de articular o business case: o que faz sentido social também faz sentido econômico, pelo menos com criatividade, investimento e esforço suficientes. Já o Modo 4 se faz necessário quando o trade-off ainda é, de certo modo, intratável; quando agir em prol de um stakeholder que não o acionista pode prejudicar esse investidor, e vice-versa. Nesses casos, a empresa precisa achar um jeito de trabalhar "com" a tensão, em vez de eliminá-la. A longo prazo, essas tensões podem produzir insights criativos. No presente, é preciso encontrar maneiras de prosperar em meio à tensão, em geral lançando experimentos para soluções futuras. Aqui, o segredo é não desistir e buscar saídas para envolver os stakeholders em um diálogo produtivo. Esse diálogo nem sempre será pacífico. Aliás, os mais produtivos provavelmente serão repletos de conflitos. Mas também de possibilidades.

A Tabela 1.1, a seguir, traz um breve resumo dos modos de ação da empresa 360°.

Naturalmente, uma empresa pode operar em vários modos de ação ao mesmo tempo. Dependendo do problema, ela pode apenas avaliar os trade-offs (Modo 1). Em outros, já pode agir com uma justificativa econômica (Modo 2). Em outros ainda, talvez contorne trade-offs com inovação (Modo 3). E, em certos casos, pode estar emperrada, sem saber como romper impasses, mas trabalhando para resolvê-los (Modo 4). E, claro, certas empresas não estarão fazendo nada disso.

Tabela 1.1. Quatro modos de ação para a empresa 360°

Modo 1 Entenda os trade-offs.	A maioria das organizações ainda não analisou o próprio modelo de negócios para entender os trade-offs – ou escolhas – implícitos em suas decisões operacionais. O primeiro passo é avaliar quem está ganhando e quem está perdendo no modelo atual.

Modo 2 Reveja os trade-offs.	Talvez seja possível formular um business case – um argumento econômico – para uma intervenção específica que resolva os trade-offs em uma solução ganha-ganha, boa para todos. Essa é a essência do valor compartilhado. O problema é que a maioria das empresas jamais sai do Modo 2 e só age se houver uma justificativa econômica.
Modo 3 Inove para resolver os trade-offs.	Para escapar da cilada do business case, uma saída é a inovação. Em vez de aceitar o trade-off, a empresa pode criar maneiras inovadoras de agregar valor e, com isso, romper o impasse.
Modo 4 Prospere em meio aos trade-offs.	Em certos casos, o trade-off é intratável. Mas isso não significa que a empresa não deve tentar resolvê-lo. Uma saída é manter os trade-offs em estado de tensão, pensando em possíveis experimentos para soluções futuras ou trabalhando com metas de longo prazo sem comprometer o retorno no curto prazo. No meio-tempo, a empresa pode travar um diálogo produtivo e pluralista com os stakeholders.

Tornar-se uma empresa 360° pode ser difícil, e a melhor maneira de entender o processo é observá-lo na prática. Para isso, este livro se concentra basicamente em duas organizações de grande porte e fama – Walmart e Nike – e no variado universo de stakeholders que as duas precisam equilibrar diariamente, revelando a frequência com que interesses e pautas podem se chocar, e pondo em relevo os trade-offs que surgem mais comumente na globalizada economia atual. Walmart e Nike são empresas que – embora longe de serem perfeitas – transformaram uma parte considerável de seus respectivos negócios na tentativa de resolver os trade-offs impostos por interesses de diferentes stakeholders. Cada capítulo examina um stakeholder distinto e a resposta do Walmart ou da Nike aos interesses desse público. Ao longo do caminho, veremos também o caso de outras empresas, para mostrar como uma organização pode operar nos distintos modos de ação. A meta é dar ao leitor exemplos bastante práticos de como cada empresa expôs seus trade-offs (Modo 1), de como articulou o business case para a ação (Modo 2) ou, mais interessante ainda, de como buscou soluções inovadoras (Modo 3). Também veremos casos de empresas que, antes de achar uma solução, se debateram por anos com as tensões criadas pelos trade-offs (Modo 4).

Minha intenção, com esses relatos, não é glorificar o Walmart, a Nike ou alguma outra empresa. Tampouco é retratá-las como vilãs. O que o leitor verá nessas histórias é a crua realidade do embate com trade-offs e do trabalho para encontrar soluções satisfatórias. É essa luta que é interessante.

Quando só um lado vence

Quando o assunto é lidar com trade-offs entre distintos stakeholders, a tese reinante há um tempo é a do valor compartilhado. Michael Porter e Mark Kramer, dois dos mais conhecidos defensores dessa ideia, sustentam que o objetivo da RSE não é equilibrar ou combinar interesses distintos.[11] Em um artigo de 2006 ("Estratégia e sociedade"), os dois sustentam que "o teste essencial a nortear a RSE não é se a causa é digna, mas se oferece a oportunidade de gerar valor compartilhado, ou seja, um benefício relevante para a sociedade e valioso também para a empresa".[12] Como há muita coisa capaz de beneficiar tanto a sociedade como o resultado econômico da empresa, muitos consideram a definição de Porter e Kramer acertada, sensata e produtiva.

Outros, porém, rejeitam o corolário de que qualquer objetivo social que não satisfaça os critérios de desempenho dos investidores deva ser descartado. Ou seja, pela definição de ganha-ganha de Porter e Kramer, a primeira vitória só pode ser obtida se a segunda também for. A dupla vai além e sugere que questões sociais "genéricas" que não contribuem para a competitividade ou as operações da empresa nem devem ser consideradas. Somente as questões sociais que afetam as operações na cadeia de valor ou no ambiente competitivo externo seriam dignas de atenção e deveriam ser priorizadas de acordo com o impacto que teriam na empresa. Por exemplo, se a Nike quiser instituir um programa de reciclagem de tênis usados, ela argumentaria que o material reciclado poderia ser aproveitado como insumo para, assim, reduzir custos de produção. Na mesma veia, se quiser doar fundos para um clube local de escoteiros, uma loja do Walmart poderia justificar a doação com o argumento de que a simpatia produzida diminuiria a oposição à inauguração ou expansão futura de lojas na região.

Nesse modelo, as prioridades da empresa ainda determinam quais questões sociais merecem atenção. Quanto mais esperarmos que a iniciativa privada assuma essa responsabilidade – sobretudo quando a estratégia da empresa vem substituir a regulamentação pelo Estado –, maior será a subordinação de políticas sociais aos resultados de empresas. Isso significa que certos problemas serão abordados de modo contundente. Um exemplo: quando migrou para o lava-roupa líquido concentrado, o Walmart alegou que apenas nos três primeiros anos a mudança pouparia cerca de 1,5 bilhão de litros de água, 45 milhões de quilos de resina plástica e em torno de 55 milhões de quilos de papelão, além de diminuir a poluição e o gasto de combustível com transporte.[13] Esse é um exemplo clássico da definição de Porter e Kramer para uma causa digna. Por outro lado, problemas que fogem desse padrão podem acabar ignorados.

E se os interesses de distintos stakeholders estiverem em conflito? É algo que vemos com frequência em questões ambientais. Quem é contra a emissão de gases de efeito estufa defende o fechamento de minas de carvão e de usinas a carvão, embora isso costume prejudicar trabalhadores de regiões de mineração, para quem não há alternativas razoáveis de trabalho. Ou peguemos o modelo do "preço baixo todo dia" do Walmart. Essa política é boa para o consumidor, principalmente para o de menor renda, que pode encontrar muitos produtos a um valor acessível. Mas é sabido que o Walmart tem custos baixos porque paga salários baixos, o que significa que parte de seus funcionários vive abaixo da linha da pobreza. Ou vejamos o posicionamento da Nike como fabricante de calçados esportivos de alto rendimento. Tanto atletas como o consumidor comum saem ganhando com os rigorosíssimos padrões de desempenho dos artigos da empresa, embora historicamente isso tenha exigido o uso de colas tóxicas no processo de produção, o que poderia ser prejudicial a trabalhadores e ao planeta. Como muitos líderes hoje sabem, situações como essas – em que o consumidor ganha, mas o planeta, o trabalhador ou algum outro grupo de stakeholders perdem – são muito mais comuns do que situações em que todos saem ganhando.

Por fim, e se os investidores também tiverem interesses diversos? E se nem todos quiserem só retorno financeiro? O crescente mercado de fundos de investimento socialmente responsáveis demonstra essa possibilidade. Em 1995, havia cerca de 50 fundos de investimento que levavam em conta alguma questão social. Um dos primeiros foi o Pax World Fund: lançado por dois pastores metodistas em 1971, o fundo não investia em fabricantes de cigarros, bebidas alcoólicas e armas, em empresas de jogos de azar, no setor de defesa e em empresas que testavam produtos em animais. Hoje, há mais de 500 fundos do gênero. Com o crescimento do mercado, surgiram veículos mais especializados, como o Women in Leadership ETN, lançado pelo Barclay's em 2014, e o First Trust ISE Global Wind Energy ETF, criado em 2008. Calcula-se que hoje mais de 15% (pelo menos 21 trilhões de dólares) dos ativos disponíveis para investimento no mundo estejam aplicados em investimentos socialmente responsáveis.[14]

Vemos também fundos soberanos e grandes fundos de pensão tomando a decisão de excluir da carteira empresas que não satisfaçam algum critério social. Em 2006, o Fundo de Pensão do Governo da Noruega cortou o Walmart devido a, segundo declarou, "violações sistemáticas de direitos humanos e trabalhistas" e a mineradora Freeport-McMoRan devido a "sérios danos ambientais".[15] Manifestações recentes em universidades levaram diversas instituições – incluindo Oxford, Edimburgo e a London School of Economics, no Reino Unido, e a Universidade da Califórnia e a Universidade Yale, nos Estados Unidos – a se afastar de empresas responsáveis pela emissão de gases do efeito estufa e pela extração de combustíveis fósseis. Há anos, o Sistema de Aposentadoria de Funcionários Públicos da Califórnia baniu o investimento em empresas tabagistas, apesar do alto custo financeiro do desinvestimento para esse gigantesco fundo de pensão.[16] O Interfaith Center on Corporate Responsibility, uma coalizão de organizações de caráter religioso – como fundos de pensão para freiras – explica em seu site que as instituições associadas "veem a gestão de seus investimentos como um poderoso catalisador de mudança social".[17]

Tudo isso indica que investidores – sejam indivíduos, fundações, endowments ou fundos soberanos – hoje consideram não apenas o retorno financeiro, mas também critérios sociais (como direitos de trabalhadores ou o meio ambiente) ao computar o retorno total de uma aplicação. Ainda que o leitor seja um ferrenho defensor do modelo do retorno total ao acionista, é bem provável que esse modelo já não esteja dando a mesma orientação clara que um dia deu. Melhores práticas para avaliar e enfrentar essas situações constituem o cerne deste livro.

Existe mesmo uma solução ganha-ganha?

Tenho de confessar que, assim como todo mundo na década de 1990, aceitei cegamente a ideia do retorno total ao acionista.[18] Aliás, no livro *Destruição criativa* (2001), que escrevi em parceria com Richard Foster, um colega da McKinsey & Company, nossa tese sobre a natureza mítica da vantagem competitiva sustentável foi fundamentada na observada incapacidade de empresas de sustentar, no longo prazo, um retorno total fora de série ao acionista.[19] Nossa tese era que, para dar um retorno superior aos investidores, a empresa teria de mudar (ou seja, criar e destruir) no ritmo e na escala do mercado. Também afirmamos que se tratava de um desafio extraordinário, que poucas empresas seriam capazes de superar. Saímos em busca de excelência, e concluímos que excelência era difícil de encontrar.

Mas aquela noção de excelência era definida pela capacidade de uma empresa de dar retornos superiores a seus investidores na forma de valorização das ações e distribuição de dividendos. Passei mais de duas décadas estudando o tema e dando consultoria a empresas sobre como satisfazer essa aspiração. Como se isso em si já não fosse difícil, logo percebi que essa definição era incompleta: além do acionista, interesses de outros stakeholders precisavam entrar na equação. A dúvida permanece: o que uma empresa deve fazer?

Quem for buscar vai achar indícios de que certas empresas estão se ajustando à inadequação do *ethos* do retorno total ao acionista, em geral adotando o modelo do valor compartilhado. A Nestlé, por exemplo, diz em seu site: "Ser uma líder global traz não apenas o dever de operar com responsabilidade, mas também a oportunidade de criar valor positivo para a sociedade no longo prazo. É algo que chamamos de *Criação de Valor Compartilhado* e que está firmemente incorporado a todas as áreas de nosso negócio".[20] O relatório global de responsabilidade do Walmart em 2016 (2016 Global Responsibility Report) afirma: "Buscamos criar valor para os stakeholders nos negócios e na sociedade, pois o *valor compartilhado* aumenta a qualidade e a viabilidade das soluções. Acreditamos que nossos programas sociais e ambientais são de interesse de acionistas de longo prazo, pois fortalecem os sistemas dos quais dependemos como varejista".[21]

A lição a ser tirada dessas declarações é que a sustentabilidade e outros objetivos sociais podem ser vinculados à estratégia de negócios (aqui, estamos totalmente no Modo 2). Economizar energia não significa só reduzir a poluição, mas também reduzir os custos internos da empresa. Aumentar a segurança do trabalhador não significa só ser correto com os funcionários, mas também reduzir os custos decorrentes de acidentes. Melhorar a produtividade de produtores de café não significa só ajudar o pequeno agricultor em economias em desenvolvimento, mas também melhorar a qualidade e reduzir o custo de insumos para a produção.

Não é um argumento puramente teórico. Um vasto corpo de estudos já constatou que a RSE pode contribuir para os resultados da empresa, pelo menos sob certas condições. Entre os benefícios produzidos por diferentes estratégias estão clientes mais fiéis, custo de capital menor, apoio de ativistas e comunidades (ou pelo menos a ausência de protestos), acesso superior a (ou custo inferior de) insumos importantes e maior produtividade do pessoal.[22] Com isso, a empresa pode plausivelmente buscar o bem social, pelo menos quando este também contribui para o lucro da empresa. Tais atividades não seriam contrárias aos ditames de Friedman, pois estariam a serviço do acionista. Atender aos anseios dos stakeholders também poderia melhorar o desempenho da empresa. Foi justamente isso que tornou a ideia do valor compartilhado tão inspiradora. Esse conceito criou uma linguagem para a discussão de pressões que as empresas sofriam dos stakeholders, sem prejudicar o acionista. Por outro lado, essa abordagem pode ser considerada puramente instrumental porque, por esse critério, satisfazer as necessidades de stakeholders só é possível quando os acionistas também se beneficiam.

Rumo à empresa 360°

Minha tese é que precisamos ir além de visões instrumentais da gestão de stakeholders. Embora seja sedutora, a ideia de que sempre haverá uma solução ganha-ganha não é de muita serventia em situações nas quais é difícil encontrar essa combinação mágica. Para uma empresa no século 21, o Modo 2 simplesmente não basta.

Nos últimos nove anos, abordei esses desafios na Rotman School of Management (na Universidade de Toronto), onde ministro uma disciplina chamada "Corporation 360°". Quando vim para a Rotman, em 2009, quis fazer algo diferente. O curso de Administração tende a dividir a empresa em pequenos fragmentos. Estratégia, marketing, comportamento organizacional, contabilidade, operações e finanças são, todos, tópicos independentes no currículo básico da maioria das escolas de negócios. E o mais lamentável talvez seja que, na maioria dos cursos, a ética é uma disciplina separada, como se considerações de natureza ética fossem de certo modo distintas de outras decisões de gestão. Em parte, isso se justifica: cada docente é especializado em sua área de estudo, e cada disciplina é concebida para dar ao aluno uma referência para o estudo de tópicos específicos. Mas essa estrutura compartimentada despreza o fato de que a maioria dos problemas de uma empresa exige respostas multifacetadas. Queria que meus alunos considerassem o que acontece quando analisamos uma empresa de todos os ângulos possíveis – uma visão de 360° –, explorando as sobreposições e as contradições que surgem quando se considera uma diversidade de stakeholders. Em vez de usar um caso diferente para cada tópico – como costumamos fazer no curso de Administração –, peço aos alunos que examinem uma empresa – às vezes Walmart, às vezes Nike – repetidamente, para entender como cada grupo de stakeholders enxerga a organização.

Conforme explico no currículo da disciplina:

> Que novos insights surgem quando examinamos uma empresa de diversas perspectivas? O que podemos aprender com o cruzamento de insights produzidos em cada disciplina do curso de Administração? E que insights são produzidos quando comparamos a empresa como mecanismo para criar e capturar valor *privado* (e, portanto, dar retorno ao acionista) com a empresa como entidade integrada à sociedade e, portanto, agente de

criação (ou destruição) de valor no plano *público*? Discutiremos as tensões impostas ao líder ao tentar administrar [o negócio] em meio a essas distintas exigências. Examinaremos a empresa na sociedade, estudando o impacto de suas escolhas em relação a gestão do trabalho, globalização, localização, sourcing e outras questões ligadas ao bem-estar social. No final do curso, adotaremos a perspectiva dos líderes da empresa para tentar entender como poderiam tomar importantes decisões estratégicas diante dos muitos desafios e obrigações que revelamos durante o curso.

Ao longo do livro, será visível a participação de meus alunos. A contribuição deles para fazer essa discussão avançar e superar limites tem sido extraordinária. Nos últimos anos, fizemos um trabalho coletivo a fim de criar uma metodologia para refletir sobre a complexidade dessas questões. O objetivo dessa metodologia é tornar a companhia uma "empresa 360°", ou seja, que trabalha para resolver as tensões criadas pelos diferentes interesses dos stakeholders que a cercam. É uma abordagem que vai além do valor compartilhado, uma abordagem para a transformação do modelo de negócios, uma abordagem que permitirá que líderes de qualquer organização façam parte da revolução 360°. Ao abordar trade-offs por meio dos quatro modos de ação – entender seus trade-offs, rever seus trade-offs, inovar para resolver trade-offs e prosperar em meio a trade-offs –, o líder pode contemplar as necessidades de distintos stakeholders da organização de um jeito que conduza a um futuro estimulante, transformador e sustentável para todos.

Este livro explora os prós, os contras, as possibilidades e as oportunidades dos quatro modos, usando dois casos detalhados e muitos outros exemplos. Os casos da Nike e do Walmart são repletos de exemplos de pontos que geram tensão e nos quais soluções – em geral extremamente criativas – são criadas em resposta a desafios impostos pelos interesses conflitantes de diferentes stakeholders. Os leitores deste livro vão viver o processo que meus alunos vivem em classe, dando uma panorâmica de 360 graus em torno de uma empresa para observá-la de todos os ângulos possíveis.

Modo 1: entenda seus trade-offs

O Capítulo 2 ("Entenda seus trade-offs") dá continuidade ao estudo introdutório da empresa 360° ao examinar o **Modo 1**. O primeiro passo para avançar rumo à empresa 360° – Modo 1 – é reconhecer que *todo modelo de negócios traz, em seu cerne, uma série explícita, ou mais provavelmente implícita, de decisões sobre trade-offs*. Não chega a ser novidade. O próprio Michael Porter já dizia, lá atrás, que o gestor precisa fazer escolhas e que a estratégia envolve tanto aquilo que se decide fazer como aquilo que se decide não fazer.[23] Em nossas aulas de estratégia, ensinamos que a empresa se arrisca a ficar em uma espécie de limbo se tentar ser tudo para todos. Muitas companhias aéreas, por exemplo, cortaram custos e enxugaram serviços para competir com rivais low-cost como a Ryanair, mas seu custo jamais será tão baixo quanto o das legítimas líderes do baixo custo. O resultado é que acabam oferecendo um serviço que não satisfaz um cliente cobiçado como o corporativo e tampouco podem competir em preços: ou seja, ficam em um limbo. Trade-offs existem. Se optar por uma estratégia de diferenciação, seus clientes provavelmente aceitarão pagar mais, mas seus custos também serão maiores do que os de uma empresa que optou pela estratégia de custos baixos (caso, também, de medicamentos de referência *versus* genéricos). Há muito tempo, a discussão de trade-offs é um pilar da estratégia de negócios.

O que é menos provável que reconheçamos é que o modelo de negócios também envolve trade-offs que afetam os interesses de uma multiplicidade de stakeholders. A maioria das empresas sequer pensa nesses termos. Se vai pelo caminho da RSE ou da sustentabilidade, encara a questão como um apêndice do negócio em si. Não enxerga que o modelo de negócios atual já embute os trade-offs e de que maneira respostas reais vão exigir um exame minucioso do próprio modelo de negócios. Para dar um exemplo óbvio, quando uma empresa demite funcionários em busca de maior eficiência operacional, a medida em geral é recompensada pelo mercado, embora, obviamente, os trabalhadores sejam prejudicados se não forem recolocados em outro trabalho com salário, benefícios e oportunidades equivalentes. Em um exemplo talvez menos óbvio, um modelo de varejo como o do Walmart, baseado na entrega just-in-time de mercadorias, cria eficiências na gestão do capital de giro, mas pode também contribuir para o congestionamento de estradas e um maior consumo de combustível e poluição, pois são necessários muitos caminhões rodando para entregar tudo a tempo. Para piorar, a fim de evitar atrasos na entrega, a empresa pode optar pelo frete aéreo, o que multiplica custos de combustível e poluição. Da mesma forma, um modelo de produção como o da Nike, que depende de artigos produzidos em mercados com mão de obra barata, até pode ser bom para o consumidor, mas pode colocar em risco os operários nas fábricas se o baixo custo significar proteção mínima para o trabalhador e desrespeito às normas de segurança.

Em geral, esses trade-offs se fazem necessários porque as partes interessadas não têm um lugar à mesa. Não são incluídos na discussão. E quem deveria estar sentado à mesa? É uma pergunta difícil, para a qual muita gente que estuda o assunto ainda não achou resposta. Uma ala de economistas e juristas vê a questão pela óptica dos direitos de propriedade, sustentando que aqueles que, de um modo ou outro, estão investindo na geração de valor devem ter voz nas decisões tomadas pela empresa.[24] Esse critério poderia incluir trabalhadores de uma fábrica, mas provavelmente excluiria comunidades que porventura tenham de conviver com águas poluídas geradas por essa mesma fábrica. Sociólogos e cientistas políticos aderem a outra tese, observando que legitimidade não é algo que possa ser definido de maneira abstrata ou técnica. Segundo eles, a legitimidade é fruto de um processo social e político pelo qual aqueles que têm poder ou encontram meios de influenciar o debate (pela ação em movimentos sociais, por exemplo) se convertem em legítimos stakeholders de uma conversa específica.[25]

Vejamos os habitantes de Bhopal, na Índia. Antes que o vazamento do isocianato de metila da fábrica da Union Carbide resultasse em uma devastadora nuvem de gás em dezembro de 1984, é possível que ninguém tenha considerado aqueles moradores como stakeholders diretos. Muitos viviam em favelas nos arredores da fábrica e não tinham nenhum poder sobre as decisões da Union Carbide. Não foram consultados sobre a instalação da fábrica nem sobre as medidas de segurança que foram (ou não) adotadas. Aliás, é bem provável que a fábrica tenha sido instalada no local justamente porque eram pessoas sem nenhum poder. Mas 8 mil morreram nas duas semanas que se seguiram ao acidente; 100 mil ficaram com sequelas permanentes e pelo menos outras 500 mil pessoas foram afetadas de algum modo pelo gás tóxico.[26] Esses stakeholders não foram levados em conta porque, antes do vazamento, ninguém da comunidade de Bhopal tinha um lugar à mesa. O Capítulo 2 mostra como tudo muda de figura quando uma empresa dialoga com seus stakeholders e como esse envolvimento pode levar a uma compreensão maior do modelo de negócios da empresa. Mostra, ainda, como expor esses trade-offs, tornando explícito o que é implícito. É o primeiro passo da transformação rumo a uma empresa 360°. A principal lição? Todo modelo de negócios inclui trade-offs. É preciso saber identificar e entender os seus.

Modo 2: reveja seus trade-offs

Na Parte II do livro, entramos no **Modo 2**, onde vamos rever os trade-offs. Uma vez que a empresa compreenda que o modelo de negócios é, na verdade, uma série de decisões que determinam quem terá (ou não) seus interesses respeitados (Modo 1), fica evidente que, para chegar a soluções, será preciso repensar o modelo de negócios. O Capítulo 3, então, mostra a lógica econômica por trás dos conceitos de valor compartilhado e de soluções ganha-ganha. A maioria daqueles que desejam abordar questões ligadas à mão de obra, ao meio ambiente ou a outros stakeholders se sente obrigada a articular o business case em termos de diversidade, meio ambiente, tratamento melhor de trabalhadores etc. Essa é a essência do ganha-ganha – o que chamo de ação no Modo 2. A ideia, aqui, é encontrar o ponto de interseção entre intervenções que sejam boas para os stakeholders e intervenções que também sejam boas para o negócio. No Walmart, a instalação de sistemas de iluminação LED derruba o custo de energia da empresa e, ao mesmo tempo, reduz o consumo de energia e a poluição para a sociedade. Desde que os custos da iluminação LED não sejam muito altos, é possível justificar economicamente sua adoção. Quando o Walmart contribui para bancos de alimentos, ocorre o mesmo: a varejista gasta bem menos com o envio de material para aterros e, simultaneamente, ajuda a alimentar comunidades vizinhas. Além de reduzir custos, isso gera publicidade positiva em lugares onde o Walmart opera, o que pode ser útil para uma empresa que volta e meia é alvo de protestos quando vai se instalar em novas localidades.

Esse é o tipo de solução ganha-ganha plasmada na ideia do valor compartilhado. São soluções que contribuem para a rentabilidade das operações internas do negócio e superam obstáculos no contexto competitivo externo. O que os gestores estão descobrindo é que há muito mais casos que permitem a defesa, em termos econômicos, de ações que também levem em conta os benefícios para um amplo leque de stakeholders. São os frutos mais fáceis de colher. A mudança de mentalidade representada pelo conceito do valor compartilhado permite que gestores usem da imaginação para considerar uma série de ações que, por alguma razão, não pareciam possíveis no passado. Hoje, esses gerentes têm uma linguagem para expressar que uma ação em prol de stakeholders que não os acionistas também pode ser boa para esses mesmos investidores.

Na prática, contudo, o que vemos é que o resultado no balanço ainda dita quais iniciativas serão adotadas para gerar ganhos mútuos.

Em outras palavras, ideias excelentes que representariam um ganho para certos stakeholders são abandonadas porque não satisfazem critérios econômicos. Independentemente do discurso da empresa, um ganho – o econômico – sempre prevalece.

O Capítulo 4 mostra como o argumento econômico – o business case – pode servir de impulso, mas também como a empresa pode ficar presa a essa lógica econômica e deixar de ver oportunidades de mudança maiores. Atribuir valor demais ao argumento econômico pode levar a empresa a ignorar uma série de opções dignas de consideração. A maioria das empresas – até aquelas que reconhecem trade-offs – nunca passa desse ponto. É o que vemos quando consideramos, por exemplo, o business case da diversidade. Aqui, a maioria das empresas acha que usar o argumento econômico levará à ação, pois já estaria provada a relação entre equipes diversificadas e mais inovação e melhor desempenho. É patente, no entanto, que o argumento pela diversidade até agora não conseguiu produzir muito progresso nas organizações – e, pior ainda, ter de provar o argumento econômico sugere, involuntariamente, que a empresa só deveria ser mais inclusiva se pudesse demonstrar que a inclusão é melhor do que a configuração atual (que, na América do Norte, ainda é em grande medida dominada por homens brancos heterossexuais). A lógica econômica, portanto, passa a ser uma cilada que mantém as pessoas pensando apenas em soluções incrementais. Dessa análise, podemos concluir que tanto o modelo do valor compartilhado como o do business case têm um poder limitado – e podem, na verdade, inibir o progresso ao levar a empresa a considerar apenas possibilidades ancoradas no resultado econômico.

Modo 3: inove para resolver seus trade-offs

Como uma empresa escapa da armadilha do business case? A Parte III mostra como usar ações do **Modo 3** para inovar e, com isso, resolver trade-offs. Há muitas situações em que um argumento econômico não se sustenta. Voltemos ao caso das lâmpadas LED. Se o custo for alto demais para permitir o retorno desejado do investimento, não há justificativa econômica para instalá-las. E aí? Seria o fim da história? Embora com o modelo do valor compartilhado não haja como avançar, muitas organizações estão descobrindo outros meios de lidar com trade-offs surgidos quando se consideram outros stakeholders.

As empresas tendem a tratar a RSE como um apêndice das operações do dia a dia. A realidade é que, para satisfazer as exigências dos stakeholders, terão de transformar seu modelo de negócios. Se, à luz do modelo atual, o argumento econômico não se sustenta, uma alternativa é inovar *no* próprio modelo de negócios.[27] Vejamos o caso da produção just-in-time: é comum considerarmos esses sistemas eficientes e econômicos, mas raramente exploramos seus custos ocultos. De outro ponto de vista (ou seja, de outro ângulo dos 360o), just-in-time significa mais caminhões e menos trens e navios (os sistemas menos poluentes e mais eficientes). Just-in-time significa operários obrigatoriamente fazendo hora extra para cumprir prazos, muitas vezes em detrimento da segurança. Just-in-time significa fornecedores normalmente gastando mais para manter estoques de bens que terão de entregar em prazos exíguos. O Capítulo 5 mostra como empresas inovadoras acham maneiras de resolver essas questões não só respeitando as normas, mas inovando: com novos modos de transporte, novas embalagens, novos processos de design para reduzir pedidos urgentes, novos processos de gestão de fábricas e novas formas de envolvimento com comunidades locais.

A boa notícia é que, como demonstro no Capítulo 6, a diversidade de necessidades e desejos de distintos stakeholders pode ser uma fonte de ideias inovadoras. A Nike serve de exemplo disso. Em 1997, após uma campanha de ativistas contra práticas trabalhistas em fábricas fora dos Estados Unidos onde os tênis da empresa eram fabricados, a Nike iniciou o que viria a ser um longo (e contínuo) processo para levar em conta os anseios e as necessidades desses trabalhadores. O primeiro passso foi instituir novas normas de segurança. Com o tempo, no entanto, ficou claro que isso não bastaria, pois o simples respeito às normas não melhorava a vida do trabalhador tanto quanto se esperava. A certa altura, uma solução foi o Flyknit, um processo inédito de produção no qual se tece o calçado esportivo, dispensando processos de corte e colagem. A produção com esse modelo desperdiça muito menos material do que com o uso de moldes, reduz o uso de matéria-prima e lança menos resíduos em aterros sanitários. O mais importante, contudo, foi que a inovação nos processos de criação da própria empresa significou que a relação da Nike com as fábricas não criava, involuntariamente, pressões que levassem ao descumprimento das normas de segurança no trabalho.

No caso da Nike, os interesses dos stakeholders – ou seja, a proteção do trabalhador e do meio ambiente – vieram à tona devido a protestos de trabalhadores e pressão de consumidores. Mas o fato de terem considerado esses interesses deflagrou a inovação, o que permitiu à Nike entrar no Modo 3. Isso ocorre quando, embora o business case do ganha-ganha não seja imediatamente evidente, a empresa reconhece que não há por que abandonar a meta. Inovar é fundamental para resolver trade-offs.

Por outro lado, a inovação não é uma varinha de condão que soluciona problemas de modo fácil e rápido ou simplesmente elimina trade-offs. Nada disso. Inovar em geral é difícil, caro e disruptivo. Pode levar à destruição criativa, que ocorre quando novas práticas desbancam o modo atual de operar e gerir a empresa. Como em qualquer tipo de inovação, pode questionar o *status quo* e incomodar quem está acostumado a trabalhar de certa maneira. Não é preciso esperar que a disrupção venha de fora. Uma empresa que ouve seus stakeholders talvez nunca seja alcançada pela disrupção. Para avançar de verdade no enfrentamento de pressões de stakeholders, a empresa terá de inovar seu *modus operandi*. Fazer isso em resposta a desejos e necessidades de stakeholders pode ser a fonte de uma verdadeira vantagem competitiva.

A grande lição do Modo 3 é que a inovação em geral permite que gestores encontrem soluções ganha-ganha onde, a princípio, não parecia haver nenhuma.

Modo 4: prospere em meio aos trade-offs

Mas e quando (ainda) não for possível inovar? E quando (ainda) não for possível imaginar soluções novas para trade-offs? A Parte IV mostra como as empresas podem enfrentar contradições intratáveis. Às vezes, a inovação não permite que se avance todo o necessário. O que fazer, por exemplo, com a tensão criada pelo desejo de vender mais produtos (o que toda empresa deve fazer) e os custos associados ao consumismo, ao desperdício, ao dano ambiental? Em casos assim, certas organizações estão achando maneiras de "manter" a tensão criada por trade-offs com o que chamo de ação no **Modo 4**. As soluções que abordei acima são compatíveis com um argumento econômico subjacente, mas, mesmo quando essa lógica econômica não pode ser sustentada, e simplesmente não há uma justificativa econômica, as empresas ainda assim podem optar por manter os trade-offs em tensão na organização. Com efeito, especialistas que estudam paradoxos organizacionais sustentam que as organizações podem conviver – e até crescer – com tensões.[28]

No Capítulo 7, trato dos desafios impostos pela tensão entre o desejo de vender mais produtos e o custo social do consumismo. Mostro o que significa estar encurralada em meio a interesses conflitantes e que experimentos estão sendo feitos para a resolução desse impasse. O Capítulo 8 analisa especificamente iniciativas de sustentabilidade: como tiveram início com a ideia do argumento econômico do Modo 2, que inovações foram deflagradas pela ação no Modo 3 e, por último, o que fizeram empresas no Modo 4 quando foi impossível achar soluções. Mostro como a tensão entre os stakeholders pode servir de combustível para experimentos que, com o tempo, permitirão à organização inventar soluções novas, inéditas e, em certos casos, radicais. Para avançar, as empresas precisam, na verdade, explorar essas tensões, pois o conflito leva à ação. Se todo conflito entre diferentes stakeholders pudesse ser resolvido com soluções fáceis, em que todos ganham, isso já teria sido feito. Quando não tem como inovar e não quer recorrer à lógica econômica do business case, a empresa pode acabar restrita a iniciativas de sustentabilidade, como lâmpadas de baixo consumo de energia e lava-roupa líquido concentrado. O maior desafio dos líderes, hoje, é lidar com conflitos quando não há como achar soluções ganha-ganha e quando (ainda) não é possível inovar para resolver o problema.

Em geral, a saída nesses casos é separar as atividades destinadas a atingir uma das metas daquelas destinadas a atingir o outro objetivo. As metas podem ser muitas – sustentabilidade, diversidade da força de trabalho, condições de trabalho na cadeia de suprimentos – e normalmente a organização lança iniciativas especiais para atingi-las. Essas iniciativas recebem permissão para promover mudanças em políticas, ainda que não haja uma justificativa econômica para tal. Além disso, podem contemplar necessidades de stakeholders em certos mercados – mais abertos à ideia ou mais exigentes –, mas não em outros, onde o clima não é favorável.

Essa separação também pode ser feita ao longo do tempo. Uma organização pode posicionar necessidades de stakeholders como estratégias de longo prazo, em claro contraste com as exigências de curto prazo de lucro operacional. Embora muitas necessidades de stakeholders sejam bastante urgentes, a tendência a posicioná-las como objetivos de longo prazo é um meio de manter os trade-offs a distância. Em vez de parar tudo quando o argumento econômico não está claro, a organização pode manter a questão viva ao encará-la como um projeto de longo prazo ou um piloto.[29] Com isso, a empresa está operando no Modo 4 e tentando descobrir possíveis soluções futuras realizando experimentos, fazendo parcerias com ONGs, trabalhando em consórcios com outras empresas às voltas com os mesmos desafios, investindo em estudos de longo prazo com retornos incertos ou envolvendo partes interessadas – como trabalhadores ou a comunidade – na solução de problemas.

Certos economistas afirmam que criar iniciativas separadas ou canalizar necessidades de stakeholders para estratégias de longo prazo é contraproducente. Segundo eles, usar o retorno total ao acionista como principal indicador é bom justamente porque traz foco, porque permite que uma única meta determine como serão enfrentados e resolvidos os trade-offs.[30] Ter vários objetivos, argumentam, é o mesmo que não ter nenhum, pois os gestores ficarão confusos ou simplesmente usarão a ambiguidade para defender seus próprios interesses. Na opinião de alguns economistas, manter metas de acionistas e metas de stakeholders em tensão é mau negócio. Psicólogos e filósofos morais, no entanto, diriam que o ser humano é mais capaz de conciliar vários valores ao mesmo tempo do que imaginam esses críticos.[31] Com efeito, diante de tudo o que sabemos sobre vieses cognitivos, não há evidências de que ter um único objetivo torne o indivíduo menos suscetível a vieses do que ter vários objetivos.

Aí reside a beleza do Modo 4, pois é justamente onde as tensões são mais evidentes que a empresa pode prosperar. Quanto mais intratável o trade-off, mais criatividade pode ser usada para resolvê-lo. Líderes terão de fazer experimentos para descobrir o que traz resultados. Essa experimentação não se resume a testar hipóteses, mas a identificar problemas, produzir soluções provisórias e revê-las de forma iterativa à medida que a experiência vai gerando novos dados. Experimentos desse tipo permitem que a organização avance, ainda que de maneira imperfeita, ao mesmo tempo que inventa soluções.[32] Além disso, a tese de Milton Friedman de que o retorno total ao acionista deve ter primazia nas decisões tomadas pela empresa precisa conviver com o fato de que – como mostram certos estudos – parte dos investidores "quer" que a empresa leve em conta outros stakeholders e computa isso ao tomar suas decisões de investimento.[33] Esse investidor quer que empresas operem no Modo 4 porque quer que essas empresas criem novos futuros.

Aqui, a principal mensagem é que, mesmo quando não há soluções inovadoras, a empresa pode aprender a prosperar em meio à tensão criada por trade-offs insolúveis. E essa tensão, em vez de causar confusão ou gerar problemas, pode na verdade ser fonte de adaptabilidade e resiliência organizacional.

A Parte V conclui o livro com duas perspectivas: o que a empresa 360° significa para você como líder e o que significa para você como cidadão. No Capítulo 9, proponho um roteiro para o CEO que deseja liderar uma revolução 360°. Há nove pilares que sustentam a ação em cada um dos modos. O ponto de partida é fazer perguntas e o passo final é simplesmente entrar em ação. O epílogo trata dos stakeholders propriamente ditos, refletindo sobre maneiras mais eficazes de influenciar as empresas a agir.

Como este livro foi originalmente publicado por uma editora acadêmica, ele teve de passar pela revisão de alguns colegas. Nesse processo, um dos avaliadores observou que os quatro modos de ação podem ser relevantes inclusive no plano pessoal:

> De certa forma, as ideias [da autora] poderiam ter implicações ainda maiores [...]. [poderiam ser vistas como] quatro modos de administrar trade-offs e conflitos em qualquer situação em que seja preciso tomar uma decisão. Vejamos um simples exemplo pessoal, não hipotético, uma decisão que tive de tomar hoje: deveria ir a uma reunião acadêmica ou participar de uma atividade com meus netos? Pensar no Modo 1 me ajuda a entender que pode haver um conflito entre essas duas opções, algo que raramente acontecia no início da minha carreira. O Modo 2 sugere que talvez haja saídas para resolver esse conflito (talvez levando um neto comigo à reunião acadêmica, como um programa especial). O Modo 3 sugere outra possibilidade:

participar da reunião via Skype ou conversar por mensagem com meus netos durante a reunião. O Modo 4 sugere que, às vezes, não há como resolver o conflito – como quando há uma apresentação de um neto na escola no exato momento de uma reunião. Nessa situação, tenho de fazer o que é certo – o que, no meu caso, é ir à apresentação – e depois explicar a decisão aos colegas que esperavam que eu fosse à reunião acadêmica.[34]

Minha esperança é que você, leitor, encontre um jeito próprio de usar essas ideias para mudar o modo como vive e trabalha. Não há respostas fáceis. O único meio de progredir é iniciando o percurso. Essas explorações em 360° servirão de guia ao longo desse caminho.

Antes de correr, é preciso caminhar
Entenda seus trade-offs (Modo 1)

Como uma empresa ganha dinheiro? Esta é a primeira coisa que me pergunto quando sou apresentada a uma nova companhia. Parece básica, mas leva a um exame de como a empresa realmente funciona. A pergunta revela qual é o modelo de negócios dela. Revela que trade--offs está fazendo. A maioria das pessoas vê a responsabilidade social empresarial e a atenção a stakeholders como um apêndice do negócio propriamente dito, quando, na verdade, trade-offs entre stakeholders já vêm embutidos no modelo de negócios, seja o do mercadinho do bairro ou o de uma Procter & Gamble. Embora muitas empresas não entendam que o modelo de negócios sempre embute escolhas que favoreçem certos stakeholders e não outros, esse é o primeiro passo na transformação da empresa em uma empresa 360°. Por isso o chamo de Modo 1. Saber quais são os trade-offs é o primeiro passo para a boa gestão dessas escolhas.

A ideia básica por trás dos trade-offs que estamos considerando aqui é que qualquer atividade de uma organização beneficiará certos stakeholders, mas trará custos ou desvantagens para outros. Se não é a organização que arca com esse custo, ele pode ser considerado uma externalidade negativa. Ou seja, quem arca com o custo não tem poder sobre a decisão de incorrer nele. Isso é chamado "externalidade" porque o custo gerado não é bancado pela empresa e não se reflete em seu balanço. Uma tese comum nos círculos da sustentabilidade é que as empresas deveriam internalizar externalidades para poder tomar decisões que levem em conta distintos stakeholders afetados por suas escolhas. Quando perguntamos como uma empresa ganha dinheiro, também estamos fazendo uma pergunta implícita sobre trade-offs e externalidades negativas.

No primeiro ano do MBA da Rotman, na disciplina de estratégia, nosso ponto de partida geralmente é essa pergunta, e usamos um case do Walmart.[1] Analisamos o Walmart em 1994, quando a empresa crescia ao impressionante ritmo de 26% ao ano no mercado americano e quando começava a avançar da base no sul dos Estados Unidos e ganhar presença no México e no Canadá. De certo modo, aquele foi o "ápice" do Walmart, pois a empresa ainda mantinha o formato original de rede de hipermercados de desconto. A seguir, nossas conclusões.

O Walmart é conhecido por aquilo que a empresa chama de Everyday Low Prices (EDLP, ou "preço baixo todo dia") e, concomitantemente, pela capacidade de fechar bons acordos com fornecedores. Seu fundador, Sam Walton, foi um grande inovador no mercado do varejo de desconto, pois, em vez de usar distribuidores, resolveu ir direto ao fornecedor. Claude Harris, o primeiro comprador do Walmart, já dizia para sua equipe: "Vocês não estão negociando para o Walmart, estão negociando para o cliente". Até empresas grandes como a Procter & Gamble descobriram que nem com toda a força de sua marca seria possível controlar o relacionamento com o Walmart. Nas palavras de Harris: "Bom, agora temos uma relação boa com a Procter & Gamble. Todo mundo fala sobre esse modelo [...]. Mas uma razão para isso é que eles aprenderam a nos respeitar. Aprenderam que não podiam nos intimidar como fazem com todo o resto e que, quando dissemos que estávamos representando o cliente, era sério".[2]

Em 1994, a rentabilidade do Walmart era muito maior do que a das concorrentes – Kmart, Target, Caldor, Ames, Bradlees e outras.

Quando analisávamos a demonstração de resultados, no entanto, víamos que o custo de compra de produtos da empresa (o custo das mercadorias vendidas) não era nada menor como porcentagem das vendas. Qual a explicação, dada a extraordinária capacidade de negociação do Walmart? Descobrimos que os custos de compra do Walmart eram maiores em parte por causa do programa "Buy American", que obrigava a empresa a comprar de fornecedores locais, a custo maior. Lançado em 1985 (e reativado em 2013), o programa tinha como meta apoiar economias locais. Fosse pelo senso de responsabilidade corporativa de Sam Walton ou, como sustentam certos economistas, por mero interesse próprio esclarecido (o Walmart precisa de uma economia local forte para que as pessoas tenham dinheiro para comprar no Walmart), isso significava que em certos casos o Walmart pagava mais por mercadorias do que concorrentes que compravam mais barato no exterior. A empresa conseguia bons preços desses fornecedores, mas não era o mesmo que comprar da China ou do México, por exemplo.

Um modelo fundado em salários baixos

Se o lucro maior da empresa não vinha de pagar menos pelas mercadorias que vendia, de onde vinha? Dissecando ainda mais a demonstração de resultados da varejista, vimos que a rubrica em que a empresa mais economizava era a de despesas com mão de obra. E por que esse custo era menor? Parte da explicação era fortuita: o Walmart nasceu – e àquela altura ainda se concentrava – em localidades interioranas no sul dos Estados Unidos, onde os salários eram mais baixos do que em cidades maiores ou em outras regiões do país. Outro golpe de sorte: ao instituir um plano de distribuição de ações para os funcionários, os baixos salários podiam ser compensados pela rápida valorização das ações. E o mais importante, muito provavelmente, é que a empresa fazia de tudo para impedir que os trabalhadores se sindicalizassem.

Em lojas sindicalizadas, os salários tendem a ser maiores. Além disso, o sindicato garante um poder coletivo para a negociação de condições de trabalho melhores ou a solução de problemas que envolvem o trabalhador. O Walmart sempre argumentou que os sindicatos não passam de um intermediário que atrapalha o relacionamento direto com os funcionários (que a empresa chama de associados). Para proteger essa relação, o Walmart não mede esforços. Quando os açougueiros da loja de Jacksonville (Texas) votaram pela sindicalização, a empresa anunciou que passaria a comprar carne pré-embalada, o que dispensaria por completo o corte de carne nas lojas.[3] Pouco depois de os trabalhadores da cidade quebequense de Jonquière terem votado pela sindicalização, o Walmart fechou a loja, alegando que já não dava lucro. O Walmart criou até um manual para os gerentes de lojas: "A Manager's Toolbox to Remaining Union Free" [Manual do Gerente para Permanecer Livre de Sindicatos].[4] Um trecho afirma: "O Walmart é veementemente contra a representação por terceiros. Não somos antissindicato; somos pró-associado". O texto dá ainda um telefone – o de uma "Union Hotline" – para o qual todo gerente deve ligar ao menor sinal de atividades ligadas a sindicatos (conversas suspeitas, distribuição de folhetos, protestos). Quando um gerente liga para essa central, uma força especial ("um time Delta"), composta de gente de segurança global, relações trabalhistas e relações com a mídia, é despachada da sede para administrar a loja e "educar" os trabalhadores sobre sindicatos.[5]

Isso tudo mostra que o Walmart sempre fez todo o possível para manter baixa a despesa com mão de obra. Quando sabemos que o modelo de negócios da empresa depende menos do custo menor de mercadorias e mais do custo menor da mão de obra, fica claro o porquê.

Por isso é importante entender o modelo de negócios. É ele que mostra como a empresa ganha dinheiro e também quais stakeholders levam vantagem com o sistema e quais ficam em desvantagem. No modelo do Walmart, o consumidor ganha, pois paga um preço baixo pelos produtos que quer. Como muita gente que compra no Walmart é de baixa renda, o preço faz diferença. Foi isso que motivou Sam Walton, e continua a motivar os dirigentes do Walmart desde então. O Walmart dá acesso a bens que muita gente não poderia comprar em outra parte. No modelo do Walmart, muitos fornecedores também ganham. Quando conseguem se impor nas renhidas negociações com a empresa, têm a chance de vender na maior varejista do mundo. Não dá certo para todo e qualquer fornecedor, mas para muitos é uma mina de ouro.

Por outro lado, o trabalhador pode não sair ganhando – pelo menos hoje em dia. Talvez nas décadas de 1980 e 1990, quando os funcionários recebiam ações da empresa e a valorização era espetacular, os baixos salários fizessem um pouco mais de sentido. Hoje, a situação mudou. Com a desaceleração do crescimento, a empresa sofre uma pressão crescente para reduzir ainda mais os custos. Uma reportagem no *The New York Times* mostrou, por exemplo, como a varejista contratou serviços de limpeza de empresas que empregavam trabalhadores ilegais e desrespeitavam leis que regem horas extras, remuneração do trabalho e previdência social. Embora os trabalhadores não fossem empregados diretamente pelo Walmart, "o uso de trabalhadores ilegais parecia beneficiar o Walmart, seus acionistas e gerentes – ao minimizar os custos da empresa – e beneficiar o consumidor, ao ajudar a manter baixos os preços do Walmart",[6] dizia a reportagem. Embora tanto o Walmart como as terceirizadas tenham sido multados pelo episódio, ações do gênero parecem um risco natural de um modelo de negócio fundado na mão de obra barata. As empresas contratadas pelo Walmart forneciam a mão de obra mais barata possível; para isso, no entanto, tinham de passar por cima da lei e de direitos trabalhistas.

O comediante Jon Stewart mencionou o caso quando apresentava o *Daily Show* no canal por assinatura Comedy Central. Depois de mostrar o trecho de um vídeo no qual uma cliente se diz "pasma" ao saber que o Walmart empregava trabalhadores ilegais, o comediante retrucou: "A senhora está 'pasma' ao saber que o Walmart usa imigrantes ilegais? Mas como, se a senhora acabou de comprar um moletom por 29 centavos?!".[7] Naturalmente, não estou dizendo que ir contra a lei seja parte intencional do modo como uma empresa ganha dinheiro, mas esse exemplo mostra que certos gestores podem extrapolar os limites no afã de continuar seguindo certo modelo de negócios.

Quando o modelo de negócios desanda

Nos últimos tempos, o modelo de baixos salários do Walmart vem sofrendo uma considerável pressão de sindicatos, de trabalhadores e da opinião pública. O grupo OUR Walmart, que reúne funcionários da varejista e recebe apoio de sindicatos, já organizou greves e manifestações durante o período de compras da Black Friday, além de vastas campanhas na mídia. Em 2015, na gestão do então novo CEO Doug McMillon, a empresa anunciou que subiria o piso salarial para 10 dólares por hora para quem estivesse ganhando menos do que isso. O patamar seguinte – o salário de gerentes de departamento – também subiria, para um mínimo de 13 dólares por hora (até então, era de 10 dólares por hora).[8]

Seria possível isso? Aumentar salários certamente minaria o modelo de negócios da mão de obra barata. Por outro lado, muita gente perguntava por que o Walmart não podia simplesmente seguir o exemplo da Costco, uma varejista parcialmente sindicalizada, que pagava a seus trabalhadores salários consideravelmente mais altos, até mesmo em relação ao que o Walmart pagava em estabelecimentos equivalentes, como o Sam's Club. Em meados da década de 2000, a jornalista Liza Featherstone escreveu:

> Um funcionário do Sam's Club começa com 10 dólares [por hora] e chega a 12,50 depois de quatro anos e meio. Um funcionário novo da Costco ganha 11 dólares por hora, o que não

parece muito mais; mas, em quatro anos e meio, está ganhando 19,50 por hora. Além disso, recebe algo chamado "extra check": um bônus de mais de 2.000 dólares todo semestre. Um caixa na Costco, com cinco anos de casa, ganha cerca de 40.000 dólares por ano. O seguro-saúde é um dos melhores do setor: o funcionário paga, do próprio bolso, cerca de 12% do prêmio; no Wal-Mart, mais de 40%.[9]

A diferença poderia ser atribuída à atuação dos sindicatos. Mas pode ser mais do que isso. É que o modelo de negócios da Costco é fundamentalmente distinto do modelo do Walmart, ou até do Sam's Club, uma divisão do Walmart. Como observa Featherstone, a receita por funcionário da Costco é cinco vezes maior do que a do Walmart. Parte disso se deve à produtividade do trabalhador: quem ganha mais tende a estar mais satisfeito no trabalho, e o trabalhador satisfeito tende a se empenhar mais. E parte se deve ao fato de que Walmart e Costco vendem coisas distintas. De novo, segundo Featherstone:

> O Walmart vende um balanço infantil por 199 dólares, enquanto na Costco encontramos um "summer fortress play system" por 1.499,99 dólares. Um conjunto de móveis para varanda no Walmart custava 199 dólares no começo do verão; na Costco, um "aquecedor" para varandas tinha o mesmo preço. O site da Costco traz a promoção de uma banheira de hidromassagem com aparelho de som por 5.000 dólares. No site do Walmart, na semana passada, o item de maior destaque era uma bicicleta de 48 dólares.[10]

A Costco tem cerca de 4 mil SKUs (ou seja, 4 mil tipos de produto). O Walmart tem 130 mil. É, simplesmente, outro negócio.

Se alguém quiser saber por que o Walmart não imita a Costco, é porque o modelo de negócios do Walmart teria de mudar radicalmente.

Os dirigentes do Walmart não poderiam simplesmente aumentar salários sem alterar seu modo de pensar sobre como a empresa ganha dinheiro.

E é exatamente isso que o Walmart está tendo de fazer. Além de aumentar os salários que paga, a empresa está investindo na capacitação do pessoal. O objetivo: aumentar as vendas e a satisfação do cliente. No caso da Costco, salários e benefícios maiores resultaram em uma rotatividade de funcionários bem menor. Menos rotatividade significa trabalhadores com mais experiência, o que pode levar a mais produtividade. Menos rotatividade também significa que um funcionário acaba custando ainda mais, pois sua remuneração sobe com a antiguidade. Uma vez que a meta é aumentar a satisfação do pessoal para melhorar o atendimento ao cliente, cresce a pressão para aumentar a produtividade desse pessoal. Não surpreende, portanto, a notícia que saiu logo após o anúncio de McMillon: "Wal-Mart Cuts Some Workers' Hours After Pay Raise Boosts Costs" [Walmart corta horas de trabalho de alguns funcionários depois que o aumento no salário elevou os custos].[11] Como observa o comentarista Tim Worstall, isso não chega a surpreender:

> Não é difícil entender, não é algo desconhecido do varejo americano. A Costco paga salários muito mais altos do que o Walmart, mas tem cerca de metade da mão de obra por volume de vendas. Ou seja, a Costco simplesmente tem um modelo diferente nesse mesmo espectro de produtividade por hora *versus* salário por hora. E observemos o óbvio aqui: a Costco paga muito mais, mas também usa muito menos horas de trabalho.[12]

Isso não quer dizer que o Walmart não deva aumentar os salários. Pagar salários dignos é justo e pode trazer benefícios para a empresa. Subir salários, no entanto, vai exigir que a empresa ganhe dinheiro de outro jeito, não como fazia no passado. Se o preço baixo todo dia depende de despesas baixas com mão de obra – menores do que as de concorrentes –, pagar melhor significa que a empresa terá de buscar outra saída (mais produtividade e menos funcionários) para manter o gasto total com pessoal em um patamar inferior. Ou reduzir outros custos. É aqui que iniciativas de sustentabilidade entrariam em cena; despesas menores com energia e resíduos poderiam gerar mais flexibilidade no balanço. Mas isso significa mexer ainda mais no modelo de negócios.

Uma análise lúcida dos trade-offs embutidos no modelo de negócios deixa mais à vista possíveis opções de ação.

Modelo erguido sobre uma pirâmide

O caso da Nike não é tão diferente. A história da empresa não tem a ver com salários baixos, mas com condições de trabalho na cadeia de suprimentos. Para entendê-la, é preciso fazer aquela mesma pergunta básica: como a Nike ganha dinheiro?

Os fundadores da Nike, Phil Knight e Bill Bowerman, criaram a empresa para vender calçados esportivos de alto desempenho para atletas de verdade. Sendo eles mesmos atletas, seu alvo sempre foi o topo do que chamavam de "pirâmide do mercado". Lá no começo, não faziam marketing: simplesmente punham estrelas do atletismo como Steve Prefontaine e Alberto Salazar para calçar seus tênis. Phil Knight explicou: "[Vimos] nosso 'principal consumidor', os atletas de melhor desempenho no nível mais alto do esporte [...], ocupando o topo de uma pirâmide, em que esportistas de fim de semana ficavam no meio e todo o resto do público que usava tênis na base da pirâmide".[13] Embora o topo da pirâmide não comprasse vastas quantidades de calçados, o grande volume de consumidores no meio e na base da pirâmide não compraria nenhum par se não fosse a marca e a reputação criadas pelo topo da pirâmide. Por que mais a Nike gastaria milhões patrocinando atletas de elite como Serena Williams no tênis, Michael Jordan no basquete,

Wayne Rooney no futebol ou Michelle Wie no golfe? O logo da Nike (o chamado "swoosh") não se vende sozinho. A empresa gasta fortunas em patrocínio, publicidade, inovação e design.

A missão da Nike é "trazer inspiração e inovação para todo atleta* do mundo". O asterisco remete ao complemento: "Se você tem um corpo, você é um atleta".[14] Manter a liderança no mercado de roupas e acessórios esportivos exige constante inovação em performance e design. O calçado deve funcionar para o atleta de elite, mas seu desenho precisa agradar também não só aos viciados em tênis, mas ao consumidor comum na base da pirâmide do marketing.

Acontece que a Nike atua também em uma segunda pirâmide. Na década de 1990, críticos a chamavam de "pirâmide da exploração".[15] Enquanto o consumidor pagava 100 dólares ou mais por um par de tênis, o operário nas fábricas em geral ganhava centavos por calçado. Segundo certas estimativas, apenas quatro centavos de cada dólar pago por um tênis cobrem o custo da mão de obra para fabricar o produto. A matéria-prima custa quase 20 centavos, e o lucro da Nike está nessa mesma faixa.[16] Como o gasto com marketing é elevadíssimo, sobra pouco para pagar pela fabricação dos produtos propriamente dita.

Junto com os salários baixos dos operários das fábricas vieram outros problemas, como condições de trabalho precárias ou insalubres e horas extras forçadas. Quando essas condições vieram a público no final da década de 1990, a Nike inicialmente não se mexeu. Mas quando, conforme admitiu o próprio Phil Knight (então CEO), "o produto Nike virou sinônimo de trabalho escravo, horas extras forçadas e abusos",[17] a empresa teve de tomar providências.

O desafio, naturalmente, era como computar os interesses de trabalhadores de fábricas sem comprometer a capacidade da Nike de ganhar dinheiro. Estar na vanguarda significa gerar um fluxo constante de novos produtos e novidades adaptadas a mercados no mundo todo. Mas esse modelo de "fast fashion" pode jogar uma pressão extraordinária sobre as fábricas – que precisam produzir artigos rapidamente, com pouco aviso prévio. A solução da Nike, como veremos em mais detalhe no Capítulo 6, foi repensar seu modelo de negócios. A empresa não se limitou a exigir que as fábricas fornecedoras cumprissem normas trabalhistas e ambientais. Essa pareceria ser a solução simples, que não exigiria grandes mudanças da empresa. Em vez disso, a Nike mudou o modelo de concepção dos produtos, para que a produção não tivesse de ser feita com prazos tão apertados. Mudou, também, a relação com as fábricas, que deixou de ser de puro fornecimento para se tornar uma parceria na aplicação de novas técnicas de gestão. Além disso, a Nike criou novas colas e técnicas de produção que eliminaram a necessidade de substâncias tóxicas nas fábricas. Isso exigiu uma série de transformações, não só em fornecedores, mas na sede da Nike em Beaverton, no estado americano do Oregon. A área de P&D passou a pesquisar de outro modo. Designers passaram a criar de outro modo. Planejadores passaram a planejar de outro modo.

Mudando o modelo de negócios

Uma mudança leva a outra – e promover essas mudanças não é simples. Meu próprio trabalho, desde o lançamento de *Destruição criativa* até os dias atuais, se concentrou nessa questão central: como promover mudanças organizacionais? Todos os meus estudos – de grandes bancos às voltas com crises financeiras, de empresas de comunicação em meio ao estouro da bolha tecnológica, de empresas farmacêuticas reagindo à ascensão da biotecnologia – chegaram à mesma conclusão: mudar o modelo de negócios significa mudar a organização. A forma como uma empresa ganha dinheiro está incorporada em suas rotinas diárias. Para mudar o modelo, é preciso mudar rotinas. Para mudar rotinas, é preciso mudar o modo como as pessoas pensam aquilo que devem fazer e os incentivos para o que deve ser feito.[18]

O fato de que mudar não é fácil pode explicar, em parte, a grande dificuldade de empresas de levar em consideração os interesses dos stakeholders. É que, na maioria das vezes, isso vai exigir mudanças, e a inércia é um traço inerente das organizações. Mudar exige no mínimo algum deslocamento – e, não raro, uma séria transformação.

É aqui que entram em cena os outros modos de ação. Depois que a empresa descobre seus trade-offs, ou que estes vêm à tona pela pressão externa dos próprios stakeholders, a organização pode iniciar uma relação produtiva com eles. Os quatro modos de ação (Modo 1, entender seus trade-offs; Modo 2, rever os trade-offs; Modo 3, inovar para resolver trade-offs; e Modo 4, prosperar em meio a trade-offs) não são mutuamente excludentes. Em geral, se complementam. As melhores empresas adotam todos os quatro.

Uma análise lúcida dos trade-offs

Trade-offs nem sempre são óbvios. Se a organização nunca promoveu uma discussão voltada a identificar interesses conflitantes entre seus stakeholders, é provável que não tenha sistemas, informação ou processos para entendê-los. O risco, no entanto, é que cada grupo de stakeholders busque um jeito próprio de ter sua voz ouvida, o que pode custar caro à empresa. Muitos podem achar que a única maneira de serem incluídos na conversa é com greves, ações na justiça, campanhas em redes sociais e manifestações. Seria bom que a empresa refletisse se não é melhor computar esses anseios logo de saída.

Um entrave à compreensão dos trade-offs é achar que estes se dão apenas em certos casos ou em certas circunstâncias. Em escolas de negócios, a ética é ensinada como uma disciplina à parte, o que pode sugerir que considerações éticas sejam algo "ocasional". Só damos atenção a stakeholders se houver um vazamento tóxico, um defeito em produtos ou uma atividade ilegal. O critério que tento comunicar aos meus alunos é que toda decisão da empresa envolve trade--offs entre públicos interessados, seja ela relacionada a "preço baixo todo dia", a pirâmide do mercado, a produção em outros países ou a inauguração de novas lojas. Todo modelo de negócios incorpora essas escolhas.

Outro problema é que, embora a teoria do stakeholder já tenha quatro ou mais décadas de vida, ela nem sempre foi útil no caso de trade-offs entre stakeholders com interesses conflitantes, muito embora essas escolhas sejam inevitáveis. Parece difícil imaginar um cenário no qual os interesses de acionistas, detentores de dívida, trabalhadores, fornecedores, compradores, consumidores, ambientalistas e outras partes estejam alinhados. Apesar disso, a teoria do stakeholder em geral sugere simplesmente que a empresa busque um jeito de equilibrar esses interesses.[19] Uma visão lúcida dos trade-offs deixaria óbvio que esse malabarismo muitas vezes não é possível.

Qual a saída para as empresas? Descobri que há duas abordagens que qualquer um pode adotar: a análise "inside-out" (de dentro para fora) e a "outside-in" (de fora para dentro), tanto da empresa como de seu contexto.

Primeiro, é preciso realmente entender como funciona o modelo de negócios. Em todos os meus anos de consultoria a empresas, foi sempre uma surpresa constatar o pouco que os executivos com quem eu trabalhava sabiam sobre a mecânica específica que gerava seus retornos. Um bom começo seria criar uma árvore ROIC (a sigla em inglês para retorno do capital investido). É, de certo modo, uma ferramenta clássica da gestão baseada no valor, e a primeira medida que eu tomava na maioria de meus projetos quando era consultora.[20] O que se faz é desmembrar os componentes que contribuem para a margem e para o capital investido da empresa. A ideia é desmembrá-los o suficiente para poder entender que fatores geram valor, tanto os operacionais como os específicos de cada unidade de negócio.

A margem é o resultado de receitas e custos. No caso de receitas, pode ser o mix de clientes, a produtividade da força de vendas, a porcentagem de contas no crédito rotativo, a receita por visita ou algo nesse sentido. No caso de custos, pode ser o alocado para despesas fixas, a utilização da capacidade, o rendimento operacional, horas faturáveis, custo por entrega etc. O mesmo pode ser feito para o capital investido proveniente do capital de giro (como contas a pagar, giro de estoque, contas a receber) e para investimentos em capital fixo. Cada fator desses será acompanhado de uma cifra – cifra esta que, ao mesmo tempo, representa uma série de atividades e escolhas (o que a força de vendas faz, por exemplo, ou com que frequência você paga suas contas).

Mas o processo vai além da gestão baseada no valor, pois em seguida considera como cada um desses fatores específicos envolve cada grupo de stakeholders. A produtividade da força de vendas obviamente envolve os vendedores propriamente ditos, mas talvez também o cliente, que pode ser levado a comprar algo que não entende bem ou que não cabe no seu bolso (um exemplo é o das hipotecas subprime nos Estados Unidos). A utilização da capacidade pode afetar o meio ambiente se o uso ininterrupto de equipamentos impedir a realização de manutenção e de reparos que poderiam impedir vazamentos ou explosões (como na tragédia de Bhopal). Essa é a primeira conversa que uma empresa pode ter. A maioria delas conta com as ferramentas para realizar esse tipo de análise, mas não avançou o suficiente para descobrir qual a perspectiva dos diferentes stakeholders.

A ampla campanha pela adoção de relatórios de sustentabilidade ou de responsabilidade corporativa – quando bem feitos – pode ser um componente crucial da ação no Modo 1. Ainda que esses relatórios funcionem primordialmente como um exercício de relações públicas, podem obrigar a empresa a instituir parâmetros a fim de medir o que está fazendo e avaliar seu progresso. Medir é muito importante, pois, como diz a velha máxima, "o que é medido, é feito". Daí minha ressalva anterior sobre a importância de se fazer bem os relatórios. Definir o que medir e como medir nem sempre é óbvio. Como aponta a Nike no relatório "FY 16/17 Sustainable Business Report",[21] a coisa nem sempre é clara. Há uma grande quantidade de novos critérios – retorno social do investimento, contabilidade social, auditoria social, relatórios de sustentabilidade, tripé da sustentabilidade ("triple bottom line"), para citar alguns –, embora qualquer sistema de quantificação dependa de quem a empresa conta como stakeholder.[22] Definir quem e o que conta influencia a criação do sistema; e, uma vez instalado, esse sistema consequentemente consolida essas escolhas.

Isso dito, vale tentar definir o que importa. Uma vez ciente da pegada de carbono de cada calçado que você produz, será possível adotar metas para reduzir o impacto. Uma vez ciente de quanta água é usada na confecção de uma camiseta de algodão, será possível buscar soluções originais para reduzir o consumo, como o reúso da água com um sistema closed-loop ou o uso de algodão reciclado. Uma vez ciente de quantas normas de segurança as fábricas terceirizadas infringem, será possível fazer melhorias ou romper com o fornecedor.

Os relatórios da Nike e do Walmart são de altíssimo nível.[23] No da Nike, uma tabela lista metas para 2020 em diversos quesitos: pegada de carbono, uso de matéria-prima sustentável, energia renovável, desvio de aterros. O do Walmart indica o compromisso assumido pela empresa em uma série de categorias: desmatamento, redução de emissões de gases, bem-estar animal, produtos químicos tóxicos. Ambos mostram exatamente qual foi o desempenho da empresa nos últimos anos. A função desse exercício é mais do que informar. Naturalmente, os números vão parar no relatório, mas o verdadeiro benefício vem do esforço feito pela empresa para entender cada questão, criar indicadores relevantes e estabelecer metas.

Esse primeiro passo é o inside-out, o olhar de dentro para fora. O segundo é o olhar de fora para dentro, o outside-in. Para isso, seria necessário ouvir dos próprios stakeholders o que é importante para eles e por quê. Em 2005, quando decidiu lançar uma iniciativa rumo a uma maior sustentabilidade ambiental, o CEO do Walmart à época, Lee Scott, resolveu ouvir os maiores críticos da empresa. O ex-diretor da ONG Sierra Club, Adam Werbach, passou a dar consultoria à varejista. Scott procurou Steven Hamburg, um professor de estudos ambientais que em 1994 fizera um relatório devastador sobre o desempenho ambiental do Walmart, para saber como avançar de verdade em vez de ficar só no greenwashing. Em vez de se defender das críticas, Scott decidiu ouvir. Ao ouvir e interagir, vislumbrou um rumo a seguir – rumo no qual o Walmart assumiria a dianteira em um Índice de Sustentabilidade para fornecedores e adotaria a meta de zero resíduos e 100% de energia renovável. Obviamente, a varejista ainda não chegou lá, mas já avançou bem mais do que teria conseguido se não tivesse buscado essa colaboração com críticos da empresa.[24]

Também é possível tirar lições do grupo ativista ACT UP e de um derivado seu, o Treatment Action Group, cujos membros lutaram no final da década de 1980 e no começo da de 1990 para ter um lugar à mesa quando empresas farmacêuticas decidiam o que priorizar na busca da cura da Aids e formulavam protocolos de testes. Os protestos garantiram, sim, um lugar à mesa, mas foi sua presença ali que permitiu que trabalhassem junto com cientistas para levar ao mercado medicamentos cruciais para vítimas ao redor do mundo (mais sobre isso no Epílogo). Na Alemanha, sindicatos ou outros representantes de trabalhadores têm metade dos assentos em conselhos de administração (o *Aufsichtsrat*), de modo que sua voz se faz ouvir nas esferas mais altas da organização, juntamente com a de acionistas. São apenas alguns dos mecanismos pelos quais stakeholders podem ser incluídos na conversa.

E por que isso é importante? O advogado Bryan Stevenson, que defende o fim da pena de morte nos Estados Unidos e dirige a Equal Justice Initiative, tratou da questão no fórum CEO Initiative, da revista *Fortune*, em 2018. Falando a uma plateia repleta de CEOs, disse que, diante das mudanças climáticas, da pobreza, do discurso anti-imigração, de sistemas precários de ensino e de doenças, nossos líderes econômicos e empresariais "têm um papel crítico a desempenhar":

> Quando nos isolamos, quando nos distanciamos e nos desconectamos daqueles que são vulneráveis e desfavorecidos, estamos

mantendo o problema e contribuindo para que ele continue ali. Estou convencido de que, mantendo a proximidade, podemos aprender algo que nos ajude a mudar o mundo, a mudar o meio ambiente, a criar comunidades mais saudáveis. Estou convencido de que a proximidade traz força. É muito comum esperarmos até acharmos que temos todas as respostas, para só então nos aproximar daqueles que foram marginalizados. Na verdade, estou convencido de que precisamos encontrar maneiras de nos aproximar dos desfavorecidos, dos marginalizados, dos excluídos, dos pobres, dos deficientes, ainda que não tenhamos respostas sobre o que fazer quando chegarmos lá. A proximidade faz a força. Muitos de nós aprendemos que, se a cidade tiver uma parte ruim, não é lá que abriremos nosso negócio [...]. Estou convencido de que precisamos fazer o oposto. Precisamos achar maneiras de atuar, de investir e de nos posicionar nos lugares onde há miséria.[25]

Nos dois casos – inside-out e outside-in –, o desafio é encarar com honestidade a visão que outros stakeholders têm das estratégias e das atividades da empresa. Isso requer certa dose de vulnerabilidade. Aqui, uma postura defensiva é inimiga de insights. Nem toda informação recebida será boa, e nem toda informação será fácil de assimilar. Ainda assim, é o ponto de partida da trajetória de transformação em uma empresa 360°, algo que pode trazer resultados melhores para todos.

ROTEIRO DA PARTE I

- Cada vez mais, espera-se que as empresas considerem os interesses de diversos stakeholders. O "retorno total ao acionista" não é mais a única coisa que conta. Essa pressão vem de "click-ativistas" que armam um escarcéu nas redes sociais quando a empresa comete deslizes, de consumidores que boicotam empresas irresponsáveis, de millennials que não querem trabalhar para empresas desprovidas de uma proposta de valor socialmente responsável e de investidores que exigem respeito a critérios ambientais, sociais e de governança.

- A urgência de trabalhar por mais do que resultados econômicos nunca foi tão grande. A elevação do nível do mar já provoca inundações; a poluição sufoca cidades; a revolução da inteligência artificial trará grandes reviravoltas, com robôs substituindo o ser humano; a igualdade de gênero perde fôlego.

- A estrutura de valor compartilhado que atualmente domina o discurso empresarial pode até inspirar empresas a pensar diferente sobre stakeholders, mas não serve para casos que não sejam ganha-ganha. Uma questão fundamental é saber como ir além das limitações do modelo do valor compartilhado a fim de poder lidar com trade-offs intratáveis.

- A empresa 360 sugere um novo modelo para enfrentar esses desafios. Uma empresa 360° é uma organização que utiliza quatro modos distintos de ação: entender seus trade-offs, rever os trade-offs, inovar para resolver trade-offs e prosperar em meio a trade-offs.

- Todo modelo de negócios contém trade-offs. Poucas empresas reconhecem que cada uma de suas decisões envolve uma escolha entre favorecer necessidades e valores de um grupo de stakeholders em detrimento de outros. Esses trade-offs costumam ser implícitos. O ponto de partida, ou Modo 1, é torná-los explícitos, ou seja, é aprender a expor e entender seus próprios trade-offs.

PARTE II
O argumento da responsabilidade social

Reveja seus trade-offs
(Modo 2)

3

Existe de fato um ganha-ganha?
A busca do valor compartilhado

Cada vez mais, questões supostamente sociais estão entrando na pauta das empresas. Uma cultura de confiança, salários maiores, sustentabilidade, responsabilidade social empresarial (RSE), organização movida a propósitos – para tudo isso haveria uma justificativa econômica, um business case. Questões que no passado nem sempre pareceram prioritárias para empresas hoje são vistas como indispensáveis pela óptica do business case, segundo a qual o que é bom para a sociedade também é bom para a empresa.

Essa é a essência das soluções de valor compartilhado e de ganha-ganha, em que todos ganham. É o que chamo de ação no **Modo 2**. Cada vez mais as empresas estão percebendo que não é preciso escolher entre o bem social e o resultado econômico. Um piso salarial maior ou uma cultura de confiança teriam o efeito de aumentar a produtividade. A sustentabilidade teria o efeito de reduzir custos. A RSE teria o efeito de aumentar o valor da marca ou de reduzir o risco reputacional.

Quando o valor compartilhado funciona

Todo esse discurso deu resultado. Para muitos gestores treinados para pensar que o lucro vem antes de tudo, a ideia do valor compartilhado abriu uma via para lidarem com os trade-offs que o modelo de negócios de sua empresa cria. Uma empresa pode:

- Justificar a troca de lâmpadas incandescentes pela iluminação LED (mais cara) porque esta consome menos energia, o que é bom para o meio ambiente *e* mais econômico a longo prazo.
- Reduzir a quantidade de embalagens nos produtos, pois isso traz economia de plástico e papelão *e* diminui despesas com embalagem e transporte.
- Investir em melhores condições de trabalho na cadeia de suprimentos, pois isso cria circunstâncias melhores para trabalhadores *e* reduz a rotatividade de pessoal.
- Promover produtos orgânicos, pois isso diminui o lançamento de substâncias tóxicas no meio ambiente *e* deixa o consumidor mais disposto a pagar mais por produtos orgânicos.
- Contratar mais mulheres, pois isso abre mais oportunidades de emprego para a mão de obra feminina *e* dá à empresa acesso a uma fonte de talentos negligenciada.

Eu poderia dar muitos outros exemplos. Hoje, é difícil encontrar uma empresa que não tenha uma história desse tipo para contar. É a narrativa predominante nos relatórios de sustentabilidade que já viraram quase norma para empresas. O "Global Responsibility Report" de 2018 do Walmart começa com uma carta da diretora de sustentabilidade, Kathleen McLaughlin, que afirma [o itálico no final é meu]:

> A empresa existe para servir a sociedade. No caso do Walmart, isso ocorre de várias maneiras. Estamos dando ao consumidor acesso conveniente a alimentos seguros e outros produtos a preços acessíveis, criando oportunidades de trabalho para nossos associados, ajudando fornecedores a expandir seu negócio – o que, por sua vez, gera mais emprego –, e recolhendo impostos,

o que ajuda a manter a vida da comunidade. Empresas de verdadeiro sucesso fazem tudo isso, mas dão um passo além: trabalham para fortalecer os sistemas dos quais dependem, como o emprego no varejo ou a produção de alimentos. Por quê? Não só para aumentar a confiança do cliente e manter a licença para operar, mas também para aumentar a segurança da oferta, administrar a evolução da estrutura de custos, gerar novos fluxos de receita e atrair talentos. Fortalecer sistemas sociais *não é só uma atitude responsável, é algo que maximiza o valor da empresa*.[1]

No relatório de sustentabilidade da Nike, o CEO, Mark Parker, diz o seguinte: "O que nos mantém vivos é uma simples crença: quando a Nike promove uma mudança importante em nossa própria empresa e nas comunidades que servimos, fazemos uma diferença positiva no mundo. Ampliamos nosso propósito como empresa". O relatório detalha como a Nike evitou o descarte de cerca de 6 milhões de quilos de resíduos de fábricas e de produtos já usados em aterros sanitários usando o programa Nike Grind, o que faz todo sentido, pois a receita com a venda de pisos esportivos Nike Grind voltou aos cofres da empresa para bancar inovações sustentáveis. A empresa trabalhou com os fabricantes de seus calçados para substituir caldeiras a vapor obsoletas, o que fez sentido porque gerou uma economia média de energia de 15% a 20% em cada estabelecimento.[2]

São exemplos impactantes. Empresas movidas por esse propósito encontram maneiras de atingir boas metas para a sociedade sem descuidar do resultado financeiro. É a ação no Modo 2: buscar soluções em que todos saem ganhando.

Como chegar a esse ganha-ganha? Não é fácil. Até para colher o fruto no galho mais baixo é preciso esforço. Vejamos a famosa decisão do Walmart de exigir de fabricantes que todo sabão líquido para roupas passasse a ser fornecido apenas em versão concentrada. Soa simples. As vantagens para o meio ambiente são claras: menos água, recipientes de plástico menores, menos caixas para transporte, menos caminhões rodando e, portanto, menos poluição. Para a empresa, as vantagens também são claras: despesas menores com transporte e logística e cobertura positiva na mídia. Mas uma mudança dessas não ocorre da noite para o dia.

O compromisso foi assumido publicamente em setembro de 2007 durante as reuniões da Clinton Global Initiative, embora o projeto tivesse começado três anos antes com um teste com a Unilever. Para que a Unilever criasse a versão concentrada do lava-roupa All, o Walmart teve de prometer espaço igual ou maior para o produto nas prateleiras, intensificar o marketing e orientar o consumidor. A Unilever criou a versão com uma concentração três vezes maior – o "All small-and-mighty", cuja embalagem de 1 litro podia lavar a mesma quantidade de roupas do que a de 3 litros do líquido não concentrado –, e o Walmart saiu vendendo. Com o sucesso do teste – que inclusive fez subir as vendas do All de modo geral –, o Walmart levou a ideia aos demais fornecedores: Procter & Gamble, Church & Dwight e Dial, entre outros. A varejista exigiu de todo fornecedor uma série de mudanças: fórmulas novas, embalagens novas, rótulos novos, publicidade nova. Funcionou porque o Walmart tinha cacife para exigir a mudança. Paralelamente, a empresa também tinha muito a fazer. O Walmart precisou alterar a divisão do espaço nas prateleiras e os padrões de transporte e armazenamento; instalar displays interativos para explicar ao consumidor como usar o produto; orientar os vendedores das lojas sobre os benefícios e fazer promoções para que o público comprasse a nova versão. Em maio de 2008, a varejista anunciou que havia atingido a meta de vender apenas lava-roupas concentrado em suas lojas.[3] A lição é que, até quando o fruto está perto da mão, o esforço para chegar ao ganha-ganha não é menor.

A propósito, o fato de o Walmart não ter partido com uma ordem geral para todos os fornecedores, mas ter começado fazendo testes com um único produto de um único fornecedor, faz parte da ação no Modo 4, à qual voltaremos no Capítulo 8. Se não tiver certeza se haverá ganha-ganha ou não souber se a implantação é possível, experimentos como esse são uma excelente maneira de avançar. Aqui, nesse caso, houve dois benefícios. O primeiro, na concepção do experimento, quando tanto o Walmart como a Unilever descobriram quais os entraves de ambos os lados e trabalharam para superá-los. O segundo foi que o sucesso do piloto serviu de forte munição para convencer outras fabricantes a aderir à iniciativa.

O caso do lava-roupa líquido é espetacular não só porque ilustra com clareza o ganha-ganha, mas também porque mostra como pode ser difícil promover até a mais simples das mudanças. É fácil entender por que um fabricante resistiria à ideia: seria possível cobrar um valor equivalente pela versão concentrada? Se a embalagem fosse menor, perderia espaço nas prateleiras? Seria possível recuperar o investimento em novas fórmulas e outras mudanças? Também dá para ver por que o consumidor seria refratário: como saber se a roupa ficaria limpa usando menos detergente? Por que uma embalagem tão menor custava mais do que as antigas, bem maiores? Até internamente, no próprio Walmart: alguém do RH precisaria criar novos módulos de treinamento, o pessoal do marketing teria de bolar novos displays interativos, gerentes de loja precisariam instalar os displays nos estabelecimentos e definir a nova organização das prateleiras. Em suma, como em qualquer outra mudança, inúmeros participantes tiveram de fazer investimentos e mudar comportamentos. E por que fizeram isso? Porque o business case mostrava que o investimentos daria retorno, não só para o meio ambiente, mas também para o resultado financeiro das empresas – e porque a alta liderança estava comprometida com a ideia de tornar real essa proposta.

Como começar no Modo 2: formule o business case

O que é preciso para começar a agir no Modo 2? Como já disse, a maior parte da teoria e da prática da RSE até o momento se concentra aqui. Não faltam conselhos sobre como apresentar o business case da responsabilidade social. A maioria das sugestões gira em torno de um mesmo conjunto de ideias. Minha tese, contudo, é de que o argumento econômico ajuda a avançar, mas não o suficiente. Vejamos um resumo das justificativas econômicas – reunidas em categorias – dadas pela maioria dos acadêmicos, consultores e gestores:[4]

- **Reduzir custos e aumentar eficiência operacional.** Instalar equipamentos de maior eficiência energética para reduzir custos operacionais, melhorar condições de trabalho para reduzir a rotatividade de pessoal ou adotar técnicas de produção com "água neutra" para consumir menos água são coisas boas para os stakeholders e que podem ser boas também para o balanço da empresa.
- **Reduzir riscos e manter a licença de funcionamento.** Quando falamos em licença de funcionamento, a ideia é evitar protestos ou uma regulamentação que possa impedir a continuidade das operações. Quando uma empresa vai se instalar em algum lugar, talvez seja bom investir na comunidade para obter o apoio da população (o Walmart, por exemplo, faz doações a instituições de caridade locais quando quer abrir uma loja em uma praça nova). Outra ideia é adotar voluntariamente normas que evitem uma regulamentação mais restritiva ou inflexível.
- **Criar vantagem competitiva.** Em certos casos, o consumidor pode se tornar mais fiel ou aceitar pagar mais por um produto visto como socialmente responsável, seja um carro híbrido, um produto de empresas fundadas por mulheres ou o café do comércio justo. No caso de trabalhadores, os mais talentosos talvez optem por empresas com boas práticas laborais. Nesses casos, o investimento em práticas socialmente responsáveis é um meio para a diferenciação da empresa e de seus produtos.

A pergunta mais interessante, porém, é a seguinte: como descobrir esses potenciais benefícios? É o processo que realmente me interessa. É por isso que os modos que identifico neste livro são *modos de ação*. Que ações é possível empreender? Sugiro três passos:

1. Voltar ao Modo 1: entenda seus trade-offs.
2. Usar a análise dos trade-offs para definir metas.
3. Criar soluções e entender quais interesses serão afetados por elas.

Primeiro, como afirmei no capítulo anterior, antes de tomar qualquer medida envolvendo trade-offs é preciso saber quais eles são (Modo 1). A análise interna (inside-out) das operações e dos impactos que geram, bem como o contato externo (outside-in) com stakeholders, podem ajudar a empresa a ter uma noção melhor de como proceder. Às vezes, é difícil até saber quais os frutos mais fáceis de colher. A análise é o primeiro passo de tudo. Minha ressalva ao sugerir isso é que certas empresas acabam paralisadas por um excesso de análise. Às vezes, é mais fácil seguir analisando do que começar a agir. Ao mesmo tempo, é a análise detalhada dos stakeholders e do impacto sobre eles que gera insights sobre soluções ganha-ganha. É preciso um equilíbrio. Não dá para evitar a análise, mas tampouco se deve usá-la como desculpa para não avançar.

Quanto mais verdades e menos mitos a análise contiver, maior a probabilidade de que gere insights. O "Sustainable Business Report" da Nike de 2016/2017 é particularmente contundente quando revela a franqueza da empresa sobre metas atingidas e não atingidas. Mark Parker, o CEO, descreve assim o valor da análise:

> Durante todo o processo de elaboração deste relatório, pensei muito sobre o que significa liderar em um momento de mudanças tão drásticas. É nesses momentos que surge a oportunidade de fazermos uma pausa para formular perguntas importantes.

É possível levar a marca Nike a novos mercados e, ao mesmo tempo, deixar uma pegada menor? À medida que transformamos nosso modelo de negócios para agir com mais celeridade e ter mais foco no consumidor, como isso afeta uma cadeia de valor sofisticada que emprega mais de 1 milhão de trabalhadores e produz mais de 1 bilhão de unidades por ano? E como desafiar a empresa a cultivar uma cultura mais inclusiva e empoderadora? Que políticas e práticas irão acelerar o ritmo da mudança em nossas próprias equipes? Esse relatório aborda muitos desses complexos desafios. Revela nossas falhas e aponta nossas vitórias. Acima de tudo, mostra onde precisamos nos esforçar mais.[5]

A Nike não é perfeita. Embora alguns afirmem que a empresa não fez progresso suficiente, a análise é motivadora. Lacunas identificadas criam metas visionárias ("moonshot" é o termo usado pela empresa) e mostram onde é possível começar a criar soluções ganha-ganha. Este é o **segundo** passo: estabelecer metas e objetivos, um processo que, em si, pode ser muito esclarecedor. Um gráfico no relatório da Nike explica, por exemplo, um aumento geral no impacto hídrico. É que, apesar de iniciativas de uso eficiente da água, cresceu o uso do floco de algodão na linha de produtos – e a produção de algodão consome muita água. Além disso, o aumento do uso desse tecido neutralizou a maioria das iniciativas de eficiência energética da empresa na cadeia de suprimentos, pois o algodão pesa mais do que outros materiais. A análise deixa muito clara a interligação entre distintas opções. Exercícios de eficiência hídrica e energética não terão muito valor – ou não o valor suficiente – se seu efeito for anulado pelo de outras decisões.

Uma ação óbvia: usar menos algodão. Isso levaria ao ganha-ganha. Há como justificá-la do ponto de vista econômico? Há matéria-prima tão barata quanto o algodão? O consumidor estaria disposto a comprar artigos sem algodão? A atenção da Nike ao impacto ambiental do algodão aumentaria a fidelidade do consumidor ou reduziria o risco de publicidade negativa ou de ativismo em mídias sociais? Imaginar essa discussão na Nike é perfeitamente plausível. Esse é o **terceiro** passo: uma conversa sobre como lidar com os trade-offs. Às vezes, a resposta parece fácil: usar menos algodão, no caso da Nike – ou, no do Walmart, vender apenas lava-roupa líquido concentrado. Mas, isso feito, é hora de justificar a ação.

Se houver vontade da parte da liderança, muitas narrativas são possíveis. Embora a ação possa ser justificada em termos de redução de custos, melhora da reputação (evitando ameaças à imagem da empresa), garantia do direito de operar em determinado lugar ou redução de riscos operacionais, pode ser difícil quantificar tudo isso, o que paralisaria aqui o projeto. Isso posto, a maioria das empresas é capaz de quantificar decisões estratégicas com altos níveis de incerteza, como aquisições. No caso de uma aquisição, a empresa monta uma planilha e faz o melhor possível para pensar nas sinergias que possam ser obtidas com a junção das operações, o acesso maior ao mercado, o fortalecimento da marca ou outras questões comumente contempladas em transações do gênero. Em seguida, calcula sensibilidades de modo a saber o quão longe precisa ir em suas estimativas para alterar a decisão. Isso sugere que o mesmo pode ser feito para qualquer iniciativa voltada a acomodar trade-offs com um stakeholder. A dificuldade de quantificação não é desculpa para não tentar. Quanto mais um consumidor estaria disposto a pagar por um produto mais sustentável? Quanto custa a rotatividade de pessoal na cadeia de suprimentos – e em quanto poderia ser reduzida? Quão vulnerável é a fonte de um produto à escassez de água e qual seria o impacto dessa escassez? Dependendo do problema, a resposta a essas perguntas pode ser estimada e submetida a um teste de estresse.

Assim como ao defender uma aquisição que a liderança já resolveu fazer, é possível dar ênfase a distintos aspectos da decisão. Quando a planilha não mostra que a transação trará um resultado financeiro positivo, os executivos podem justificar a aquisição com base em razões estratégicas ou competitivas. Em se tratando de computar as necessidades dos stakeholders, não é muito diferente. Usar a importância da reputação como fator decisivo será particularmente importante para certas empresas de bens de consumo. Frisar a importância da licença de funcionamento talvez seja mais relevante no caso de uma mineradora, ou mesmo de uma empresa como o Walmart, que volta e meia enfrenta resistência quando decide se instalar em uma nova localidade. Ou seja, montar essa defesa econômica é arte, não ciência, como acontece em qualquer business case de qualquer escolha estratégica. Quanto melhor a análise sobre os trade-offs, maior a capacidade da empresa de tomar decisões inteligentes ao formular esse argumento – embora, ao fim e ao cabo, critério e vontade ainda pesem muito.

Qual o problema com o business case?

Se tiver alguma dúvida sobre a importância do business case, basta fazer uma busca na internet por "the business case for sustainability" (172.000 resultados) ou "the business case for diversity" (119.000) ou "the business case for CSR" (48.300 resultados). Escritórios de advocacia, empresas de consultoria, associações de classe, acadêmicos e gurus da gestão estão aí para dizer à empresa como formular um argumento econômico e, mais importante ainda, que formular esse business case é o primeiro (e crucial) passo para atingir qualquer meta que a empresa tenha adotado: sustentabilidade, diversidade, RSE e afins.

Parece perfeito. Afinal, que mal poderia haver nessas metas ambiciosas de valor compartilhado? O problema é que o próprio ato de articular a justificativa econômica para a responsabilidade social pode minar os objetivos.[6] A explicação soa estranha – considerando que 300 mil ou mais páginas na internet dirão o contrário –, mas vou apresentá-la a seguir, devidamente desmembrada.[7]

Primeiro, em nossa cultura empresarial ocidental, fomos inculcados com a crença no mercado. Em geral, acreditamos (e é o que nos ensinam em escolas de negócios) que o sistema de mercado funciona muito bem para a expansão do produto econômico – e certamente melhor do que qualquer outro sistema. E um dos pilares desse sistema de mercado é a primazia do acionista.

Segundo, qualquer pessoa imbuída dessa crença no mercado achará particularmente atraente o business case da responsabilidade social, por ser fundado na tese de que ações em prol de outros stakeholders também serão boas para o bolso dos acionistas.

Terceiro, e aqui está o problema, estudos recentes de Sebastian Hafenbrädl e Daniel Waeger, dois acadêmicos europeus, mostram que, infelizmente, quando ouve esse argumento econômico, uma pessoa dessas não fica mais inclinada a agir. O apelo da ideia do argumento econômico é que os fatos que sustentam a tese levariam executivos a investir prontamente em atividades socialmente responsáveis. No entanto, resultados obtidos em estudos com um grande número de empresas mostram que isso não ocorre. Por quê?

A resposta está em algo chamado "teoria da justificação do sistema". A tese é que nós, como indivíduos, tendemos a justificar e talvez até idealizar nossas estruturas sociais atuais – no caso, o sistema de mercado e as práticas empresariais destinadas a gerar retorno para o acionista. Em geral, não queremos admitir que esses mesmos sistemas possam ser injustos ou arbitrários, pois isso seria desestabilizador. Logo, se acreditamos no livre mercado, queremos acreditar também que atividades de empresas não são ilegítimas e servem ao propósito do sistema, que é gerar valor para o acionista. Em outras palavras, justificamos o sistema no qual estamos. É por isso que queremos tentar defender a responsabilidade social pelo argumento econômico, pois isso se encaixa no sistema no qual acreditamos. Já que acreditamos no mercado, as únicas ações legítimas seriam aquelas que sustentam a disciplina do motivo do lucro das empresas.

O problema é que, ao justificar o sistema, temos mais dificuldade de sentir indignação moral, e fica limitada nossa capacidade até mesmo de enxergar problemas no sistema que possam gerar desigualdades ou prejuízo para outros stakeholders. Não podemos achar que algo é revoltante, pois isso desestabilizaria nossa crença no sistema. Causaria até ansiedade, segundo psicólogos sociais. Só que é a indignação moral que realmente conduz à ação. Sem ela, é difícil promover mudanças em sistemas organizacionais que naturalmente tendem à inércia. Logo, se somos o tipo de pessoa que precisa de um argumento econômico para agir, ironicamente também somos o tipo de pessoa menos inclinada a agir, ainda que nos deem esse argumento. Indignação moral e crença no argumento econômico são incompatíveis.

É por isso que digo que não vemos muita ação no campo da diversidade, embora a justificativa econômica esteja aí há uma década ou mais. Dizemos que mais diversidade e inclusão produziriam resultados financeiros melhores ou mais inovação, mas chegar lá seria simplesmente disruptivo demais para o status quo.[8] Quando não vemos resultados, questionamos o business case (mais detalhes no Capítulo 4). Talvez seja por isso, também, que o argumento econômico da sustentabilidade funcione maravilhosamente bem para os frutos mais baixos, mas não na hora de enfrentar questões mais espinhosas e de maior impacto. Muitas vezes, há trade-offs que simplesmente não podem ser resolvidos de modo que todos saiam ganhando. Nesses casos, usar o modelo do business case nos impede de abordar essas escolhas. Outro estudo recente mostra que o argumento econômico faz as pessoas se concentrarem mais em indicadores econômicos de sucesso do que em métricas fundadas na justiça. Dependendo das circunstâncias, estas últimas até são aceitas. Mas, assim que o desempenho da organização deteriora, as pessoas expostas ao argumento econômico têm mais probabilidade de considerar malsucedidas as iniciativas de impacto social (como as destinadas a promover diversidade) e apoiar a redução do investimento nelas.[9]

É justamente por essa razão que o modelo do valor compartilhado formulado por Michael Porter e Mark Kramer foi criticado no

California Management Review por um grupo de especialistas em ética empresarial liderados por Andrew Crane, da Universidade de Bath. Sua tese: "Porter e Kramer afirmam 'ir além' desses trade-offs, em grande medida (ao que parece) ignorando-os. Embora buscar oportunidades de ganha-ganha seja claramente importante, isso não ajuda nas inúmeras situações em que resultados sociais e econômicos não estarão alinhados para todos os stakeholders".[10]

Porter e Kramer tiveram direito de resposta. A dupla voltou à justificativa do sistema, dizendo:

> A geração de valor compartilhado ganhou tanta força e produziu mudanças concretas justamente porque alinha progresso social com o interesse de empresas de maneira concreta e altamente tangível, inclusive com "velhos modelos de estratégia" que embutem a realidade da concorrência e práticas empresariais predominantes. O pensamento ilusório de autores como Crane é justamente o que levou tantas defesas da responsabilidade corporativa e da sustentabilidade a ser ignoradas por gestores, ao insistir que empresas voltadas ao lucro precisem abandonar seu objetivo principal em prol do bem comum.[11]

O problema é que, ao aceitar a lógica de Porter e Kramer, é possível que também estejamos evitando qualquer sentimento moral que produziria uma ação eficaz. Que fique claro: não sou contra o argumento econômico. Aliás, acho que o processo de formular o business case (a ação no Modo 2) pode levar a férteis análises sobre os trade-offs entre stakeholders e acionistas, além de gerar insights sobre maneiras de avançar. O *processo* de formular o business case é mais valioso do que privilegiar o business case como meta e justificativa para a ação. Dave Stangis, vice-presidente de responsabilidade corporativa e diretor de sustentabilidade da Campbell's, diz o seguinte: "Se estiver passando o dia [e gastando] meu tempo e meu esforço tentando montar um business case, convencendo a empresa a ser mais sustentável ou a pensar como eu, acho que estou perdendo meu tempo". Segundo a *MIT Sloan Management Review*, "Stangis enxerga uma tendência a avançar, mesmo sem um argumento econômico sólido – um *zeitgeist* do 'just do it' mais ao estilo de fundadores de startups do que de gerentes focados em eficiência. Do processo de explorar soluções sustentáveis, de descobrir o que é possível ao partir para a ação, pode surgir um business case".[12] Aqui, o argumento econômico é desenvolvido à medida que a empresa age, e não como precursor da ação.

Em síntese, estudos bem recentes sugerem que, quanto mais dissermos que precisamos de um business case para justificar a ação, menor a probabilidade de alcançarmos metas "moonshot", para usar o termo da Nike. Formular esse argumento econômico é mais útil como processo de descoberta do que como justificativa para a ação.

Dificuldades com o business case

Como o business case da diversidade impede avanços

Para demonstrar a força do business case (Modo 2), e também suas limitações, faremos uma exposição geral dos problemas, examinando o ímpeto para o uso do argumento econômico, em que ponto esse argumento deixa de funcionar e o que empresas como a Nike e o Walmart descobriram com projetos que já executaram. Para analisar a fundo os problemas, vamos examinar em detalhe o business case da diversidade, e aí veremos como é difícil achar soluções fáceis, em que todos saiam ganhando, para resolver questões sociais complexas.

O business case da diversidade é, aliás, um dos melhores exemplos dos desafios da lógica do argumento econômico. A diversidade é vendida como algo que ajudaria a empresa a vencer a guerra por talentos ou tornaria uma equipe mais inovadora. O tema é abordado em inúmeros relatórios de bancos, consultorias e ONGs. "Há cada vez mais evidências de que existe um argumento econômico para a diversidade", proclama o *Financial Times*. A McKinsey & Company já ganhou muita exposição na mídia com estudos que sustentam que "a conscientização sobre o business case para a inclusão e a diversidade está crescendo. Embora a justiça social normalmente seja o motivo inicial dessas práticas, cada vez mais empresas estão considerando a inclusão e a diversidade como fonte de vantagem competitiva e, mais ainda, como um fator crucial do crescimento".[1] Michel Landel, CEO da Sodexo, oferece um argumento bem típico:

> Estou fortemente convencido de que o equilíbrio de gênero é mais do que um imperativo moral ou uma "questão feminina". O equilíbrio de gênero está na base de tudo o que defendemos na Sodexo, onde cada um de nossos 420 mil funcionários deve ter acesso às mesmas oportunidades e ser capaz de desenvolver sua carreira. Ao explorar todo o potencial de homens *e* mulheres, a Sodexo é mais forte, mais inovadora e capaz de atender melhor seus 75 milhões de usuários no mundo todo.[2]

Essa lógica do business case é a essência do raciocínio no Modo 2. Deveria ser relativamente simples avançar em questões tidas como sociais se, simultaneamente, isso for bom para o negócio. Tal lógica contribuiu bastante para incluir questões sociais na pauta de quem toma decisões em empresas. Já não é incomum ver conselhos de administração ou a alta gestão discutindo assuntos como diversidade, sustentabilidade ou o tratamento ético de trabalhadores na cadeia de suprimentos. Uma implicação dessa mentalidade ganha-ganha é que devia ser fácil para a empresa registrar avanços. A ideia do valor compartilhado é que é possível superar os trade-offs que inibiam a ação no passado. Como? Fazendo o bolo crescer, em vez de apenas reparti-lo.

No entanto, apesar de toda a argumentação de que uma maior igualdade de gênero vai contribuir para a inovação, para o engajamento do pessoal e para o rigor na tomada de decisões, o progresso estancou.[3] Um observador poderia concluir que, por enquanto, a defesa do argumento econômico não produziu muito progresso nas organizações.

E pior: ter de provar o business case pode, involuntariamente, sugerir que a empresa não deva ser mais inclusiva, salvo se puder provar que a inclusão é melhor do que o *status quo* (ainda majoritariamente branco, heterossexual e masculino). Na equação ganha-ganha, a parte que vence é sempre a econômica. Essa abordagem varre da mesa uma série de alternativas que talvez pudessem ser consideradas. A maioria das empresas – até aquelas que reconhecem os trade-offs – jamais passa desse ponto. Um conselheiro me disse há pouco: "Colocamos uma mulher no conselho no ano passado e não fez muita diferença. Não vai fazer sentido para nós investir mais nisso".

A lógica do argumento econômico pode, portanto, tornar-se uma cilada que impede a organização de avançar na questão da diversidade (ou em outras questões sociais). O modelo do valor compartilhado ou do business case pode ter efeito limitado e, na verdade, inibir o progresso ao levar a empresa a considerar apenas possibilidades lastreadas no resultado econômico.

O argumento para um business case da diversidade

O programa de empoderamento econômico da mulher (Women's Economic Empowerment) no Walmart exigiu um pesado investimento para reforçar a presença feminina na cadeia de suprimentos e permitir à empresa bater a meta de comprar 20 bilhões de dólares em produtos de empresas comandadas por mulheres. Lançado em 2011, o programa rendeu resultados extraordinários na inclusão de mais empresas lideradas por mulheres no ecossistema do Walmart. A varejista não só atingiu a meta dos 20 bilhões de dólares como também capacitou mais de 1 milhão de mulheres em pequenas empresas mundo afora e trabalhou de perto com importantes fornecedores para aumentar a diversidade de equipes a cargo de grandes contas nessas empresas. O que motivou o investimento? Qual foi sua justificativa no plano corporativo? É uma longa história. Vamos começar com dois casos do início da década de 1990 que nos levam à motivação para o argumento econômico do Walmart pela diversidade.

Claudia Renati começou a trabalhar no Sam's Club de Roseville, na Califórnia, em 1993, como líder de equipe do clube de benefícios. Com a saída do gerente regional de vendas, assumiu a responsabilidade de dirigir programas regionais de marketing, função que exerceu sem remuneração adicional ou alteração formal no cargo. Quando pediu ao diretor de operações que a promovesse ao cargo, ele se recusou, alegando que ela não passara pelo Programa de Treinamento de Gerentes. Sugeriu, ainda, que ela só conseguiria ser promovida a gerente se estivesse disposta a se mudar para o Alasca. Entretanto, o diretor preencheu o cargo com um colega do sexo masculino que não passara pelo treinamento para a gerência e não tinha experiência em marketing. Isso aconteceu repetidamente. Dos mais de 20 homens contratados para cargos de gerência de marketing, nenhum teve de mudar de estado, e Renati sempre era encarregada de treinar esses homens menos qualificados e menos experientes contratados para serem seus supervisores. Renati foi falar de novo com o diretor de operações sobre seu desejo de passar para a gerência e "sobre o fato de ter passado nove anos trabalhando no Sam's Club sem progredir muito. Todas as minhas avaliações [...] eram excelentes [...]. [O diretor de operações] perguntou, então, se eu podia empilhar sacos de 25 quilos de ração para cães. Quando eu disse que não era capaz de levantar repetidamente 25 quilos, ele respondeu que não podia me ajudar, pois, para que pudesse virar gerente, eu teria de ser Líder da Equipe de Vendas, e isso exigia empilhar sacos de 25 quilos de ração para cães. Conheço vários homens [...] que nunca precisaram virar Líder de Equipe de Vendas e levantar sacos de ração para cães de 25 quilos para chegar à gerência. Além disso, nunca tinha visto nenhuma descrição de cargo por escrito com a exigência de levantar peso, nem acredito que isso exista. Acho que foi tudo uma desculpa para me impedir de ser promovida".[4]

Ramona Scott trabalhou no Walmart, na Flórida, de 1990 a 1998. Como gerente de pessoal com acesso a dados das folhas de pagamentos, notou que trabalhadores do sexo masculino ganhavam mais do que mulheres de antiguidade equivalente. Questionou o gerente da loja sobre a diferença de salários e a resposta foi: "Os homens estão aqui para fazer carreira e as mulheres, não. O varejo é para donas de casa que precisam ganhar um dinheiro extra". Quando solicitou um aumento por mérito – que, a seu ver, um funcionário do sexo masculino recebera de forma injustificada –, um gerente lhe disse: "Ele tem uma família para sustentar". Ela observou que, como mãe e solteira, também tinha uma família para sustentar. O gerente simplesmente cortou a conversa e ela não recebeu aumento. Duas vezes, pediu ao gerente da loja para ser admitida ao programa de Treinamento de Gerente Assistente, tendo seus pedidos negados sem explicação. "Pouco tempo depois, ele me disse que, para me dar bem com ele, eu teria de me portar como a esposa dele. Pela descrição que ele deu da esposa, entendi que o que ele [o gerente da loja] quis dizer era que eu devia estar à sua disposição e trazer seu café. Aliás, quando vinha o Gerente Distrital, [o gerente da loja] me mandava ir buscar café para os dois. Depois dessa segunda vez em que fui rejeitada para o programa de Treinamento de Gerente Assistente, resolvi desistir de outra promoção".[5]

Esses relatos vêm de declarações de mulheres presentes na ação coletiva movida contra o Walmart sob a alegação de prática generalizada de discriminação contra a mulher. A ação (Dukes *v.* Wal-Mart Stores, Inc.; Betty Dukes era uma das autoras) foi protocolada originalmente em 2001. Segundo as autoras, o Walmart havia negado sistematicamente a trabalhadoras (tanto em regime horário como assalariado) de todos os Estados Unidos acesso a promoções e salários equiparáveis [aos de homens]. Os advogados das autoras, encabeçados por Joseph Sellers, apresentaram 110 declarações juramentadas como essas acima de mulheres que trabalhavam ou tinham trabalhado no Walmart em 30 estados do país. A ação pedia ao tribunal que concedesse a 1,6 milhão de mulheres, empregadas na empresa em algum momento a contar de 16 de dezembro de 1998, uma indenização por lucros cessantes e "punitive damages" [algo como indenização punitiva]. E também que o Walmart fosse obrigado a alterar suas políticas e práticas de emprego.

Depois de um longo e tortuoso percurso, a ação foi parar na Suprema Corte. Numa ação coletiva, a ideia é que um único indivíduo – no caso, Betty Dukes – pode ingressar na justiça em nome de todos os membros de uma classe ou categoria. O grande entrave ao avanço da ação é certificar que determinado grupo de indivíduos tem o suficiente em comum para ser considerado uma "classe". Nesse caso, o Walmart contestou a certificação. Enquanto uma vara federal de primeira instância (em 2004) e um tribunal de recursos (em 2007 e, de novo, em 2009) deferiram o pedido a favor das mulheres, a certificação foi revogada em um recurso à Suprema Corte do país em 2011, sob a seguinte alegação:

> Sem um elemento que garanta a coesão das razões alegadas para as decisões de [emprego do Walmart], será impossível dizer que o exame de todas as pretensões das integrantes da classe produzirá uma resposta única à questão crucial da discriminação [...]. A única política que as evidências das reclamantes estabelecem de forma convincente é a "política" do Wal-Mart de deixar decisões de emprego a critério de supervisores locais. Embora essa política possa ser a base da alegação de discriminação indireta nos termos do Título VII, reconhecer que "pode" haver uma pretensão não significa que todo trabalhador de uma empresa com tal política tenha uma mesma pretensão.

> Em uma empresa da dimensão e do alcance geográfico do Wal-Mart, é improvável que todos os gerentes tomem decisões de uma mesma maneira sem uma diretriz comum.[6]

A ironia, aqui, é que o tribunal decidiu negar a certificação da classe porque o Walmart era grande demais, porque os padrões observados eram generalizados demais. Não havia como identificar uma política específica para toda a empresa, fora o critério de gerentes locais, que levasse aos padrões. Independentemente da opinião de cada um sobre a questão, é fácil ver que, além dos custos legais, essas ações custaram caro para o Walmart. Os processos geraram uma cobertura negativa considerável na imprensa e atraíram atenção para o Walmart. Esses casos, por exemplo, figuraram com destaque no documentário *Walmart: The High Cost of Low Price*,[7] de Robert Greenwald.

Fontes de discriminação

É possível que a discriminação seja tão generalizada? Por que gerentes tomariam sempre uma mesma decisão, ainda que não recebessem nenhuma orientação comum nesse sentido? Qual é o elemento que mantém a discriminação de pé? A resposta rápida é que a discriminação não é um problema do Walmart, ou não unicamente do Walmart. Basta olhar para as fileiras da gestão nos Estados Unidos e mundo afora – ou para a persistente diferença salarial entre homens e mulheres – para saber que o problema é generalizado. Nos Estados Unidos, as mulheres representam 47% da força de trabalho, mas apenas 15% dos cargos de diretoria e 4,4% dos cargos de CEOs de empresas do S&P 500.[8] Como o *New York Times* publicou em reportagem de 2018, o número de homens de nome John e o de mulheres no comando das maiores empresas americanas ainda é praticamente igual.[9] No Canadá, 39% das empresas listadas na Bolsa de Valores de Ontário ainda não têm mulheres no conselhos de administração (e só 11% têm mais de três mulheres). Para cada dólar que o homem ganha em salário, a mulher continua recebendo em média 88 centavos – uma disparidade salarial praticamente inalterada nas duas últimas décadas.[10] A probabilidade de que a mulher viva abaixo da linha de pobreza é maior do que a do homem.[11] A pergunta é: por que isso tudo persiste, sobretudo quando ninguém quer se ver como alguém que discrimina e as empresas vêm instituindo programas de gestão da diversidade há anos?

Na era *Mad Men*, seria possível atribuir muitas dessas diferenças ao sexismo hostil. Afinal, nos anos 1960, anúncios na seção de empregos eram separados por gênero, para homens e para mulheres.[12] Nos dias do #MeToo, sabemos que o sexismo hostil segue vivo, como evidenciado pela infinidade de notícias e alegações de assédio sexual (em 2017, a Equal Employment Opportunity Commission dos Estados Unidos, ou Comissão de Oportunidades Iguais de Emprego, recebeu mais de 12 mil queixas).[13] No entanto, em estudos que tiveram início no começo da década de 1990, os psicólogos Peter Glick e Susan Fiske identificaram outra forma de sexismo, mais insidiosa, que chamaram de "sexismo benevolente". O sexismo benevolente é complicado porque é permeado de sentimentos positivos e pró-sociais, mas segue sendo sexista porque significa ver a mulher de maneira estereotipada e em papéis limitados. Um exemplo seria dizer, durante uma reunião, que uma gerente mulher deveria tomar notas ou organizar o almoço da equipe, pois "ninguém melhor" do que ela para isso. O problema é que o sexismo benevolente, ainda que seja uma "orientação subjetivamente positiva de proteção, idealização e afeição direcionada à mulher [...], serve, assim como o sexismo hostil, para justificar a condição de subordinação da mulher ao homem".[14]

Quando lhe perguntaram por que as pessoas se sentem livres para fazer comentários sobre a aparência das mulheres, a senadora americana Kirsten Gillibrand recordou um episódio do início de sua carreira de advogada:

Não sei qual a explicação, mas sei que isso faz a mulher se sentir inferiorizada. Quando era jovem, ainda advogada, passei meses trabalhando em um caso. Trabalhava nos fins de semana, abri mão de férias, ficava até meia-noite no trabalho. E, no jantar comemorativo que se seguiu, meu chefe disse: "Um obrigado à Kirsten por todo o esforço. E esse cabelo dela, não é lindo?" Foi desanimador, depois de todo o trabalho, ouvir um comentário sobre meu cabelo".[15]

Ou vejamos este obituário (reescrito) de Albert Einstein:

> Toda noite, [Einstein] passava no mercado no caminho de volta à casa, punha o lixo para fora e lavava à mão os descansos de braço do sofá. Para as enteadas, no entanto, era apenas o "papai". "Ele era muito afetuoso", disse a enteada Margo. Albert Einstein, que morreu na terça-feira, tinha outra vida no trabalho, onde às vezes se escondia para trabalhar em projetos como mostrar que átomos realmente existem. Pela descoberta de algo chamado "efeito fotoelétrico", ganhou o cobiçado prêmio Nobel.[16]

Soa meio estranho. Mas vejamos, então, as primeiras linhas do obituário da cientista espacial Yvonne Brill, publicado em 2013 pelo *New York Times*:

> Fazia um estrogonofe dos deuses, seguia o marido aonde o trabalho o levava e saiu de cena por oito anos para criar os três filhos. "A melhor mãe do mundo", disse um deles, Matthew. Mas Yvonne Brill, que morreu na quarta-feira aos 88 anos, em Princeton, New Jersey, era também uma brilhante cientista espacial que, no início da década de 1970, inventou um sistema de propulsão para ajudar a evitar que satélites de comunicação saíssem da órbita.

Como observa a comentarista Melanie Tannenbaum, não há nada de errado em mencionar a vida familiar no obituário de uma pessoa. "O problema aqui é que, se a 'Yvonne' fosse 'Yvan', o texto teria sido radicalmente distinto".[17] Aliás, a polêmica levou o jornal a reescrever o obituário, que agora começa assim: "[Yvonne] era uma brilhante cientista espacial [...]".[18] O ponto é que esses "elogios" disfarçam uma dinâmica que leva à subordinação e à discriminação. Se as pessoas se concentram no corte de cabelo da jovem advogada, sua capacidade como advogada sai perdendo, ainda que a intenção do comentário tenha sido agradar. Imagine, agora, o chefe que fez o comentário sobre o cabelo da senadora. Se tivesse sido confrontado, podia ter dito: "Calma lá! Só quis ser simpático. Será que você não está exagerando?".

Na raiz do sexismo benevolente está o preconceito implícito ou inconsciente que a maioria de nós – homens e mulheres – guarda. Pouca gente acorda de manhã achando que vai agir de modo sexista. Aliás, hoje em dia, a maioria de nós acha que está fazendo o oposto, que a essa altura do campeonato já não somos sexistas (ou racistas). Isso posto, uma série de estudos já mostrou de modo bem convincente que a realidade é outra. Um teste de viés implícito administrado por pesquisadores da Universidade Harvard foi feito por mais de 17 milhões de indivíduos. E mostra que, em geral, cerca de 75% das pessoas têm algum viés inconsciente que associa o homem ao trabalho e à carreira e a mulher, ao lar e à família.[19] Se for realmente assim, fica muito difícil levar a mulher a sério no trabalho. Como vimos no caso do Walmart, era muito mais provável que um gerente achasse que uma mulher trabalhava ali para ter um dinheirinho extra, enquanto um homem estava lá por uma carreira que lhe permitisse sustentar a família.

O viés implícito está presente em todas as etapas da carreira das pessoas. Hoje, já há evidências de que a redação de um anúncio de emprego pode afugentar mulheres e que o uso de redes de funcionários para identificar candidatos – considerado boa prática – só reforça o *status quo* na questão de gênero. E mais: uma leva de experimentos já bastante numerosa mostra que, quando currículos idênticos são avaliados, o enviado por "Greg" receberá o dobro de respostas do que o mandado por "Emily". Uma mulher precisa ter muito mais tempo de experiência profissional ou formação acadêmica para ser considerada equivalente a um candidato do sexo masculino. O salário que vão lhe oferecer pelo mesmo posto provavelmente será inferior ao oferecido a um candidato homem. Uma vez no trabalho, estudos mostram que mulheres com avaliações de desempenho exatamente iguais às de homens geralmente recebem aumentos salariais e bonificações muito menores. Em geral, a mulher não tem igual oportunidade de desenvolvimento – como a responsabilidade por resultados financeiros ou participação em transações de alto calibre –, pois é considerada menos comprometida com o trabalho. Estudos também mostram que a mulher pode ser vista como competente ou simpática (mas não ambas as coisas) e que a mulher é castigada pelo sucesso em tarefas "masculinas".[20]

Essa compreensão do viés individual ajuda a entender por que muita gente em organizações vê iniciativas para promover diversidade e inclusão como um trade-off. Se o preconceito nos faz menosprezar a contribuição de mulheres, também achamos que a inclusão da mulher vai comprometer o princípio da meritocracia. Essa é a base de argumentos como os contidos no hoje famoso memorando de James Damore, um ex-funcionário do Google. Damore sustentava que as mulheres não tinham o perfil exigido para cargos de programação na empresa e, portanto, não deviam ocupá-los.[21] O texto fez com que fosse demitido, mas também que aparecesse em uma reportagem do *The New York Times* sobre a revolta contra a campanha pela mulher na tecnologia.[22] O fato, obviamente, é que incluir mulheres (ou gente que não é branca) não comprometeria a meritocracia, pois o problema está na nossa percepção tendenciosa da qualidade, e não na qualidade real.

O que torna o problema da diversidade de gênero tão difícil de resolver é que a discriminação que vemos não tem a ver apenas – ou sobretudo – com o preconceito individual. O grande problema é que esses estereótipos estão incorporados e são reforçados por nossos sistemas de recrutamento, avaliação, promoção e retenção.

E por que esse preconceito devia importar a empresas? Nas últimas décadas, quem tentou promover a igualdade de gênero foi obrigado a justificar a iniciativa com um argumento econômico. Promover a chamada "womenomics" virou, em si, um grande negócio, com empresas como Ernst & Young (no relatório *Groundbreakers*, de 2010), McKinsey & Company (no projeto Women Matter) e Goldman Sachs (no relatório *Closing the Gender Gaps*) sustentando que "não é uma questão de moral ou justiça ou de agir de forma correta, e nem mesmo de contratar gente inteligente. É, sim, questão de aprimorar uma arma competitiva. A diversidade é uma estratégia".[23] Esses argumentos parecem sustentar a tese de que a justiça social – a visão de que a mulher tem o direito às mesmas oportunidades que o homem e a ser tratada sem discriminação – não foi suficiente para motivar a ação.

Eis o business case que as pessoas alegam: na guerra por talentos, uma empresa não pode se dar ao luxo de ignorar ou subutilizar metade da força de trabalho. Uma equipe diversificada produz resultados mais inovadores e promove a análise crítica, muitas vezes tomando decisões mais sintonizadas com riscos (pois a mulher em geral vive situações de maior risco do que o homem).[24] Como consumidora, a mulher controla o orçamento da família, compartilhando a decisão de consumo em mais de 85% das vezes – daí a necessidade de empresas entenderem e contemplarem suas necessidades.[25] Quase 30% das empresas americanas são controladas por mulheres, cifra que cresce a 1,5 vez a média nacional.[26] Hoje, mulheres controlam mais da metade da riqueza individual nos Estados Unidos e devem herdar 70% de 41 trilhões de dólares do patrimônio que será transferido nas próximas duas décadas; vão, portanto, definir padrões de investimento na economia.[27]

Cada vez mais, como descobriu não só o Walmart como também outras empresas, o risco reputacional ao qual estão sujeitas empresas com uma trajetória ruim de diversidade pode prejudicar o desempenho, afugentando compradores ou investidores. Em suma, como sustentam até agências internacionais como a ONU e o Fundo Monetário Internacional, "capacitar mulheres é inteligente do ponto de vista econômico".[28] A Calvert Foundation vende isso literalmente como um ganha-ganha com sua iniciativa Women Investing in Women Initiative (ou WIN-WIN), um programa para levantar capital por meio de Community Investment Notes, um instrumento de investimento que permite que pessoas físicas apliquem em uma carteira de organizações e projetos que empoderam a mulher. Citando dados como os que enumerei acima, a fundação diz: "Essas e dezenas de outras estatísticas mostram que investir na mulher é economicamente inteligente".[29]

Se me deixarem jogar

E o que o meio empresarial fez com esse business case? O caso da Nike é ilustrativo, tanto a respeito do que pode ser feito quanto em relação aos obstáculos ao longo do caminho. Embora a empresa leve o nome da deusa grega da vitória, a Nike vem tropeçando no mercado feminino. Nos anos 1980, ignorou a tendência da aeróbica e deixou a Reebok ultrapassá-la em vendas; nos últimos tempos, assistiu à ascensão meteórica da Lululemon. Ainda que nos Estados Unidos o mercado de calçados e vestuário esportivo feminino seja maior do que o masculino, na Nike ele representa só 20% do faturamento.[30] Embora a Nike esteja de novo investindo pesado no mercado feminino, sua trajetória ali está repleta de iniciativas malogradas e dissonantes.

No caso da aeróbica, há quem diga que o problema da Nike foi a arrogância. Em 1982, seus líderes zombaram da Reebok quando esta lançou o Freestyle, com seu cabedal de couro macio. Acharam o tênis de má qualidade, um produto que não resistiria ao uso. A Nike subestimou o fato de que a consumidora gostaria do conforto. Não era um tênis de corrida com a tecnologia mais avançada que havia. Aliás, executivos da Nike sequer viam a aeróbica como uma atividade esportiva. Segundo disseram, "era coisa de um bando de mulheres gordas dançando".[31] Mais tarde, o CEO Phil Knight diria:

> Fizemos um tênis para aeróbica funcionalmente superior ao da Reebok, mas erramos no estilo. O tênis da Reebok era leve e bonito, enquanto o nosso era pesado e desengonçado. E decidimos não usar um couro leve, como fizera a Reebok, pois não era durável. Quando finalmente chegamos a um [material] forte e macio, a Reebok tinha estabelecido a marca, conquistado uma grande parte do mercado e pegado embalo para passar à nossa frente.[32]

Dois anos antes de a Reebok lançar o Freestyle, Judy Delaney, então designer de produtos da Nike, tinha insistido para que a empresa criasse um tênis de aeróbica. Em geral, suas apresentações eram relegadas a uma menção superficial ao final de longas reuniões cujo foco eram tênis de corrida. E suas propostas acabavam rejeitadas.[33] Quando já não dava para ignorar a ameaça da Reebok, a resposta da Nike foi entrar no mercado de calçados femininos de lazer e lançar uma campanha publicitária na TV para tentar atrair o público feminino. Embora protagonizado pela célebre triatleta Joanne Ernst, o anúncio fechava com a frase: "Se você parar de comer como um elefante, também ajuda". Como observou uma colunista da *Adweek*, não é difícil entender por que o anúncio não fez muito sucesso.

> Ai... Entre as semineuróticas, e até entre as confiantes, uma frase dessas provavelmente evocaria a dor de ser a última menina escolhida para o [time de] hóquei na grama. E, como muitas mulheres já são morbidamente preocupadas – obcecadas, até – com o que elas e outras mulheres comem, a campanha não ajudou ninguém.[34]

Como explicar um erro tão grosseiro em um mercado tão importante? Quando consideramos a cultura da empresa, pelo menos em sua origem, o espanto é menor. Como documentado por várias fontes, a equipe de liderança "bebia muito, falava de esporte sem parar e se achava audaciosa e iconoclasta". As reuniões externas desse time eram chamadas de "Buttface". Era uma gritaria só.

Um executivo da Nike na época disse: "Era como trabalhar em uma república estudantil".[35] Até depois, quando a empresa já achara um jeito mais eficaz de fazer propaganda para mulheres, a maioria dessa publicidade impressa aparecia só em revistas femininas, pois Phil Knight temia que a agência de publicidade pudesse estar "afeminando a marca".[36]

Phil Knight disse:

> Para nós, [os anúncios com a Joanne Ernst] eram muito divertidos, mas muitas mulheres achavam ofensivos. Eles pegavam pesado demais. Recebemos tantas queixas que passamos três ou quatro anos tentando entender o que motiva a mulher a praticar esportes e fazer ginástica. Fizemos vários grupos de discussão e passamos centenas de horas em quadras de tênis, academias e estúdios de aeróbica ouvindo mulheres.[37]

Junto com a Wieden Kennedy, sua agência de publicidade de longa data, a Nike decidiu repensar a abordagem ao público feminino. O anúncio de televisão resultante – o premiado "If You Let Me Play" ["Se me deixarem jogar"], de 1995 – fez a apresentadora de TV Oprah Winfrey chorar. Narrado por meninas, que apareciam na tela praticando esportes, o anúncio dizia ao espectador:

> Se me deixarem praticar esportes...
> Vou gostar mais de mim mesma.
> Vou ter mais autoconfiança.

Vou ter 60% menos probabilidade de ter câncer de mama.
Vou ter menos depressão.
Vou ter mais chance de abandonar um homem que me agride.
Vou ter menos probabilidade de engravidar antes de querer.
Vou aprender o que significa ser forte.[38]

O anúncio foi criticado por feministas por retratar meninas como vítimas que poderiam ser salvas pela magnanimidade de um homem que as deixasse praticar esportes. Já para muitas outras mulheres, a mensagem ecoou fundo. Mais de 20 anos depois de o Título IX da Lei de Educação americana ter supostamente eliminado entraves à participação de meninas em esportes, muitos ainda achavam que barreiras culturais impediam esse acesso. A Nike recebeu uma avalanche de telefonemas e cartas de mulheres de todas as idades que tinham adorado o anúncio. Segundo Janet Champ, chefe de publicidade da Wieden Kennedy, os executivos da Nike "ficaram PASMOS com a reação provocada".[39] Passados 20 anos da estreia do comercial, comentários no YouTube continuam expressando essas ideias. Uma jovem escreveu:

> Minha mãe me mandou parar de correr porque minhas pernas estão ficando musculosas demais. Parei. Mas quer saber? Hoje de manhã decidi correr mesmo assim. Quem disse que não podemos praticar esportes? [Todo mundo] quer impor sua opinião a nós. Não precisamos aceitar. Feminino, masculino, deficiente, baixo, alto, doente, deprimido, feliz, grosseiro, inteligente, burro, seja o que for. Pouco importa. Vá e faça o que quiser fazer, não importa o que as pessoas digam.[40]

O irônico é que, embora tenha ajudado a Nike a registrar avanços no mercado feminino, o comercial simultaneamente avivou as críticas que surgiam sobre a situação nas fábricas que produziam calçados e roupas para a empresa, onde a grande maioria dos trabalhadores era composta de mulheres. Aliás, como sustentou a cientista política Cynthia Enloe, a Nike só consegue produzir a baixo custo porque sua força de trabalho, majoritariamente feminina em outros países, ganha menos até do que os salários baixos que homens nesses mesmos países recebem.[41] Ao que parece, a Nike estava interessada na mulher como consumidora, não como produtora. A Adbusters, uma organização que critica o consumismo, fez um cartaz com uma jovem indonésia correndo descalça para parecer um anúncio da campanha "Just Do It!":

> Você está correndo porque quer um aumento, porque quer ser tudo o que pode ser. Nada fácil quando você trabalha 60 horas por semana fabricando tênis em uma fábrica da Indonésia e seus amigos desaparecem quando pedem um aumento. Então, antes de achar que é tão legal usar Nike, pense globalmente.[42]

Nessa questão, a Reebok não foi diferente. Embora desde 1988 a concorrente da Nike viesse entregando um prêmio anual a ativistas pró-democracia, a empresa só foi adotar normas de proteção aos direitos humanos em fábricas em 1992. Essas normas sugeriam que a Reebok buscaria fornecedores que respeitassem os direitos de trabalhadores – mas não tinham, à época, muito valor em termos de monitoramento ou fiscalização.[43]

O efeito menina

Por meio da Nike Foundation, a Nike começou a abordar esse elo entre a relação da empresa com mulheres e meninas como consumidoras e o modo como lida com os desafios de mulheres e meninas nos países em que fabrica seus produtos. Em 2008, lançou o programa Girl Effect [efeito menina] – que posteriormente foi convertido em uma organização independente sem fins lucrativos – para se concentrar em oportunidades econômicas para jovens mulheres a fim de "romper o ciclo da pobreza entre gerações".⁴⁴ A tese do programa, articulada em um comercial em vídeo com um efeito muito parecido ao do anúncio "If Your Let Me Play", diz o seguinte em animações de texto:

> O mundo está um caos. Pobreza. Aids. Fome. Guerra. Tem alguma salvação? E se houvesse uma solução inesperada que impedisse esse barco de afundar? Se estivesse diante dela, você a reconheceria? Não é a internet. Não é a ciência. Não é o governo. Não é dinheiro. É... uma menina.

Na sequência, o anúncio sugere que uma jovem em situação de miséria (algo ilustrado com a palavra "moscas" zumbindo em torno da palavra "menina") acabará presa logo cedo a um marido e um bebê, com fome, na pobreza e, talvez, com HIV. Se recebesse um empréstimo para comprar uma vaca, digamos, poderia ser dona de um pequeno negócio, chegar a ter um rebanho, ser admirada por seu "bom senso" e convencer os homens da comunidade de que "toda menina tem valor". Isso feito, o lugar prospera: paz, menos gente com HIV, crianças mais saudáveis, educação, comércio, saneamento e estabilidade. O país inteiro ganha. "O nome disso é 'efeito menina'".⁴⁵ Em outras palavras, "invista em uma menina e ela fará o resto".

Os problemas que a Nike identifica são reais. Dos 600 milhões de meninas vivendo em economias em desenvolvimento, 25% não vão à escola e quase metade é mãe antes dos 18 anos. Complicações na gravidez e no parto matam mais adolescentes do que qualquer outra causa. Especialistas do Banco Mundial calculam que combater a evasão escolar precoce, a gravidez na adolescência e o desemprego entre adolescentes e jovens mulheres entre 15 e 24 anos poderia produzir avanços significativos no PIB.⁴⁶ O fato de a Nike estar tentando enfrentar esses problemas não só leva recursos, mas também atenção, aos desafios enfrentados por mulheres, incluindo adolescentes, em economias do mundo todo. Os projetos que a empresa toca por meio da

Nike Foundation e do Girl Effect são concretos e têm impacto positivo na vida das participantes.

Por outro lado, existe o fato de que grande parte desse trabalho é feito em parceria e com o financiamento, por exemplo, do Departamento para Desenvolvimento Internacional do Reino Unido e da Agência dos Estados Unidos para o Desenvolvimento Internacional. Isso levanta o temor de que metas de desenvolvimento possam ser subordinadas a interesses comerciais. Para a crítica feminista Maria Hengeveld, esse programa "ajuda a Nike a se vender como uma defensora da mulher, algo que não é e que nunca foi". Essas críticas argumentam que o Girl Effect promove a participação individual de adolescentes e mulheres no mercado, ignorando, ao mesmo tempo, o impacto de multinacionais que podem não garantir condições de trabalho adequadas ou salários dignos.

> O "se me deixarem jogar" virou simplesmente um "se me deixarem comprar". As meninas ainda são concebidas como recursos, instrumentos e vítimas, aguardando serem salvas pelo consumo e pelo comércio. O suposto desejo intrínseco da mulher de cuidar da família e da comunidade ainda é tratado como um ativo econômico, e não como um problema de normas de gênero.[47]

Outro motivo de preocupação é que projetos de responsabilidade social empresarial como o Girl Effect acabem redirecionando ou expulsando iniciativas de governos ou de ONGs que não deem a empresas como a Nike o retorno desejado do investimento.

O Walmart também desenvolveu inúmeras iniciativas para dar mais poder à mulher. Desde 2011, a varejista instituiu metas para comprar mais de empresas pertencentes a mulheres, criou um mercado digital de produtos de empresas de mulheres e aumentou a participação de mulheres em equipes de fornecedores que interagem com o Walmart.[48]

Essas metas são integradas aos negócios e respaldadas por 134 milhões de dólares em doações da Walmart Foundation.[49] A justificativa? De novo, é o business case. Sarah Thorn, da Walmart Stores, onde atua como diretora sênior de relações com o governo, diz:

> Para o Walmart, empoderar a mulher não é só o certo a fazer; é bom também para o negócio. A maioria dos nossos 248 milhões de clientes são mulheres, e mulheres controlam bem mais de 20 trilhões de dólares do consumo anual em todo o mundo. Também sabemos que, quando trabalhamos com mulheres, temos mais impacto. É maior a probabilidade de que empresárias mulheres contratem e promovam mulheres dentro de sua organização. E mulheres em mercados emergentes investem 90% de sua renda na família e na comunidade. Empoderar economicamente a mulher fará do Walmart uma varejista de maior sucesso e nos ajudará a entender e a servir melhor nossos clientes. Também estaremos ajudando a criar uma sociedade mais forte nos países nos quais operamos em todo o mundo.[50]

O Walmart também voltou os olhos para seus próprios funcionários. Ao contrário do que ocorre na maioria das demais economias desenvolvidas do mundo, nos Estados Unidos a licença parental remunerada não é garantida. Desde janeiro de 2018, o Walmart vem dando dez semanas de licença, pagando o salário integral, a toda mãe biológica em qualquer escalão da organização e seis semanas com remuneração integral para outros pais. Olhando para isso da perspectiva do Canadá, onde muitos gozam de licença remunerada de 12 a 18 meses (coberta pelo seguro-desemprego), não parece muito. Mas, nos Estados Unidos, é bastante revolucionário. Por que o Walmart fez isso? Uma campanha do OUR Walmart (grupo apoiado por sindicatos que se opõe a práticas trabalhistas do Walmart) lançou a ideia, e o Walmart acabou concluindo que isso beneficiaria uma empresa na qual 55% da força de trabalho é feminina.[51]

O business case viabiliza e limita a ação

Embora louvado por muitos como revolucionário ou inovador, o programa Women's Economic Empowerment foi anunciado pelo Walmart em 2011 poucos meses depois da decisão da Suprema Corte americana de negar a certificação de classe no caso Wal-Mart Stores, Inc. *versus* Dukes. A campanha "Making Change at Walmart", apoiada por sindicatos, criticou: "O último golpe de relações públicas do Walmart é tentar encobrir décadas de tratamento injusto de mulheres. O Walmart causa um prejuízo econômico sistemático a mulheres nos Estados Unidos e ao redor do mundo, e é justamente por isso que o Walmart está tentando nos vender uma nova imagem".[52]

É complicado. No contexto empresarial, toda ação exige um argumento econômico, mas, quando aplicada, essa lógica do *business case* pode minar o impacto ou a impressão que uma ação deixa. Ao afirmar que o empoderamento da mulher "fará do Walmart uma varejista de maior sucesso e nos ajudará a entender e a servir melhor nossos clientes", o Walmart se expõe a dois riscos. O primeiro é que a iniciativa seja vista como mero "pinkwashing",* ainda que esteja tendo um impacto real. O segundo risco é que, se esse benefício – o de servir melhor os clientes – não for obtido, o esforço será visto como um fracasso. O argumento econômico pode limitar tanto quanto facilitar. Se realizar apenas ações no Modo 2 ligadas a trade-offs, sua empresa está fadada a ficar encurralada em algum ponto do trajeto.

A jurista Jamillah Bowman Williams, da Universidade de Georgetown, demonstra em uma série de experimentos que defender a diversidade sob o argumento econômico pode inclusive produzir opiniões negativas sobre a inclusão e aumentar o viés na tomada de decisões, ao passo que argumentos mais legalistas e fundados na justiça têm maior probabilidade de inibir preconceitos e promover uma conduta

---

* Pinkwashing refere-se à prática de algumas empresas de apoiar causas femininas de forma superficial, apenas para promover a própria marca. [N.E.]

equitativa (em particular por desencadear reações morais).[53] Pior ainda, Oriane Georgeac e Aneeta Rattan, da London Business School, mostram que o grupo supostamente beneficiado pelo argumento econômico da diversidade (mulheres, por exemplo, ou membros da comunidade LGBTQ) pode, na verdade, sentir que pertence menos em virtude disso.[54]

Segundo informações do próprio Walmart, a proporção de mulheres em cargos de gerência na empresa subiu, ainda que lentamente, em cinco anos, com a porcentagem de gerentes de níveis inicial e médio subindo de 40,4% para 43,5%, e de executivos e gerentes de nível sênior de 26,7% para 31,2%. É mais do que outras varejistas, e o Walmart também faz parte do pequeno grupo de empresas do ranking Fortune 500 com três mulheres no conselho de administração. Mas, à medida que a empresa migra de mercadorias em geral para artigos de supermercado, a parcela de mulheres em sua força de trabalho vem caindo de modo geral.[55]

Em 2017, o Walmart anunciou que havia atingido a meta de comprar 20 bilhões de dólares em produtos e serviços de empresas pertencentes a mulheres. O mais interessante, de acordo com Kathleen McLaughlin, diretora de sustentabilidade do Walmart e presidente da Walmart Foundation, é que "descobrimos que produtos de empresas comandadas por mulheres têm taxas de vendas maiores ('sell-through') e margens melhores".[56] Fazer progresso exigiu muito esforço, com muitas lições aprendidas ao longo do caminho. Fora dos Estados Unidos, a empresa ainda não conseguiu atingir essas metas de compras:

> Na China, por exemplo, levamos anos apenas para identificar empresas lideradas por mulheres [pois não havia dados privados ou públicos para ajudar na pesquisa]. No Japão, não há uma tradição de incentivar mulheres a abrir negócios, então tivemos de começar com "pitch contests" para motivar as mulheres a participar.

No final, a Walmart Foundation teve de desembolsar 134 milhões de dólares em bolsas para capacitar para o mercado de trabalho 500 mil mulheres na cadeia de valor agrícola, 60 mil mulheres em 150 fábricas, 200 mil mulheres nos Estados Unidos e 200 mil mulheres em mercados emergentes. Isso feito, a empresa descobriu que precisava capacitar os homens também, para que fossem capazes de criar um contexto de trabalho mais favorável para a mulher. O progresso não veio do modo com o Walmart esperava e custou bem mais do que a liderança da varejista poderia imaginar, mesmo para avançar até onde avançou. Por sorte, o Walmart resolveu encarar o programa como uma oportunidade para aprender. Muitas outras varejistas (e demais empresas tentando comprar mais de fornecedores liderados por mulheres) viram essa experiência como uma lição sobre como prosseguir. Agora, se todos esses custos tivessem sido computados inicialmente no argumento econômico para a ação, o retorno teria sido aparente?

Enquanto isso, um relatório investigativo de 2016 do Nation Institute's Investigative Fund (agora chamado de Type Investigations) revelou que as operárias nas fábricas da Nike no Vietnã ainda enfrentam condições de trabalho ruins: não só salários baixos, mas, segundo evidências, assédio e abuso. Embora admita que o progresso nessa área é irregular, a Nike diz que não é por falta de esforço. Críticos como Tim Connor, professor de direito societário e trabalhista na Universidade de Newcastle, na Austrália, argumentam que:

> Investir no Girl Effect custa muito menos à Nike do que garantir que as centenas de milhares de mulheres e adolescentes empregadas na cadeia de suprimentos da [empresa] recebam um salário digno. Mas garantir [que] seja pago um salário digno a essas jovens seria uma maneira muito mais eficaz de empoderar um número muito maior de mulheres.[57]

A Nike voltou às manchetes em 2018, dessa vez pelo tratamento dispensado às mulheres na sede da empresa em Beaverton, Oregon.

A situação ali dentro chegou a tal ponto que um grupo de funcionárias organizou um levantamento sobre assédio sexual e discriminação e, em março daquele ano, apresentou os resultados ao CEO, Mark Parker. Isso deflagrou um vasto inquérito na empresa, que levou à saída de pelo menos onze executivos de alto escalão. O *New York Times* declarou: "Embora o movimento #MeToo tenha provocado a queda de indivíduos isolados, uma reorganização como a que está ocorrendo na Nike é algo raro no meio empresarial e mostra como a pressão interna de trabalhadores está obrigando até grandes empresas a abordar rapidamente problemas no local de trabalho".[58] Essa reorganização levou a Nike a aumentar o salário de mais de 7 mil funcionárias (quase 10% do quadro) que aparentemente eram injustamente remuneradas.[59] Isso não impediu que ex-funcionárias entrassem com uma ação coletiva alegando que tinham sido "desvalorizadas e humilhadas" pela Nike, o que incluía receber salários e oportunidades de promoção inferiores aos de colegas do sexo masculino e ser ignoradas quando se queixavam da situação.[60]

Talvez não surpreenda que, nos principais mercados da empresa, a Nike siga penando para achar uma maneira de sintonizar com a consumidora mulher. Em meados da década de 2000, lançou a iniciativa "NikeGoddess" para tentar mudar o modo como criava e vendia para a mulher – e se comunicava com ela. A empresa lançou uma revista digital homônima, criou o site www.nikegoddess.com e abriu lojas só com artigos femininos. Alardeada como um recomeço, no qual a Nike teria de "despertar para o mercado feminino e agir de outro modo" (segundo a então diretora global de calçados femininos, Darcy Winslow), a ideia era ir além do "If You Let Me Play".[61] Hoje, não sobra quase nada desses programas. A revista deixou de ser publicada. O site foi desativado. A Nike segue tentando criar coisas novas para as mulheres – como em 2014, quando lançou uma loja só para mulheres com uma academia de ginástica em Newport Beach, na Califórnia.[62]

O que isso tudo diz sobre o argumento econômico é que, em geral, é mais complexo resolver trade-offs e fazer o bolo do valor compartilhado crescer do que líderes de empresas gostariam que fosse. E, ainda que se acredite que é possível, pode ser difícil reunir compromisso, recursos e vontade para realizar mudanças que façam o bolo crescer. Não basta instalar uma ou outra pessoa diferente na cúpula da organização ou decidir atender o público feminino ou trabalhar com mulheres na cadeia de suprimentos. Os exemplos da Nike e do Walmart mostram que, para ter sucesso, a organização precisa mudar o modo como opera, como concebe produtos, como administra a cadeia de suprimentos e todas as espécies de atividade. Às vezes, são mudanças difíceis de fazer e de custo potencialmente alto. É verdade que o bolo provavelmente será maior uma vez efetuadas, mas o progresso não é automático.

Qual a implicação disso para a possibilidade da igualdade de gênero? Essas histórias deixam claro que ainda há um longo caminho a percorrer. Com obras feministas chegando a listas de mais vendidos (*Rage Becomes Her*, de Soraya Chemaly, e *Unfinished Business*, de Anne-Marie Slaughter), Katniss Everdeen como heroína da trilogia *Jogos vorazes*, a Mulher Maravilha surpreendendo nas bilheterias, Hillary Clinton concorrendo à presidência nos Estados Unidos e o movimento #MeToo ganhando força, teríamos chegado a um divisor de águas?

Foi o que proclamou parte da imprensa quando a fabricante de pneus Pirelli anunciou que a edição 2016 de seu famoso calendário – que normalmente trazia fotos artísticas de modelos nuas – teria mulheres vestidas e escolhidas por seus feitos, não por suas medidas. Era gente como a financista Melody Hobson, a tenista Serena Williams, a roqueira Patti Smith, a artista Yoko Ono, a dramaturga e intérprete Ava DuVernay. Uma reportagem no *The New York Times* dizia: "Junto com a decisão da *Playboy* em outubro de pôr fim à nudez em suas páginas, a guinada da Pirelli parece substanciar a tese de que estamos em um ponto de inflexão na objetificação pública da sexualidade feminina".[63] E por que seria? Segundo Antonio Achille, do Boston Consulting Group, seria porque – vejam só – o conjunto das mulheres, como consumidoras, representa "uma enorme oportunidade inexplorada [...] Mulheres são excelentes embaixadoras de marcas. A mulher, quando tem uma experiência positiva com um carro, compartilha essa impressão com mais de 20 pessoas, em média – ao passo que um homem, só com duas".[64]

Como defender o argumento econômico (sem virar refém dele)

A desigualdade de gênero serve para ilustrar como o business case é mobilizado e como os trade-offs entre diferentes stakeholders dificultam a ação. Daria para contar a mesma história usando a sustentabilidade, o consumismo ou a cadeia de suprimentos (como farei nos capítulos seguintes), mas esse mergulho a fundo na questão de gênero ajuda a ver quão complexos podem ser esses trade-offs e quão enraizados podem estar em nossa cultura, nossos sistemas, nossos processos e até em nosso jeito de pensar. O fundamental é saber que o *status quo* já embute trade-offs. Quando se defende igualdade de gênero, o que se está defendendo é um reequilíbrio. Hoje, a balança pende para alguns (o homem branco heterossexual) em detrimento do resto. Lançar mão do argumento econômico para promover a diversidade seria abrir caminho para chegarmos a um novo equilíbrio. Como vimos, isso também pode levar a empresa a agir somente quando satisfeitos os critérios do business case.

O risco do discurso do business case é dar protagonismo a indivíduos e organizações que já estão em posição de privilégio. A pressão para justificar a ação perante quem detém o poder implica que suas necessidades e interesses devem ser satisfeitos para validar a ação, como se dissessem "quero a prova de que vou ganhar com isso". A ideia do ganha-ganha devia implicar que todo e qualquer stakeholder deveria se beneficiar, mas, se na equação o resultado financeiro predominar, a empresa corre o risco de ver suas iniciativas de igualdade de gênero ou sustentabilidade tachadas de "pinkwashing" ou "greenwashing", dependendo do caso. Embora o lucro econômico seja necessário para a sobrevivência das empresas, em geral é difícil determinar exatamente quais seriam os benefícios potenciais do progresso. Dar peso demais ao argumento econômico poderia impor limites ao progresso a ser feito.

Qual a saída, então? No Capítulo 3, indiquei três conjuntos de ações. Vale a pena reforçá-los tendo em vista as derrotas e as vitórias da Nike e do Walmart na busca da igualdade de gênero. A lição dada por esses exemplos é que usar o argumento econômico é mais útil quando visto como um processo de descoberta do que como mera justificativa para a ação.

Primeiro, comece no Modo 1. Fazer uma análise é esclarecedor. Aliás, seja qual for o modo em que estiver tentando operar – 2, 3 ou 4 –, saber quais são os trade-offs é um bom começo. É difícil formular um bom business case quando não se entende, antes de tudo, quais interesses são conflitantes. Como vimos na discussão sobre diversidade de gênero, as questões são complexas e não se prestam a soluções rápidas ou simples. Sem uma análise detida, é comum errarmos até na hora de definir a raiz do problema. Se acharmos que o problema é que a mulher não confia em si mesma, vamos propor uma série de soluções focadas em capacitar a mulher para se impor ou negociar melhor.[65] Se percebermos (como sugerem estudos) que o problema é que muitas organizações fazem a mulher se sentir indesejada ou excluída, e isso leva ao que parece ser falta de firmeza, então vamos intervir nas práticas e na cultura da organização.[66] A análise de trade-offs e de suas causas é crucial para identificar as intervenções corretas.[67]

Segundo, crie metas e avalie o progresso. A decisão de adquirir 20 bilhões de dólares em produtos de empresas comandadas por mulheres – um "moonshot" – levou o Walmart a explorar o que seria necessário para capacitar e apoiar essas empreendedoras. Definir a meta é só o começo. É o início da jornada e mantém todos avançando, ainda que encontrem obstáculos ao longo do caminho. Foi o que sustentou a campanha do Walmart e levou a varejista a criar novas soluções e parcerias.

Terceiro, saiba que recorrer ao argumento econômico é só o início de uma conversa. Meramente afirmar o business case não garante a ação. Aliás, ações capazes de cumprir a promessa do business case, como mostram os casos da Nike e do Walmart, em geral são difíceis, caras e complexas. Não quer dizer que a empresa não deva iniciar a trajetória. Se o custo sobe ou o progresso é mais lento do que o previsto, a saída fácil talvez seja dizer que o argumento econômico não se provou. É justamente aí que a empresa deveria persistir, pois é nesses momentos difíceis que surgem insights sobre como agir dali em diante. E é aí que ações no Modo 3 entram em cena, pois lidar com trade-offs exigirá, em última análise, inovação e criatividade.

ROTEIRO DA PARTE II

- A maioria dos estudos e dos conselhos práticos sobre responsabilidade social empresarial está focada na defesa do argumento econômico (ação no Modo 2). A tese é que fazer algo que contemple as necessidades de certos stakeholders pode ser bom também para os resultados econômicos da empresa – seja derrubando custos e aumentando a eficiência operacional, reduzindo riscos e preservando a licença de funcionamento ou criando uma vantagem competitiva ao tornar o cliente mais disposto a pagar. Essa é a essência do valor compartilhado.
- A vantagem da lógica do argumento econômico (ou business case) é a capacidade de levar a liderança a pensar de um jeito diferente. Para gestores que aprenderam a pensar que o lucro tem primazia,

a ideia do valor compartilhado abriu caminho para lidarem com os trade-offs criados pelo modelo de negócio da empresa.

- Estudos mais recentes sugerem que o argumento econômico pode também ser um entrave à ação. É que, ao corroborar a lógica do sistema atual, esse argumento impede que as pessoas sintam indignação moral contra o custo que a empresa impõe à sociedade. Sem essa indignação moral, é difícil produzir mudanças. Essa tese, conhecida como teoria da justificação do sistema, sugere que valer-se do argumento econômico pode, na verdade, impedir avanços concretos.

- Embora ajude a empresa a registrar as vitórias mais fáceis, o argumento econômico pode ser um entrave na hora de lidar com questões de maior impacto ou mais complexas, quando nem todo impasse, ou trade-off, gera uma solução ganha-ganha. Quanto mais o business case for invocado para justificar uma ação, menor a probabilidade de se atingirem metas ambiciosas.

- Usar o argumento econômico é, portanto, mais útil como processo de descoberta do que como justificativa para a ação. Esse processo começa com uma análise, ainda no Modo 1, das necessidades e dos trade-offs dos stakeholders. Isso feito, é preciso definir metas que permitam medir o progresso. Por último, a organização pode usar a análise e as metas para abrir um diálogo sobre como chegar a um ganha-ganha. Ter uma conversa explícita sobre como lidar com essas trocas ajudará a organização a encontrar soluções.

- O que isso tudo diz sobre o argumento econômico é que em geral é mais complexo resolver trade-offs e fazer o bolo do valor compartilhado crescer do que líderes de empresas gostariam que fosse. E, ainda que se acredite que é possível, pode ser difícil reunir compromisso, recursos e vontade para realizar mudanças que façam o bolo crescer.

PARTE III

Além das armadilhas do business case

Inove para resolver seus trade-offs (Modo 3)

5

A RSE não é um mero acessório
Inovação na cadeia de suprimentos

O que há além do business case? Quando há um conflito entre os interesses dos acionistas e os interesses de outros stakeholders e não parece haver maneira de agradar a todos, qual a saída para a empresa? A experiência da cadeia global de suprimento nas duas últimas décadas nos permite vislumbrar o que poderia ser possível. A capacidade de produzir bens nessa cadeia global é o que permite a empresas vender produtos a preços razoáveis ao consumidor. O Walmart, por exemplo, precisa garantir o "preço baixo todo dia" e, para viabilizar esse preço baixo, as marcas que vendem para a varejista estão se voltando cada vez mais para fábricas fora dos Estados Unidos. A cadeia global de suprimento, que vai de países como China, Vietnã, Honduras e Bangladesh até o carrinho de compras do americano, do canadense ou do europeu, significa que a maioria das marcas é apenas isso: um nome afixado a produtos fabricados por empresas localizadas bem longe da detentora da marca e transportados até o consumidor que os deseja.

Conforme observou o jornalista Charles Fishman, que há muito tempo analisa o Walmart, a Levi Strauss, que em 1980 tinha 60 fábricas de roupas nos Estados Unidos, fechou as duas últimas em 2004, um ano após firmar uma parceria com o Walmart. Os últimos 2.500 trabalhadores nas fábricas americanas da empresa perderam o emprego.[1]

Por que a Levi's, o Walmart ou a Nike transferiram a produção para o exterior? Custo, é claro. As empresas estão explorando a vantagem comparativa que o México, a China ou Bangladesh oferecem em termos de mão de obra e outros custos de fabricação.

Olhando assim, soa relativamente inofensivo. Trabalhadores nesses países não têm muita alternativa econômica; logo, um emprego em fábricas pode ser interessante. E, nesses países, é possível fazer muito mais com um baixo salário do que nos Estados Unidos ou em outras economias desenvolvidas. Só que a situação não é tão inócua assim.

O trade-off aqui é particularmente intenso. O consumidor exige preços baixos. As margens de varejistas são mínimas. O resultado é uma pressão extrema sobre os fornecedores para manter os custos baixos. Custos baixos significam condições de trabalho precárias, incluindo instalações sem segurança, longas horas e salários baixos.

O resultado é que varejistas e fabricantes de bens de consumo mundo afora estão há tempos presos a um modelo de compliance – aderindo a normas, mas não muito mais. Dito de outra forma, adotam o princípio de Friedman de seguir as "regras do jogo" (regulamentos) e, fora isso, cuidar dos resultados econômicos.[2] Escapar dessa arapuca é difícil, como sempre ocorre quando os trade-offs são agudos. Com o Walmart, a Nike e outros, estamos descobrindo que a melhor maneira de lidar com os custos para trabalhadores e para o planeta em relação à entrega just-in-time de bens mundo afora está vindo do Modo 3: ou seja, resolver trade-offs com inovação.

De quem é a culpa?

Em 24 de novembro de 2012, um incêndio tomou a fábrica de roupas Tazreen Fashions, em Daca, Bangladesh. O fogo levou horas para ser controlado pelos bombeiros. No início, quando uma sirene soou, os gerentes da fábrica orientaram aos operários a permanecer onde estavam, trabalhando. Era um alarme falso, disseram. Os chefes trancaram as saídas.³ Quando a fumaça invadiu as zonas de trabalho, era tarde demais. No tumulto que se seguiu, as poucas saídas abertas eram estreitas demais para permitir a evacuação. Mais de uma dezena de trabalhadores morreu ao se atirar das janelas. Muitos pereceram perto de onde trabalhavam, por inalação de fumaça. O episódio deixou pelo menos 117 vítimas fatais e mais de 200 feridos, embora tenha sido impossível chegar a um total definitivo, pois parte dos corpos nunca foi encontrada.

Sumi Abedin se jogou de uma janela. A operária teve fraturas, mas sobreviveu. "Não pulei para salvar minha vida. Pulei para salvar meu corpo, pois se ficasse dentro da fábrica só sobrariam cinzas e minha família não seria capaz de identificar meus restos." Após o incêndio, surgiram muitas histórias parecidas – como a do filho que ligou para a mãe para dizer que não tinha como escapar e iria morrer, mas que amarraria a camisa na cintura para que ela pudesse achá-lo entre os corpos já espalhados pelo chão da fábrica.⁴

No rescaldo do incêndio, foram achados jeans, camisetas e shorts destinados à loja americana Sears, à europeia C&A, à linha de roupas de Sean "Diddy" Combs, à Li & Fung, de Hong Kong, e à marca própria do Walmart, Faded Glory.⁵ Segundo a polícia, a fábrica não cumpria várias normas de segurança e proteção contra incêndios. Como podia ser? Grandes marcas como o Walmart vinham há anos alardeando seus padrões de inspeção de fábricas.

De quem foi a culpa? Certos alvos eram óbvios. Primeiro, os gerentes da fábrica que impediram que os trabalhadores escapassem – e que, pouco depois do incêndio, tiveram a prisão decretada. O dono da fábrica, Delwar Hossain, sua esposa, Mahmuda Akhter, e vários gerentes responsáveis pela segurança e pela produção foram indiciados por homicídio culposo e negligência. Mundo afora, muitos cidadãos revoltados com a presença de tantas marcas internacionais ali começaram a dirigir sua atenção para empresas como o Walmart. A dúvida era saber por que essas empresas estavam produzindo seus artigos em fábricas com condições de trabalho tão precárias.

O Walmart argumentou não ter culpa. A varejista não havia contratado diretamente a fábrica da Tazreen – que, em auditorias encomendadas anteriormente pela americana, tinha recebido duas classificações laranja (alto risco). "A fábrica da Tazreen não estava mais autorizada a produzir para o Walmart. Sem notificar o Walmart, um fornecedor subcontratou essa fábrica para realizar o trabalho, sem nossa autorização e em direta violação de nossas normas. Desde o ocorrido, nosso relacionamento com esse fornecedor foi encerrado",[6] declarou um porta-voz da empresa em um comunicado após o incêndio. O Walmart tinha contratado a Simco, uma fornecedora aprovada. Como não conseguiu realizar o trabalho, a Simco transferiu o pedido (e a matéria-prima) para a Tuba Garments, sem informar os executivos de compras do Walmart, o que feria as diretrizes repassadas a fornecedores. A gerência da Simco alegou que achava que a transferência era permitida, pois a Tuba Garments tinha produzido para o Walmart anteriormente. A Tuba Garments, por sua vez, enviou o pedido à Tazreen Fashions Ltd., outra fábrica do grupo Tuba, sem pedir permissão à Simco ou ao Walmart. O Walmart tem razão em dizer que a Simco violou as normas ao terceirizar um trabalho que já fora terceirizado a ela.

Ainda assim, restaram dúvidas. Inquéritos realizados posteriormente revelaram que, entre os destroços, foram encontrados documentos mostrando que pelo menos dois fornecedores distintos tinham subcontratado a fábrica e que pelo menos cinco das 14 linhas de produção eram dedicadas a mercadorias do Walmart. Scott Nova, diretor executivo do Worker Rights Consortium, declarou:

> Se a alegação do Walmart de que fora vítima de um fornecedor desonesto tinha algum pingo de credibilidade, não tem mais [...]. Ao Walmart resta uma de duas alternativas: dizer que sim, sabíamos que esses fornecedores estavam usando a fábrica ou, dois, não temos nenhum controle sobre a cadeia de suprimentos que estamos montando em Bangladesh há mais de 20 anos.[7]

Nenhuma alternativa é boa para o Walmart.

Seria esse um problema restrito a um ou dois fornecedores sem escrúpulos? Ao que parece, não. Como indica um relatório de 2014 do próprio Walmart (o "2014 Global Responsibility Report"), apenas 7% das fábricas auditadas foram consideradas de baixo risco (verde); 29% tinham risco médio (amarelo); 57% apresentavam risco elevado (laranja ou vermelho); e 2% foram reprovadas ou não autorizadas.[8] Há um punhado de coisas a dizer sobre esses números. Primeiro, pouquíssimas fábricas são aprovadas com louvor. Segundo, a maioria das atualmente em uso tem problemas suficientes para exigir medidas corretivas e uma nova auditoria no prazo de 6 a 12 meses. Terceiro, em um ano, 2% das fábricas foram desautorizadas. Parece pouco, mas, considerando que foram auditadas mais de 15 mil fábricas, isso significa que em pelo menos 300 (ao ano) o desrespeito a normas de saúde, trabalho e segurança é tamanho que já não podem ser utilizadas.

E as cifras estão piorando. Depois do incêndio da Tazreen em 2012, o Walmart passou a fazer mais auditorias e endureceu as normas para as fábricas. Com isso, de 2012 a 2013 a proporção das classificadas como amarelo e laranja (risco médio e elevado) se inverteu. Enquanto anteriormente mais de 50% das fábricas estavam apenas no estágio de risco amarelo, em 2013 esse número caiu para 29%; já o de fábricas com risco laranja (elevado) subiu de 24% para 57%. À medida que intensifica o monitoramento, o Walmart melhora a qualidade dos dados que coleta sobre todo o espectro de fábricas que produzem sua mercadoria, o que aumenta a transparência. O fato de os números estarem piorando não significa necessariamente que a situação está piorando, mas só que há mais informação sobre o que realmente está acontecendo.

Naturalmente, é bom que o Walmart (e muitas outras empresas) esteja buscando mais visibilidade sobre a complexa cadeia global de suprimento na qual opera. Se os números piorarem, a consequência provavelmente será maior atenção a iniciativas para melhorar as condições nas fábricas, tanto porque a empresa tem mais informações internamente quanto porque, externamente, haverá mais pressão de outros stakeholders. As auditorias são uma parte crucial da análise no Modo 1, pois permitem que a voz do trabalhador seja ouvida e dão a marcas globais uma visão das condições de trabalho.

Esses dados revelam que as condições na Tazreen não eram únicas. Embora esse incêndio tenha recebido mais espaço na mídia do que a maioria, nos seis anos anteriores à catástrofe de Tazreen mais de 500 trabalhadores em confecções de Bangladesh morreram em incêndios em fábricas.[9] De acordo com o Bangladesh Center for Worker Solidarity, mais de 50% das fábricas do país não cumpre normas locais de proteção contra incêndio previstas em lei. Basta olhar para a tragédia do Rana Plaza, em 24 de abril de 2013, quando o desabamento de uma fábrica deixou 1.137 mortos e mais de 2.500 feridos. Produtos não só do Walmart, mas de uma leva de varejistas do gênero – incluindo a canadense Loblaw, a americana J. C. Penney, o hipermercado francês Carrefour, a italiana Benetton e a rede britânica Matalan –, eram produzidos nas instalações no momento do desabamento (ou tinham sido produzidos pouco antes).[10]

O Walmart fez questão de frisar que não havia produção naquela fábrica "no momento do colapso". Mas, segundo o *New York Times*,

> Um documento datado de 12 de maio de 2012, encontrado nos escombros, detalhava um pedido de compra de uma empresa canadense, a Fame Jeans, para jeans "dark blue wash", "skinny fit", a serem entregues ao Wal-Mart no outono de 2012. Outro documento, datado de 27 de abril de 2012, discutia preços de cinco modelos de jeans, com valores variando de 3,41 dólares a 4,50 dólares por peça [...]. Quando o *Times* questionou o Wal-Mart sobre os documentos, Allen Brandman, presidente da Fame Jeans, disse em entrevista que "está bem claro que o Wal-Mart em nenhum momento me autorizou a trabalhar com

essa fábrica". O executivo culpou pelo pedido um "funcionário desonesto" que havia resolvido contratar a fábrica sem o conhecimento dele, Brandman.[11]

Aqui, o fornecedor desonesto culpou um funcionário desonesto pela decisão. Devíamos parar por aí? O problema todo estaria sendo criado por um punhado de maçãs podres?

Um estilista canadense assume a culpa

Logo após o incêndio em Tazreen, o jornal canadense *Globe and Mail* publicou um texto de Sujeet Sennik intitulado "I Designed That Cheap Garment. I Lit That Factory Fire in Bangladesh" [em tradução livre, "Eu criei aquela roupa barata. Eu coloquei fogo na fábrica em Bangladesh"]. Nele, o estilista diz:

> Quero confessar que iniciei o incêndio recente que provocou tantas mortes na fábrica da Tazreen Fashions Ltd. em Bangladesh. Não sou de Bangladesh nem sou operário da fábrica e nunca pus os pés no prédio que pegou fogo no final de novembro. No entanto, tenho cinzas e sangue em minhas mãos [...]. Em Bangladesh, circulam boatos de que o incêndio da Tazreen foi criminoso. O que quero dizer é que o fogo foi aceso por mim. Fui eu quem pediu que nossas fábricas fizessem uma blusa de 9 dólares e, em geral, Bangladesh é um dos dois países nos quais a importação de vestuário está isenta de impostos. Meus chefes estão contentes de saber que teremos essa peça para venda em massa na próxima temporada de liquidação. Somos obrigados por nossos clientes a reduzir preços para sermos competitivos no mercado de roupas baratas e grandes liquidações que chamamos de setor canadense do vestuário [...]. Uma das vítimas talvez estivesse pregando a gola de uma blusa. Essa tarefa em

> Bangladesh custa uma fração de centavo em comparação com o que custaria no Canadá. Eu me pergunto se, quando morreu, essa mulher estava segurando a gola que pedi que costurasse para bater minha meta de custo. Sei que nossos pedidos às vezes são feitos às pressas, no último minuto, para chegar a tempo ao porto. Vai ver que foi por isso que os gerentes pediram aos trabalhadores que permanecessem sentados quando o incêndio começou [...]. A ideia é clara. Confesso o crime. A razão é clara. A gola que a mulher em Bangladesh segurava enquanto a fumaça invadia seus pulmões estava destinada a uma camisa de preço arrasador para a próxima estação.[12]

Vale observar a ironia de o incêndio de Tazreen ter ocorrido no feriado americano de Ação de Graças – o Thanksgiving –, na véspera da Black Friday, a data de maior movimento no comércio do país. O que Sujeet Sennik está dizendo é que ele é culpado, junto com todos nós, em um sistema que espera produtos cada vez mais baratos a um piscar de olhos. Sennik criou peças baratas porque era isso que seu patrão queria. E essa empresa queria produtos baratos porque era isso que o consumidor exigia.

Críticos que atuam no movimento de defesa de direitos do trabalhador culpam as marcas. Scott Nova, do Workers Rights Consortium, disse:

> A única maneira de as fábricas em Bangladesh sobreviverem, dado o valor que as marcas ocidentais estão dispostas a pagar, é operar sem segurança. E é por isso que há incêndios. E, apesar de toda a retórica sobre responsabilidade social empresarial e de todos esses programas de monitoramento e auditorias, as marcas e os varejistas não vão pagar um centavo a mais às fábricas.[13]

As autoridades em Bangladesh culpam as marcas. Segundo Mikail Shiper, alto funcionário no Ministério do Trabalho e Emprego de

Bangladesh, "os compradores nos escrevem pedindo para melhorarmos as condições de trabalho. Pedimos que paguem 25 centavos de dólar a mais por peça de roupa, [valor que iria] para o bem-estar dos trabalhadores. Eles se recusam, apontando a crise financeira em seus países".[14]

Os próprios fornecedores culpam as marcas. Abdus Salam Murshedy é diretor do Envoy Group, um grande fornecedor de vestuário em Bangladesh. É também o ex-capitão da seleção nacional de futebol. Embora seja um homem com poder e muitos recursos, até ele diz: "Os compradores são o nosso deus [...]. Não temos como fazer tudo o que pedem, como proteção contra incêndios, com preços tão baixos!". Segundo ele, a raiz do problema está nos preços cobrados pelo comércio: "Uma coisa que gostaria de saber é por que as lojas têm de fazer o 'pague 1, leve 2'. Isso é dinheiro que estão tirando daqui. Por que fazer esse 'pague 1, leve 2'?".[15]

As marcas culpam o consumidor. O consumidor quer preço baixo. Preço baixo significa um controle rígido de custos em todo o sistema. E quem paga por melhores condições? Essa questão vinha sendo ponderada bem antes do incêndio da Tazreen. Em abril de 2011, diversas varejistas se reuniram com representantes de trabalhadores em Daca. Na reunião, surgiu a ideia de um memorando – que estaria em contratos – que exigiria que todo fabricante pagasse valores mais altos para que as fábricas pudessem melhorar a segurança nas instalações. Em geral, esses custos são considerados proibitivos. Sridevi Kalavakolanu, diretor de sourcing ético do Walmart, e um executivo da Gap redigiram um memorando para essa reunião, afirmando: "No caso específico de correções na segurança elétrica e proteção contra incêndios, estamos falando de 4.500 fábricas, sendo que, na maioria dos casos, seriam necessárias modificações muito extensas e onerosas em algumas delas. Para as marcas, não é financeiramente viável fazer esse investimento".[16]

Esse jogo de empurra faz parte de um sistema. O consumidor leva duas camisetas pelo preço de uma, mas não vê o impacto desse preço no trabalhador que faz as camisetas. O estilista cria a camiseta, mas sua visão tampouco chega até aqueles que irão fabricá-la. Podemos tentar culpar e até indiciar indivíduos e marcas por ações específicas (e deveríamos), mas fechar o foco no indivíduo é ocultar um sistema que produz esses resultados. O problema é o sistema.

E o jogo de empurra existe, em parte, porque é difícil formular um argumento econômico para a mudança. Como podemos ver, marcas mundiais travam, sim, um diálogo com fábricas e representantes de trabalhadores (Modo 1), mas nem sempre foram capazes de justificar o gasto com ações recomendadas por representantes da mão de obra. Os trade-offs entre lucros e outros objetivos são salientes demais para muitas empresas – empresas essas que, em geral, operam com margens apertadas. A ação no Modo 2 pode não ser suficiente para haver progresso. A alternativa acaba sendo uma abordagem de compliance.

Um primeiro passo: auditoria e compliance

Quando a questão das condições precárias de trabalho em fábricas veio à tona pela primeira vez na década de 1990, uma resposta inicial de grandes marcas foi dizer que as instalações usadas estavam em conformidade com normais locais, que eram fiscalizadas pelos governos dos respectivos países. Era uma resposta problemática, pois não está claro que um governo possa ou queira fazer muito nessas circunstâncias, tanto lá atrás quanto hoje. Em Bangladesh, por exemplo, a Associação de Fabricantes e Exportadores de Vestuário do país tornou-se uma grande potência política. Donos de confecções tornaram-se membros do parlamento e proprietários de jornais e emissoras de televisão. O governo, reconhecendo a importância das exportações de vestuário, que representam 80% das divisas do país, quer manter fábricas funcionando a pleno vapor. Segundo relatos, donos de confecções subornam autoridades para garantir que a regulamentação permaneça frouxa e a fiscalização, fraca (não surpreende, já que o país ocupa a posição 144, de um total de 176, no índice de corrupção da Transparency International).[17] O país criou uma força policial especial para patrulhar zonas industriais e abafar qualquer manifestação trabalhista. Órgãos internos de inteligência monitoram e intimidam ativistas.[18] Essa "captura" de entidades reguladoras significa que o governo, que deveria agir no interesse público, favorece interesses especiais dos donos de confecções.

Após as tragédias de Tazreen e Rana Plaza, muitos ativistas pressionaram as multinacionais do varejo a assumir a responsabilidade pela situação dos trabalhadores – responsabilidade que não estava sendo ou não poderia ser assumida pelos governos locais. Uma coalizão de sindicatos propôs em Bangladesh, em 2013, um acordo entre todos os stakeholders, o Accord on Fire and Building Safety, cujos signatários se comprometeriam a um regime de inspeção legalmente vinculativo que incluía a divulgação do nome e da localidade de todas as fábricas fornecedoras e a garantia de agilidade na inspeção e em medidas corretivas. Esse acordo teve originalmente 75 signatários, entre varejistas e marcas (total que chegou a quase 200 ao final de 2018), incluindo Loblaw Companies, Carrefour, Adidas, Inditex (dona da Zara), Marks and Spencer e H&M.[19] O documento foi firmado ainda por oito sindicatos (como a Liga dos Trabalhadores nas Indústrias Têxtil e de Vestuário de Bangladesh) e quatro testemunhas: Worker Rights Consortium, International Labor Rights Forum, Clean Clothes Campaign e Maquila Solidarity Network. O acordo exige inspeção independente e um plano de ação para quaisquer medidas corretivas exigidas em uma fábrica. E muito importante: marcas e varejistas são obrigadas a negociar com as fábricas termos comerciais que tornem financeiramente possível a estas últimas o cumprimento de planos de ação e a manutenção da segurança no local de trabalho.[20]

Notadamente ausentes da lista de signatários estavam o Walmart e outras grandes varejistas americanas. Avessas ao caráter juridicamente vinculativo do acordo, essas empresas anunciaram um plano voluntário separado, a Alliance for Bangladesh Worker Safety [Aliança pela Segurança do Trabalhador de Bangladesh]. Walmart, Gap, Costco, Canadian Tire Corporation, Hudson's Bay Company, Target, Macy's e Sears, entre outras empresas de varejo americanas e canadenses, entraram para o grupo, cujas metas eram mais modestas. O objetivo da Alliance era criar normas e modelos de avaliação que pudessem ser implantados por empresas de avaliação qualificadas. A aliança foi imediatamente criticada por ter sido criada e ser controlada por empresas, sem signatários que representassem trabalhadores para manter um olho nas varejistas. A aliança não exige que marcas globais banquem medidas corretivas se uma avaliação revelar deficiências, exceto por meio de um programa voluntário de financiamento que não era condição para a adesão à aliança.[21]

Não há dúvida de que muitos gerentes no Walmart e seus colegas estão séria e consideravelmente preocupados com a situação dos trabalhadores em Bangladesh. A questão é se podem de fato remediar os problemas quando, em última análise, não estão contratualmente obrigados por outros stakeholders. Muitas empresas defendem essa autorregulação como substituto para a regulamentação pelo governo ou para a supervisão por outras partes interessadas. A vantagem para empresas aderentes é que isso nivela o campo para todas. Toda empresa precisa arcar com os custos extras, o que, portanto, é uma maneira de reduzir impactos nocivos sem aumentar os custos de determinada empresa em relação às concorrentes. Nenhuma empresa está em desvantagem competitiva. O resultado final, no entanto, é que isso deixa o controle da regulação em mãos privadas, sem a supervisão de ONGs ou do Estado.

Compliance é suficiente?

Nos dois casos relatados acima, legalmente vinculante ou voluntário, o foco inicial foi a conformidade com normas. Hoje, porém, tanto acadêmicos quanto profissonais que atuam na área reconhecem que ter como objetivo meramente respeitar normas, por mais rigorosas que sejam, não é a melhor maneira de lidar com a complexidade da cadeia global de suprimento. Signatários do Accord e membros da Alliance admitiram isso em certa medida ao incluir provisões para a capacitação de trabalhadores, embora a maioria seja voltada a preparar operários para aderir a normas básicas de proteção contra incêndios, por exemplo.

Independentemente desses pactos, certas empresas têm programas próprios que vão além de compliance. O Walmart, por exemplo, tem uma parceria com várias ONGs e agências governamentais (incluindo CARE, World Vision, Swasti, USAID e Gates Foundation) para desenvolver um programa de capacitação para operárias de fábricas em Bangladesh, na Índia, em El Salvador, em Honduras e na China. Essa é a fonte potencial de inovação no Modo 3. Dentro do projeto Women's Economic Empowerment Initiative (ver Capítulo 4), o Walmart está atuando para melhorar a vida de trabalhadoras na cadeia de suprimentos, dando tanto capacitação profissional quanto em habilidades de vida ("life skills"), incluindo planejamento financeiro, saúde e bem-estar, gestão do tempo, desenvolvimento profissional e liderança. O Walmart já preparou quase 1 milhão de mulheres. Kathleen McLaughlin, diretora de sustentabilidade da empresa (que entrevistei para um evento público na Rotman), diz que não teria sido possível atingir essas metas sem as parcerias inovadoras que a empresa fez com organizações que ajudaram a definir o desenvolvimento e a oferta de programas específicos para cada país e localidade. Como ela diz, "Além de capacitar essas mulheres, agora temos um modelo que qualquer um pode usar para fazer o mesmo – e queremos compartilhá-lo. Faz parte da nossa teoria de mudança: se fôssemos os únicos a fazer isso, provavelmente geraríamos algum benefício, mas não estaríamos mudando de verdade o sistema".[22]

A diretora continuou falando sobre a importância da colaboração para a geração de valor compartilhado e, em particular, sobre a importância de ações inovadoras quando parece difícil resolver certos trade-offs.

A situação fica mais difícil na outra ponta: há atividades empresariais que não produzem valor social imediato? Um bom exemplo é o bem-estar animal. Se considerarmos fatores como celas de gestação na indústria de suínos ou ovos de galinhas criadas soltas, [veremos que] são sistemas de produção que evoluíram ao longo do tempo e que não envolvem só o Walmart. São parte do esforço da indústria alimentícia para satisfazer a demanda crescente, embora muita gente já não aceite esses sistemas. Para alterá-los, são necessárias soluções que criem sistemas melhores, e isso vai exigir despesas operacionais e de capital, entre outras coisas. Como essa situação evoluirá – sem elevar o preço do produto final – é um desafio que teremos de resolver. Não podemos fazer nada disso sozinhos; nós, por exemplo, não temos nenhuma galinha: compramos ovos de outros. Portanto, é claro que resolver isso requer colaboração. A saída, a nosso ver, é usar os mesmos recursos de solução de problemas que usaríamos em qualquer outro problema de negócios – pois esse também é um problema de negócios. Requer inovação em abordagens de produção e colaboração com fornecedores e outros varejistas.[23]

O que as empresas estão descobrindo é que respeitar as "regras do jogo" – estar em conformidade com normas – pode não bastar. **Primeiro**, para qualquer um comprometido com objetivos sociais associados a necessidades de stakeholders, a mera conformidade pode parecer algo pouco ambicioso. **Segundo**, a mentalidade da conformidade pode dificultar a implantação de ações necessárias até para cumprir os objetivos previstos em lei. O que funcionou para o Walmart – e, como mostrarei no capítulo seguinte, funcionou para a Nike também – foram iniciativas do Modo 3 para transformar os trade-offs em desafios de inovação. Quanto maior o entendimento dessas escolhas e a razão por trás delas, mais inovadoras as soluções.

Stakeholders como fonte de inovação
Transforme suas operações

O leitor deve ter notado que o nome da Nike não apareceu nos relatos do incêndio na Tazreen ou do desabamento do Rana Plaza. A Nike, aliás, tem poucos fornecedores em Bangladesh. Em seu caso, a história começou bem antes: no início da década de 1990, quando a imprensa começou a noticiar as condições de trabalho em suas fábricas. Uma reportagem na revista *Harper's* em 1992, feita pelo ativista Jeff Ballinger, relatava o drama dos trabalhadores que produziam para a Nike na Indonésia. A matéria mostrou o contracheque de Sadisah, uma operária na fábrica da sul-coreana Sung Hwa em Tangerang (nos arredores de Jacarta). Sadisah tinha recebido algo como 14 centavos de dólar por hora, trabalhado 63 horas adicionais no mês por mais 2 centavos por hora e produzido 14 pares de tênis todos os dias. Nesse ritmo, o custo da mão de obra para fabricar um par de tênis que a Nike vendia por 80 dólares era de 12 centavos. Ballinger comparou isso com os 20 milhões de dólares em patrocínio pagos a Michael Jordan na época.[1] Naquele mesmo ano, 1992, protestos durante a Olimpíada de Barcelona chamaram atenção para a precariedade das condições em fábricas da Nike.

Em 8 de novembro de 1997, o assunto ganhou mais repercussão graças a uma reportagem no *The New York Times*. Nela, o jornalista Steven

Greenhouse revelava dados extraídos de relatórios internos da Nike sobre a inspeção de fábricas feita pela Ernst & Young. O texto dizia:

> Trabalhadores da fábrica nos arredores da Cidade de Ho Chi Minh [no Vietnã] foram expostos a agentes cancerígenos que excedem em 177 vezes o disposto na regulamentação local em diversas zonas das instalações e [...] 77% dos operários sofrem de problemas respiratórios. O relatório também diz que operários da fábrica, que pertence e é operada por uma empresa terceirizada coreana, são obrigados a trabalhar 65 horas por semana, muito mais do que o permitido pela legislação vietnamita, por 10 dólares por semana.[2]

Dois dias depois, Dara O'Rourke, consultor da Organização das Nações Unidas para o Desenvolvimento Industrial, publicou um relatório com base na avaliação de mais de 50 fábricas de fornecedores da Nike no Vietnã. O'Rourke concluiu que o relatório da Ernst & Young tinha falhas e que, embora tivesse apontado vários problemas de conformidade com normas de produção da Nike (seu Código de Conduta,[3] como a empresa o chamava), a auditoria tinha ignorado muitas infrações. O consultor expôs casos de desrespeito à legislação trabalhista vietnamita sobre remuneração e limite de horas extras, horas extras forçadas, direito à greve e abuso físico e verbal de trabalhadores. Foi um momento de crise para a Nike, o que acabou levando a uma transformação nas práticas da empresa.

A Nike foi pioneira, e inovadora, na terceirização da produção. Começou vendendo calçados esportivos fabricados no Japão. Na década de 1980, seguindo a tendência geral de boa parte da indústria calçadista americana, fechou sua última fábrica de calçados no país, na cidade de Saco, no estado do Maine. À época, a Nike terceirizava a produção para empresas na Coreia do Sul, que, basicamente, repassavam o trabalho a fábricas no Vietnã e na Indonésia, entre outros lugares.

A resposta inicial da Nike às críticas sobre condições de trabalho foi negar qualquer responsabilidade, alegando que as fábricas eram de terceiros e que estavam, portanto, fora de seu controle. À medida que a pressão foi crescendo, a Nike mudou a estratégia, encomendando auditorias internas à Ernst & Young e à Price Waterhouse. Além disso, contratou a empresa GoodWorks International, do ex-embaixador da ONU Andrew Young, para verificar se os fornecedores estavam seguindo seu Código de Conduta. O relatório de Young, que saiu em junho de 1997, foi visto por muitos defensores de direitos do trabalhador como uma cortina de fumaça, pois o estudo foi totalmente realizado em companhia de gerentes da Nike. E concluiu: "Descobrimos que a Nike está na vanguarda de uma economia global. As fábricas que produzem artigos da Nike por nós visitadas estavam limpas, organizadas, adequadamente ventiladas e bem iluminadas".[4]

Apesar dessas medidas, o ataque na mídia continuou, em reportagens com títulos como "Nike Invited to Answer Charges of Third World Exploitation" [Nike convocada a explicar possível exploração no Terceiro Mundo], "Women's Groups Pressure Nike on Labor Practices" [Grupos femininos exercem pressão contra práticas trabalhistas da Nike], "The Just War Against Nike" [Guerra justa contra a Nike] e "Nike Supports Women in Its Ads but Not Its Factories" [Nike apoia mulheres em anúncios, mas não nas fábricas]. Nos Estados Unidos, universitários passaram a fazer protestos contra a empresa. Quando as vendas começaram a cair (o lucro diminuiu pela metade de 1997 para 1998), o CEO Phil Knight fez um discurso que ficaria famoso no National Press Club. Como sempre, já chegou disparando, atacando a imprensa, que o descrevia como um "empresário vigarista, o vilão perfeito para os dias atuais". Ao mesmo tempo, Knight surpreendentemente reconheceu: "Os produtos da Nike viraram sinônimo de trabalho escravo, de horas extras forçadas e de abuso arbitrário". Knight citou o longo histórico do desenvolvimento do modelo de produção da Nike ao longo dos anos e observou que um calçado da empresa custaria pelo menos o dobro ao consumidor se fosse fabricado nos Estados Unidos"[5] (eis o ponto crucial do trade-off!).

Apesar da postura defensiva, Knight anunciou seis medidas que seriam o início da extraordinária transformação da Nike – de pária a exemplo de conduta na terceirização da produção. A primeira era melhorar as condições sanitárias em fábricas em outros países para que se enquadrassem nas normas de saúde e segurança ocupacional americanas (a principal inovação foi adotar colas à base de água, sem tolueno, uma substância tóxica). Além disso, a Nike elevou a idade mínima de trabalhadores para 18 anos em fábricas de calçados e para 16 anos em vestuário e acessórios (de novo, frisou Knight, o mesmo que nos Estados Unidos). A empresa se comprometeu, pelo menos em princípio, a usar ONGs independentes para o monitoramento, e não apenas firmas de auditoria que ela mesmo contratava. Ampliou programas educacionais e de crédito para microempresas nas regiões onde operava. Por último, Knight anunciou que a Nike passaria a bancar pesquisas em universidades "para explorar questões ligadas à manufatura global e a práticas de negócios responsáveis, como o monitoramento independente e questões de saúde".

Knight concluiu a fala afirmando que essas práticas passariam a ser um padrão para o setor e "refletem quem somos como empresa. Não espero necessariamente que vocês acreditem, mas vou dizer o seguinte: isso faz a gente se sentir melhor". Como disseram os críticos, a meta naturalmente não deveria ser fazer com que os executivos da Nike se sentissem melhor consigo mesmos, mas criar melhores condições para os trabalhadores que produzem os caros artigos da empresa.

Como Knight já havia previsto, oponentes acusaram a Nike de não ter ido longe o bastante. Em um relatório de 2001, a organização de defesa de direitos do trabalhador Global Exchange sustentou que as seis iniciativas não tinham sido implantadas com força suficiente. Fábricas seguiam sendo notificadas com antecedência a respeito de inspeções, por exemplo, para que deixassem tudo em ordem.[6]

O relatório apontou uma série de mudanças adicionais em normas que a organização gostaria que Knight tivesse prometido no discurso de 1998, incluindo a proteção a trabalhadores que abrissem o jogo sobre as condições nas fábricas; procedimentos regulares, transparentes, independentes e confidenciais para monitorar instalações e queixas dos operários; salários decentes; jornada de trabalho melhor; procedimentos de saúde e segurança melhores; e liberdade sindical. A Global Exchange citou uma série de infrações registradas nessas áreas. Felizmente, a Nike não parou por aí. Mas, para avançar, teve de transformar sua abordagem e passar a ver os trabalhadores na cadeia de suprimentos como parceiros, em vez de adversários.

Ouvindo o que os stakeholders têm a dizer

Apesar das deficiências, o plano anunciado por Knight em 1998 foi o início de uma jornada inovadora – Modo 3 – que fez da Nike um modelo a ser seguido na gestão de instalações de produção na ponta superior da cadeia de suprimentos global. Foi naquele momento que a Nike começou a montar, internamente, um importante departamento para entender as minúcias dessa cadeia e garantir que as normas pudessem ser aplicadas até em fábricas que não tinham um relacionamento direto com a empresa. Em 2004, Maria Eitel, vice-presidente de responsabilidade corporativa da Nike, disse: "Estivemos calados ultimamente porque estávamos concentrados em fazer isso do modo mais difícil. Agora, temos um sistema para lidar com a questão do trabalho, não uma mentalidade de crise". Até a imprensa, em geral cética, declarou: "Há que dar um crédito à Nike por tentar. [A empresa] fez cerca de 600 auditorias em fábricas desde que montou a equipe interna de monitoramento, dois anos atrás, incluindo aí visitas repetidas a instalações com o maior número de problemas".[7]

À época do incêndio na Tazreen, a Nike já tinha contratado uma diretora de negócios sustentáveis, Hannah Jones, que era quem cuidava dessas questões. Há anos, Jones se preocupava com os riscos da terceirização para fábricas em Bangladesh. Queria que a Nike saísse de lá. Como em qualquer empresa, gerentes de produção na Nike sentiam a pressão para manter os custos baixos e achavam que Bangladesh – um dos lugares mais baratos do mundo para fabricar roupas – deveria ter um papel crucial na estratégia de fornecimento. "Nossos concorrentes estavam correndo para entrar em Bangladesh, e a pressão foi ficando cada vez maior", disse Eric Sprunk, diretor de operações da Nike.[8] Ao analisar como a concorrência tinha conseguido cobrar 10 dólares menos do que a Nike em um moletom, a única diferença que puderam encontrar foi a etiqueta "Made in Bangladesh" da concorrente.

Eles se viram diante de uma decisão: como administrar a escolha – o trade-off – entre derrubar custos para seguir competitivos e o risco de trabalhar com fornecedores abusivos ou com condições insalubres? A situação poderia ter terminado em um embate entre dois diretores – Hannah Jones, na responsabilidade corporativa, e Eric Sprunk, em custos. Em vez disso, como noticiou o *Wall Street Journal*, Jones disse a Sprunk: "Podemos discutir essa decisão?". Durante a conversa, decidiram ir a Bangladesh – as duas equipes, juntas – para verificar a situação em primeira mão. O que acharam foram inúmeras infrações de normas de segurança em um fornecedor (de janelas que não abriam a tecidos esparramados pelo chão). Uma vez que todos testemunharam os fatos, ninguém teve de se fiar apenas na palavra de Jones de que o fornecedor infringia normas. A Nike resolveu cessar as relações com aquela confecção e reduzir sua presença a apenas quatro fábricas (mais modernas) no país. "Abrimos mão de margem por causa disso? Sem dúvida", disse Jones. Não foi fácil a decisão, pois as margens brutas da Nike já tinham caído quase 3% no ano anterior.[9]

A Nike parecia estar dizendo que o problema em Bangladesh era difícil demais para ser resolvido. Melhor cair fora do que errar feio. Enquanto alguns louvaram a decisão como forma de boicote capaz de levar os donos de fábricas a aderir a normas mais rígidas, a Nike também foi criticada por não assinar o pacto firmado por outras marcas que se mantiveram em Bangladesh.

Talvez a Nike possa se dar ao luxo de tomar essa decisão. "Bangladesh representa uma bifurcação para o setor", observa Hannah Jones. Uma via leva a custos mais baixos e a outra, a fábricas mais seguras.[10] Ao contrário de Walmart, H&M ou Gap, a Nike não está jogando o jogo do custo. Talvez possa absorver custos mais altos de produção em países mais caros. Talvez, se for vista como partícipe no abuso de trabalhadores, o custo para a imagem da marca Nike seja maior. Corroborando a tese, outra marca preocupada com a reputação, a Walt Disney, cessou toda a sua produção em Bangladesh depois do desabamento do Rana Plaza.

Inovando com os stakeholders

Por outro lado, o que a Nike fez não foi simplesmente aceitar os custos mais elevados da decisão de não fabricar em locais sem segurança, mas sim transformar um desafio de compliance em um desafio de inovação. Essa é a abordagem defendida pelo guru da gestão C. K. Prahalad e colegas em relação a iniciativas de sustentabilidade, mas serve também nesse contexto: buscar o bem social pode ser uma fonte de inovações que levem a novas fontes de vantagem competitiva. Em vez de meramente respeitar normas, inove. Uma empresa pode chegar ao ganha-ganha, mas não com suas formas atuais de operar. Em vez disso, o ganha-ganha é obtido pela via da inovação.[11] Com essa ideia, vamos além do valor compartilhado (Modo 2) para propor a inovação como meio de resolver trade-offs entre stakeholders (Modo 3). Faremos um exame mais detido da tese de Prahalad no Capítulo 8. Por ora, vejamos como a Nike usou o Modo 3 para inovar na cadeia de suprimentos.

A Nike usou os trade-offs revelados por seu modelo de negócios de produção terceirizada como oportunidade para analisar de que modo os processos na ponta superior na cadeia de suprimentos – design, comercialização e fornecimento – poderiam estar minando iniciativas voltadas a melhorar práticas na ponta inferior. A pressão sobre fornecedores não vem só da pressão de preços, mas também de exigências da moda e de gostos do consumidor. Levar o produto certo à prateleira certa na loja certa exige muito. Uma entrega just-in-time e uma produção enxuta significam que os fornecedores precisam não só satisfazer as exigências de preços, mas também acatar mudanças em pedidos ou encomendas urgentes (para se ajustar a padrões de consumo em constante transformação). Disso podem resultar horas extras forçadas ou outras exigências duras para o trabalhador. Logo, ainda que invista em programas para melhorar as condições de trabalho nas fábricas, uma empresa como a Nike pode simultaneamente minar esse esforço com suas práticas na ponta superior da cadeia.

Foi o que a Nike admitiu no relatório de responsabilidade corporativa "FY07-09 Corporate Responsibility Report".[12] A liderança da empresa foi tentar entender a raiz de problemas como excesso de horas extras, turnos sem intervalo e presença de substâncias tóxicas no local de trabalho. O que descobriu foi que a crescente variedade de modelos de roupas esportivas (e a consequente necessidade de alternar entre eles), erros no cálculo de capacidade, longos processos de aprovação no merchandising (levando a pedidos urgentes) e mudanças de última hora em cores e tecidos tinham correlação direta com horas extras. Nesse mesmo sentido, decisões da matriz sobre matérias-primas e insumos como colas levavam as confecções a produzir mais resíduos tóxicos e ameaçavam a integridade física de trabalhadores. Embora entendesse que a má gestão nas fábricas também causava esses problemas, a Nike viu que suas ações na matriz, bem longe dali, contribuíam muito para as condições nas fábricas.

"A ignorância não é uma bênção", disse o CEO Mark Parker. "É preciso entender os problemas sistêmicos e trabalhar com os parceiros da produção para resolvê-los",[13] completou. Desde a crise em 1997, Phil Knight prometera trabalhar com especialistas em temas ligados à cadeia global de suprimentos – e foi o que fez a liderança da Nike. Um desses acadêmicos era Rick Locke, então professor da Sloan School of Management do MIT (e hoje reitor da Universidade Brown). Locke e uma turma de colegas, alunos e assistentes de pesquisa receberam dados das três modalidades de auditoria feitas nas fábricas da Nike: a SHAPE, uma auditoria básica de saúde e segurança no trabalho (lançada em 1997); a M-Audit, de gestão e condições de trabalho (lançada em 2002); e auditorias independentes aplicadas a uma amostra de 5% das fábricas da Nike pela Fair Labor Association, uma iniciativa que envolve múltiplos stakeholders, como empresas, ONGs e universidades. Essas últimas são as únicas auditorias totalmente independentes, com visitas de inspeção feitas sem notificação prévia. Os pesquisadores também passaram um belo tempo em campo, visitando fábricas e entrevistando diversos stakeholders.

O trabalho de Locke e seus colegas está resumido em *The Promise and Limits of Private Power: Promoting Labor Standards in the Global Economy*,[14] lançado em 2013. O livro não retrata a Nike como sendo perfeita – nenhuma fábrica teve pontuação superior a 90 na escala de 100 pontos da M-audit e mais de 25% delas receberam menos de 50 –, mas nos permite vislumbrar o que é possível com a adoção dos sistemas e abordagens certas. E para onde isso tudo levou a empresa? Essa informação fez com que passasse a trabalhar de perto com fornecedores para aumentar os recursos de produção enxuta. Em vez de criar flexibilidade e capacidade de resposta a demandas de produção às custas do trabalhador, a ideia é ajudar as fábricas a executar sistemas just-in-time de modo eficaz como parte do que a Nike chama de "revolução da produção". E, talvez mais importante, esses insights levaram a Nike a repensar seus processos de planejamento para viabilizar um prazo maior em pedidos e criar o máximo possível de produtos globais (em vez de produtos customizados para cada mercado) a fim de reduzir o total de modelos distintos. Além disso, o processo completo de design de artigos da marca está envolvido. As muitas decisões tomadas na matriz em Beaverton, no Oregon – em design, materiais, sortimento e projeção de demanda –, foram revistas à luz do compromisso de melhorar as condições na cadeia de suprimentos.[15] Conversas difíceis e ampla inovação são marcas da abordagem desenvolvida pela Nike ao longo dos anos.

O decepcionante é que, na primeira metade da década de 2000, segundo dados de auditoria da própria Nike, o respeito às normas na maioria das fábricas não melhorou. No entanto, Locke pôde identificar certas circunstâncias que maximizam a conformidade. Quanto mais a Nike se envolve com a fábrica, por exemplo, mais a fábrica se adequa às normas. Isso significa não só visitas frequentes de executivos da área de compliance, mas visitas de diretores de compras e equipes de produção, o que ajuda no desenvolvimento de melhores práticas. Isso sugere que não é só fiscalização e auditoria que fazem a diferença. O contato em pessoa pode gerar mais iniciativas para melhorar os processos de produção, como manufatura enxuta ou melhoria total da qualidade. Também pode trazer mais confiança e transformar uma relação de trabalho adversária em colaborativa.

Devido às limitações do modelo tradicional focado em compliance, cada vez mais empresas, incluindo a Nike, estão centrando esforços em iniciativas de desenvolvimento de competências. Assim como na saúde, prevenir é muito melhor do que remediar. O desenvolvimento de competências visa ajudar gerentes a se organizar melhor para evitar colocar o trabalhador em situações insalubres ou abusivas. Nesse novo modelo – adotado pela Nike como "compliance da terceira geração" e pela Fair Labor Association como o programa de compliance sustentável FLA 3.0 –, a marca trabalha com fornecedores a fim de ajudá-los a adquirir conhecimentos técnicos e sistemas de gestão para administrar organizações de alto desempenho.

O mais complicado é que nem sequer é suficiente abordar as operações na sede da empresa e nas fábricas. A Nike reconhece que, para atingir suas metas de compliance para os trabalhadores que fabricam seus artigos, é preciso envolver a comunidade para garantir coisas como acesso a serviços básicos e capacitação em gestão financeira (o mesmo que o Walmart descobriu no caso do empoderamento de mulheres). O sistema que precisa ser corrigido não envolve só a a cadeia de suprimentos da Nike (ou de qualquer outra marca global), mas as comunidades conectadas a ela.

Uma observação importante é que a inovação veio do trabalho feito "com" stakeholders, e não apenas "para" stakeholders. O que C. K. Prahalad e outros disseram é correto: os trade-offs entre grupos distintos de stakeholders às vezes podem ser resolvidos por meio da inovação. Além dessa recomendação, os casos da Nike e do Walmart deixam claro que a inovação vem de um profundo envolvimento com as partes interessadas. Essa abordagem produz os melhores resultados quando vai além da "inovação inclusiva" – inovação que visa melhorar as condições de vida de populações carentes – e se torna uma "inovação integrada", ou "embedded". Esse conceito foi desenvolvido por Anita McGahan e colaboradores no campo da saúde, mas pode ser aplicado ao tema aqui discutido.[16] Segundo eles, a inovação integrada começa com um compromisso de solidariedade com os stakeholders, que são tratados como o foco da busca de soluções inovadoras. Esse tipo de inovação depende de uma profunda compreensão do contexto no qual cada público interessado está inserido e envolve todos no processo inovador. Ao mesmo tempo, esse processo incorpora ideias arrojadas, vindas de todo o mundo, para a busca de soluções.

O caminho percorrido pela Nike é um bom exemplo. A empresa trabalhou com acadêmicos importantes (Rick Locke e colegas do MIT), com operários de fábricas e com comunidades locais. O resultado disso foi um conjunto de intervenções muito distinto do que todos poderiam prever no início do processo, e que era muito distinto de um modelo de ação puramente baseado em compliance.

Como disse Brian Stevenson, da Equal Justice Initiative, a proximidade faz a força. Aproximar-se de seus stakeholders – envolver-se de verdade com eles – é que produzirá soluções.[17]

Inovar para chegar ao ganha-ganha

Há sinais de que o movimento global para melhorar condições de trabalho teve algum efeito. Primeiro, já que uma fábrica raramente se dedica a produzir para apenas um cliente, é provável que essas instalações, hoje, estejam sendo auditadas por várias empresas distintas, cada qual com normas próprias. Locke acredita que, quanto maior a proporção de marcas preocupadas com a reputação entre os clientes de uma fábrica, maior a probabilidade de que esta respeite normas de saúde, segurança e direitos do trabalhador. Clientes de uma fábrica em geral trabalham juntos para garantir a conformidade com normas. Outro sinal alentador é que instalações mais novas tendem a obter pontuação mais elevada do que as mais antigas com as quais a Nike tem um relacionamento de longa data. Isso pode implicar que, com o movimento por melhores condições de trabalho ganhando impulso, vai crescer a probabilidade de que donos de fábricas mundo afora montem instalações que satisfaçam padrões mais rigorosos.

A experiência da Levi's é parecida. Pioneira em iniciativas de compliance em fábricas na década de 1990, a Levi's seguia com problemas de rotatividade e absenteísmo, um sinal claro de que as condições de trabalho continuavam a ser insatisfatórias. O que fez foi lançar uma iniciativa que, como já dizia o nome ("Improving Worker Well-Being"), visava aumentar o bem-estar do trabalhador. Ao descobrir que não havia uma fórmula única para as 72 fábricas e os 140 mil trabalhadores envolvidos mundo afora, os líderes da Levi's pediram aos fornecedores que sugerissem planos. Esses, por sua vez, descobriram que não podiam fazer nada sem antes descobrir quais eram as circunstâncias desses trabalhadores. No México, a fornecedora Apparel International organizou sessões no formato de ajuda mútua com uma ONG, a Yo Quiero, Yo Puedo, para saber mais sobre a experiência dos operários e treinar supervisores. Essa empresa fez alterações aparentemente pequenas no local de trabalho: instalou ventiladores e bebedouros melhores, reservou um espaço protegido do sol para motocicletas e colocou um micro-ondas na sala de descanso. Talvez ainda mais importante, melhorou a comunicação dos supervisores com os funcionários – mais orientação, menos gritos. O resultado? Menor absenteísmo, menor rotatividade e mudanças na maneira como o pessoal interage. "Acredite: todos saíram ganhando", disse Oscar González Franch, presidente da Apparel International.[18]

O episódio foi descrito pela revista *Fortune*:

> A iniciativa da Levi's *e o argumento econômico por trás dela* ficam mais claros quando vemos o caso de um dos fornecedores participantes [...]. O objetivo é criar uma rede de fábricas mais produtivas, mais bem administradas, com trabalhadores mais contentes e saudáveis e índices de absenteísmo e rotatividade menores. Será bom para fornecedores e para a própria Levi's, que terá parceiros de produção mais confiáveis e econômicos, e também gerará vibrações positivas de importância para jovens talentos e consumidores que querem ver seus valores refletidos em tudo o que compram.

A Levi's e o fornecedor também investiram na cidade em si, melhorando o posto de saúde e abrindo um parquinho infantil. Para respaldar o programa de bem-estar, a marca inovou no modelo financeiro, criando uma fundação que vende produtos feitos por trabalhadores locais com retalhos e sobras da Levi's. "Isso vai muito além de registrar lucro", diz Chip Bergh, CEO da Levi's. "Estamos provando que há uma oportunidade para a empresa redefinir seu papel na sociedade e que isso é bom para o negócio", completou. Isso posto, os salários seguem baixos e, apesar de todas essas iniciativas, não estão subindo. A única coisa que a Levi's talvez não seja capaz de fazer (pois provavelmente não seria bom para o negócio) é subir os salários. Essas soluções inovadoras melhoraram o bem-estar do trabalhador, mas o imperativo do lucro segue lá.

Sejamos claros: as condições nas fábricas ainda são péssimas em muitos lugares. Todo dia, vemos notícias de empresas que se valem do trabalho infantil, usam substâncias tóxicas sem a devida segurança, poluem cursos d'água, impõem longas jornadas ou abrigam os trabalhadores em alojamentos precários. A lista é longa. O que se pode depreender, então, da análise das iniciativas da Nike (e da Levi's e do Walmart) é que há maneiras de melhorar a situação e que as soluções envolvem uma inovação colaborativa entre todos os stakeholders, muitos dos quais com interesses conflitantes: marcas, fornecedores, fornecedores de fornecedores, ONGs preocupadas com as condições de trabalho e o impacto ambiental, firmas de consultoria e contabilidade que conduzem auditorias e, naturalmente, governos.

Medidas para superar os trade-offs com inovação

Aqui, os trade-offs são intensos: empresas movidas por resultados, com margens estreitas, involuntariamente criam condições que podem ser nocivas para o planeta, a segurança pública e os trabalhadores ao longo da cadeia de suprimentos. No caso das condições de trabalho nessa cadeia, até quando é feita uma boa análise (Modo 1) dos trade-offs, as iniciativas podem dar em nada se a empresa permanece no Modo 2, usando o argumento econômico, ou o business case, para agir. Só vimos sucesso de fato quando a empresa buscou soluções inovadoras para superar os trade-offs: o Walmart criando modelos de parceria inéditos para capacitar trabalhadores, a Nike transformando todo o seu processo de design e fabricação.

Para líderes interessados em avançar rumo ao Modo 3, eis algumas medidas cruciais.

Primeiro – e sei que começo a soar como um disco arranhado –, comece no Modo 1. Não é possível inovar sem entender a fundo a experiência vivida pelos stakeholders na vida real, e não (só) por meio de relatos, mas com um trabalho direto para conhecer a realidade por trás de cifras e estatísticas. Às vezes, é desagradável ou tenso interagir com representantes de públicos que possam estar enfurecidos com determinada situação. O discurso de Phil Knight em 1998 refletia esse desconforto: o executivo parecia perplexo por estar sendo repreendido por algo que, a seu ver, estava fora de seu controle. Vale lembrar, contudo, que na base da indignação há um sentimento de compaixão por aqueles afetados por atos de empresas. A maneira mais produtiva de receber essa revolta é vê-la como um chamado a ouvir e aprender. A revolta pode servir como um chamado à ação, algo que o faz seguir em frente, mesmo diante de grandes desafios.

Segundo, não fique emperrado no Modo 2. O que fica claro a partir desses exemplos é que nem sempre há um ganha-ganha imediato. Formular um business case para melhores condições de trabalho entra em conflito direto com a oferta de produtos a preços razoáveis ao consumidor. As exigências criadas por esses preços costumam ser usadas por grandes marcas e fornecedores locais como desculpa para deixar tudo como está ou, na hora de promover mudanças, não ir tão longe quanto gostariam certos stakeholders. Agora, se os anseios desses stakeholders forem incorporados imediatamente a um diálogo sobre o argumento econômico para a ação, pode ser difícil achar saídas que sejam boas para todos. No caso de condições de trabalho em fábricas na cadeia global de suprimento, certas soluções custam caro, tanto que tornam potencialmente difícil justificar a ação. Enquanto o processo de busca de inovações se desenrola, a lógica do business case deve ficar em suspenso. Obviamente, a conversa deve estar voltada a como bancar as soluções. Mas, em vez de ser o ponto de partida, essa questão do financiamento deveria ser parte da própria inovação.

Terceiro, é preciso criar junto com os stakeholders. Em última instância, empresa nenhuma é capaz de acertar ao inovar *para* os stakeholders. O certo é inovar *com* eles. É impossível até saber o que aflige mais cada parte envolvida – aí incluindo operários em fábricas – sem consultar cada uma e buscar sua participação. Criar plataformas para trabalhar com stakeholders é útil para identificar problemas e gerar soluções. Aqui, o que há de mais avançado é a inovação integrada: o processo de inovação que coloca os stakeholders no centro da indagação. Na Nike, o grande salto na solução do problema das condições de trabalho em fábricas veio quando a marca passou a trabalhar com os donos e os trabalhadores de fornecedores para achar soluções. Essa iniciativa revelou oportunidades para a alteração de processos nas fábricas, mas também mostrou como a própria matriz da Nike estava criando as condições que levavam a prazos apertadíssimos e à sobrecarga das fábricas.

Quarto, enxergue mais além. Será preciso ampliar a visão, mais do que você imagina. Se tivesse tentado resolver o problema das condições de trabalho nos fornecedores olhando só para as fábricas, a Nike nunca teria chegado lá. Quanto mais a empresa esmiuçava as raízes da pressão sobre as fábricas em lugares como o Vietnã, mais seus líderes percebiam que essa pressão tinha origem no que estava acontecendo na matriz da Nike, na cidade americana de Beaverton. O resultado foi repensar os processos de criação, os processos de encomendas e o mix global de produtos. A Nike teve de deixar para trás o modelo de negócios que reinava até então. Além disso, a matriz precisou migrar da mentalidade da compliance para a da inovação. Toda tensão criada por uma exigência de conformidade precisaria ser convertida em uma questão de inovação. É importante saber que soluções inovadoras dificilmente são restritas. São, antes, voltadas aos complexos sistemas que criam os trade-offs.

Conclusão: o que acontece quando as condições melhoram?

Pedi a opinião de meus alunos sobre o artigo de Sujeet Sennik.[19] Será que eles concordavam que os consumidores, as grandes marcas e os varejistas de países mais ricos eram responsáveis pelas precárias condições de trabalho em países como Bangladesh? Alguns disseram que sim, por todas as razões acima enumeradas: nós, como consumidores e gestores, somos parte de um sistema que cria e tolera essas condições. Outros discordaram. Muitos de meus alunos canadenses achavam que cabia ao governo de cada lugar impor normas e fazer com que fossem cumpridas. Na opinião deles, um cliente estrangeiro não devia ter papel fiscalizador, mas simplesmente seguir o que as normas e leis de cada país ditavam. O governo – que devia representar os cidadãos, e não os interesses da indústria – deveria ou poderia ser um instrumento crucial para garantir condições de trabalho justas. Por serem do Canadá, um país onde normalmente as normas são fiscalizadas e respeitadas, esses alunos talvez tenham uma fé exagerada no papel que leis e normas podem exercer em países em desenvolvimento, onde o governo nem sempre tem a vontade ou a capacidade de fazer com que sejam cumpridas.

Outros alunos, principalmente os do Paquistão, de Bangladesh e da Tailândia, assumiam outra perspectiva: que alternativa tinham aqueles trabalhadores? A maioria vinha do interior, onde sua atividade teria sido a agricultura de subsistência. O emprego em uma fábrica, por mais árduo que fosse, significava uma oportunidade melhor de levar comida, e até educação, para os filhos. Era gente que já tinha vivenciado uma jornada de trabalho longa, exaustiva e não raro perigosa antes de ir trabalhar em fábricas. Logo, marcas globais não deviam abandonar esses países só porque as condições de trabalho ali eram precárias.

Quando um cliente desses tenta fazer a coisa certa e cessa o relacionamento com um fornecedor que desobedece a normas, o temor de meus alunos se materializa. Quando o Walmart parou de trabalhar com a Simco, a decisão desempregou 20 mil trabalhadores, ao menos temporariamente. No caso da Nike, quando a marca abandonou um fornecedor chamado Lyric Industries, essa terceirizada teve de encontrar outro cliente – no caso, uma varejista japonesa com margens de lucro bem menores do que as da Nike. Para atender às exigências do novo cliente, a Lyric dobrou as horas extras na fábrica, disse o gerente-geral, Sakr Rahman: "Eles querem as roupas no prazo, não importa como [...]. Tivemos de dizer aos trabalhadores que o novo cliente tem outra mentalidade, e isso significa outras regras".[20] Uma grande marca que deixa Bangladesh, como fez a Walt Disney e outras, vai para onde? É provável que busque uma produção a custo baixo em outros países (Vietnã, Camboja, Paquistão) onde a situação é basicamente a mesma, mas o problema ainda não desperta tanta atenção.

Foi exatamente assim que Bangladesh virou um grande centro de confecção de roupas. Durante anos, a China foi (e é) a maior fabricante de roupas, computadores e diversos outros produtos voltados a consumidores de países mais ricos. Seguindo uma curva bem típica de desenvolvimento, conforme o padrão de vida melhorava, os trabalhadores na China passaram a exigir melhores salários e condições de trabalho mais dignas. Começaram a protestar e a usar redes sociais (quando não eram censuradas) para dar mais visibilidade aos problemas. A consequente escassez de mão de obra, seguida de iniciativas do governo para aumentar o salário mínimo, levou os fabricantes a subir os salários, o que elevou os custos. Era possível, sim, transferir parte da produção para regiões de custo menor, como a zona oeste da China ou o Vietnã, mas não descartar por completo a cara infraestrutura que haviam erguido. A solução foi subir um degrau, produzindo marcas próprias ou bens de maior valor agregado. Com isso, algumas marcas globais tiveram de buscar fornecedores de custo menor em outros lugares.

Obviamente, esse é só um novo capítulo de uma longa história. É difícil distinguir as imagens do incêndio na fábrica da Tazreen Fashions das fotos do incêndio, em 1911, na Triangle Shirtwaist Factory, no extremo sul de Manhattan:[21] a mesma fumaça saindo das janelas, as mesmas portas trancadas, as mesmas saídas de emergência inadequadas, os mesmos corpos de mulheres adolescentes saltando para a morte para escapar das chamas. Aquela tragédia, ainda no início do século 20, mobilizou a opinião pública contra as condições de trabalho na época. Calcula-se que 400 mil nova-iorquinos tenham saído às ruas em homenagem às vítimas e em protesto contra a situação. O legislativo do estado de Nova York criou uma comissão de inquérito – a Factory Investigating Commission – e, no prazo de três anos, no que se tornou um modelo para todo o país, o estado aprovou dezenas de leis que regulavam a segurança contra incêndios, jornadas de trabalho, instalações sanitárias, refeitórios e outras condições de trabalho. Eram reformas que até ali não tinham passado devido à oposição da indústria, que temia o aumento dos custos, mas que acabaram se tornando um modelo para o restante dos Estados Unidos e parte do movimento para instituir normas de saúde e segurança ocupacional que hoje vemos nas economias mais avançadas.

O protesto de trabalhadores é, portanto, crucial para a história. Seja na Nova York da década de 1910 ou na Daca de 2015, quando os trabalhadores se organizam surge a possibilidade de mudança. Em 2010, antes das tragédias de Tazreen e Rana Plaza, protestos em massa em Bangladesh já tinham feito o governo aumentar o salário mínimo na indústria de vestuário de 20 dólares por mês para 37 dólares. Embora em Bangladesh a organização sindical seja basicamente proibida, trabalhadores de fábricas isoladas começaram a se organizar (embora menos de 5% da mão de obra no setor de vestuário tenha representação sindical). Em 2011, na malharia Rosita Knitwear, os trabalhadores formaram uma associação. Naquele mesmo ano, a fábrica da empresa havia recebido nota alta em uma auditoria: teve classificação "boa" nos quesitos jornada de trabalho, remuneração, saúde e segurança – e, aliás, em todas as 12 categorias inspecionadas. Mas, meses depois, a queixa de uma funcionária de que vinha sendo pressionada a ter relações sexuais com um gerente chinês foi o gatilho para que trabalhadores protestassem pela solução desse problema, assim como de outros ligados a salários e licença remunerada. Mas aqui, como em outras partes do país, os donos da confecção, com o apoio da polícia, resolveram endurecer. Quando seis semanas de confronto causaram danos à fábrica da Rosita, a gerência demitiu 300 trabalhadores por vandalismo e incluiu seus nomes em listas negras por toda a zona econômica. O presidente da associação foi demitido e preso. Em todo o país, manifestações de trabalhadores estavam na mira da polícia, flagrada agredindo manifestantes, disparando balas de borracha contra esses grupos e intimidando trabalhadores isolados. Aminul Islam, um dos militantes mais visíveis do movimento trabalhista do país, foi sequestrado por forças de segurança nacional e assassinado.[22] Esses incidentes, no entanto, geram publicidade negativa e, por vias tortas, podem acabar intensificando a pressão por mudanças.

Com as normas mais rigorosas que se seguiram ao incêndio na Triangle Shirtwaist Factory, veio o aumento de custos. Em busca de custos mais baixos para satisfazer a demanda dos consumidores, a indústria americana migrou para o Japão, a Coreia e, depois, a China. E agora Bangladesh. Na prática, as marcas e os consumidores de nações ricas exportam o problema das condições de trabalho para outros países. Ou de volta a lugares como Los Angeles, que já foi alvo de investigações pelo governo federal dos Estados Unidos e o da Califórnia, como uma das capitais mundiais das sweatshops, onde o trabalho é feito sem atenção às normas, na informalidade, por trabalhadores em geral imigrantes ilegais da Tailândia, de Honduras e dos mesmíssimos lugares nos quais as marcas mundiais montam suas fábricas. Os trabalhadores sofrem os mesmos problemas que enfrentam em fábricas no exterior: horas extras não remuneradas, baixos salários, remuneração por peça, jornada sem pausa e por aí vai.[23] Queremos condições de trabalho boas. Queremos mercadoria barata. Para conseguir ambos, recorremos a péssimas condições em outros países ou internamente, na economia informal. Pode não ser algo visível nas reluzentes lojas e sites de internet nos quais compramos, mas embutida em cada um dos produtos que adquirimos está uma complexa cadeia global de suprimentos na qual mercadorias e pessoas atravessam muitas fronteiras no processo de produzir bens acabados.

A maré pode estar virando. Com o crescimento da pressão de forças locais e internacionais em prol da defesa do trabalhador, manter fábricas em condições tão precárias talvez se torne insustentável. Uma fábrica que não melhore suas condições pode perder negócios para fornecedores de países cuja fiscalização é melhor. A conversa com meus alunos aponta para um complexo cálculo moral. O que seria melhor para uma grande marca? Permanecer em uma situação na qual as fábricas possam estar infringindo normas ou sair dali? Talvez, contudo, a pergunta repouse em uma falsa dicotomia. A resposta pode ser ficar, mas também se envolver. Não é uma questão de meramente garantir a conformidade com as normas, mas de inovar em toda a cadeia de suprimentos. As grandes marcas terão de absorver uma parte desses custos.[24] O consumidor também estará disposto a pagar?

> **ROTEIRO DA PARTE III**
>
> - Usar como ponto de partida o argumento econômico ou a mentalidade ganha-ganha do Modo 2 pode levar a empresa a impasses ou a soluções incrementais. A maioria dos trade-offs não tem solução fácil e provavelmente exigirá inovação (Modo 3). Enquanto o processo de busca de inovações se desenrola, a lógica do business case deve ficar em suspenso. Soluções inovadoras podem, em último caso, levar a um business case, mas, em geral, não partem desse argumento.
> - O ponto de partida é sempre o Modo 1, mas, quanto mais intratável for o trade-off, maior a probabilidade de que a solução exija não só relatórios e análises quantitativas, mas uma cooperação

estreita com os stakeholders para entender o problema e identificar suas causas. Essa tarefa pode ser incômoda, sobretudo quando há revolta entre os stakeholders sobre práticas da empresa. A empresa deve acolher essa revolta como um chamado a ouvir e aprender.

- A mera adesão às regras do jogo – a conformidade com as normas – pode não ser um meio satisfatório de lidar com trade-offs. Primeiro porque, para quem demonstra compromisso com metas sociais associadas a necessidades dos stakeholders, as normas de compliance podem parecer algo pouco ambiciosas. Segundo, a mentalidade da conformidade pode tornar difícil a busca de ações necessárias até para cumprir essas normas. A empresa deve transformar os trade-offs em desafios de inovação (ação no Modo 3). Quanto maior a compreensão dos trade-offs e suas causas, mais inovadoras serão as soluções.

- Nenhuma empresa vai conseguir acertar se inovar *para* os stakeholders. O certo é inovar *com* os stakeholders em um processo de inovação integrado ("embedded"). Criar plataformas para trabalhar com os stakeholders é útil tanto para identificar problemas como para gerar soluções.

- Será preciso ampliar a visão da empresa – mais do que seus gerentes imaginam. Todo trade-off espinhoso deve ser convertido em uma questão de inovação. É importante saber que soluções inovadoras dificilmente serão restritas. Serão, antes, voltadas aos complexos sistemas que criam os trade-offs.

PARTE IV

Prospere em meio a trade-offs intratáveis (Modo 4)

Como lidar com paradoxos

Vendendo de forma sustentável

É crucial saber se o consumidor vai aceitar pagar. Não raro, esse é o mais intratável dos trade-offs. O que fazer com a tensão criada pelo desejo de vender mais produtos (como deve fazer toda empresa) e os custos associados ao consumismo, a resíduos, a condições de trabalho e aos danos ao planeta? E o que dizer dos casos nos quais (ainda) não é possível inovar?

Minha tese é que, nesses casos, muitas organizações estão encontrando maneiras de *perseverar* e *prosperar* em meio às tensões criadas por esses interesses conflitantes, no que chamo de ação no Modo 4. E, aliás, essas tensões são necessárias para que as empresas avancem, pois o conflito leva à ação. Se cada conflito entre distintos stakeholders tivesse uma solução fácil na qual todos saíssem ganhando, eles já teriam sido resolvidos. Quando não é possível inovar e tampouco queremos ficar à mercê da lógica do business case, talvez nos reste apenas um punhado de casos de sucesso que todo mundo já conhece. O do lava-roupa concentrado, por exemplo.

O maior desafio para os líderes empresariais, hoje, é resolver conflitos nos quais não se pode encontrar o ganha-ganha e que ainda não podem ser resolvidos com alguma inovação. Certas empresas estão usando iniciativas de sustentabilidade para contornar provisoriamente essa tensão. A sustentabilidade é uma tentativa de lidar com um trade-off quase intratável: as empresas precisam vender para sobreviver, mas todo produto que vendem alimenta o consumo e tem impacto no planeta. A questão, portanto, é saber como a empresa pode diminuir – ou até neutralizar – os danos causados pelo consumo. Parece impossível. Muitas, no entanto, começam a operar no Modo 4 para descobrir possíveis soluções futuras, conduzindo experimentos, fazendo parcerias com ONGs, trabalhando em conjunto com outras empresas que enfrentam os mesmos desafios, realizando investimentos em pesquisa de longo prazo de retorno incerto ou buscando a ajuda de stakeholders, como trabalhadores ou comunidades, para desatar o nó.

A principal lição do Modo 4? Ainda que não haja soluções inovadoras, a empresa pode descobrir como prosperar em meio às tensões criadas por trade-offs intratáveis. Essas tensões, em vez de confundirem ou serem problemáticas, podem ser fonte de adaptabilidade e resiliência para a organização.

Neste capítulo, examinaremos como essas tensões se tornam intratáveis. Farei essa análise pela óptica do consumismo e da sustentabilidade. No Capítulo 8, trataremos das soluções.

Noite ao relento por um tênis da Nike

Michael Jordan, o astro do basquete, se aposentou de vez das quadras em 2003. Mas isso não significa que a linha Nike com a marca Jordan tenha perdido seu poder de atração. Objeto de desejo de gente que mal pode se lembrar dos seis títulos conquistados pelo Chicago Bulls na década de 1990, o Air Jordan segue sendo um pilar da estratégia da Nike para seduzir o consumidor – que até hoje faz malabarismos para levar um par para casa. Na expectativa do lançamento do Air Jordan Bred 11, em dezembro de 2012 (cujo preço no varejo americano era de 185 dólares), os consumidores fizeram fila durante toda a madrugada no shopping Madison Square Mall, em Huntsville, Alabama, para conseguir uma das 36 pulseiras que dariam direito à compra do modelo em uma data posterior. Houve tumulto, a polícia interveio e chegou a usar spray de pimenta – e teve quem recusasse o atendimento médico para não perder o lugar na fila. No dia 13 de dezembro de 2014, em Houston, um contigente de quase 50 policiais teve de se deslocar tarde da noite até o shopping Willowbrook Mall para conter a multidão que fazia fila para comprar o Air Jordan 11 Retro Legend Blue. Katrice Stapleton, uma dessas pessoas, disse: "Vim para comprar o 11 para meus filhos e até agora foi um caos. Um completo caos. Tinha gente atirando pedra para tentar quebrar a vitrine e entrar na loja. Isso aconteceu umas três vezes. Tentaram até derrubar as barreiras para conseguir entrar no shopping".[1]

Em uma quarta-feira daquele mesmo mês, um rapaz acampou em frente a outro shopping, o Houston Galleria, para ser o primeiro da fila a comprar o Retro Legend Blues, que começaria a ser vendido no sábado seguinte. Ele e o irmão mais novo tinham perdido o pai. A ideia era consolar o caçula com o objeto que ele mais desejava.

Criada pela agência Wieden Kennedy, uma campanha publicitária que estreou em 1989 e trazia Jordan e o ator-diretor Spike Lee no papel do personagem Mars Blackmon convenceu muitos consumidores de que "só podia ser o tênis" ("It's gotta be the shoes").[2] Foi ali o começo de preços de 100 dólares, 200 dólares, e até mais, por um par. Foi ali o começo do status quase mítico conquistado por certos calçados – e de fanáticos ("sneakerheads") e convenções especializadas onde fãs compram e vendem tênis de colecionador. Um Air Jordan comprado por 185 dólares no varejo pode aparecer à venda no eBay no dia seguinte por 700 dólares. Artigos únicos podem facilmente chegar à casa dos milhares de dólares. Essa elite de compradores de produtos da Nike está altamente disposta a pagar pelo produto certo. Muitos outros consumidores, que querem "ser como Mike" ou só ostentar, também estão dispostos a pagar.[3]

Para a estratégia de marketing da Nike, é fundamental jogar para essa elite. Conforme vimos no Capítulo 2, a empresa enxerga a coisa como uma pirâmide, com fanáticos e atletas famosos no topo e, na base, o grande público que compra os calçados mais baratos da marca. A fabricante lança modelos em tiragens limitadas, com extraordinária criatividade – a chuteira numerada Touch of Gold, em homenagem a Ronaldinho, a versão preta e amarela Friends and Family do Wu Tang Clan Dunk High, o LeBron Zoom Soldier 8 FLYEASE (pensado para quem porta alguma deficiência que torna difícil amarrar cadarços), o Nike Tennis Classic X Colette, uma parceria com a grife francesa Colette para gente no topo da pirâmide. A Nike produz versões mais acessíveis para o público em geral. E, embora essa base da pirâmide sustente a empresa por ser a fonte do grosso da receita, o topo da pirâmide faz o mesmo ao tornar a marca desejada. "Precisamos ter o melhor calçado no topo da linha, ainda que, por sua própria natureza, não dê dinheiro", disse um executivo da Nike. "Mas, sem ele, o mercado para calçados com preço mais baixo desapareceria".[4]

Há quem não possa pagar 200 dólares e tente conseguir um tênis desse por outras vias. Em maio de 1990, uma capa da *Sports Illustrated* estampava o título "Your Sneakers or Your Life". Na imagem, aparecia um sujeito com um par do Air Jordan V pendurado por cima do ombro e uma arma apontada para suas costas. Rick Telander, o repórter que fez a matéria, descortinou de uma forma inédita até ali os muitos crimes do gênero cometidos em todo o país, em geral por adolescentes e em geral em bairros pobres e segregados. Telander também levantou a questão da responsabilidade: "Devíamos exigir que a indústria de calçados esportivos se paute por critérios mais elevados do que, digamos, a indústria de junk food? Obviamente, estamos falando de algo maior que calçados aqui". Vinte e cinco anos depois, Telander refletia:

> Queria que fosse o mais arrasador possível. Queria que as pessoas não pudessem ignorar [a situação]. De certo modo, é o que qualquer jornalista quer: escrever coisas que as pessoas leiam e ajudar a mudar algo para melhor. E, se não pode mudar nada

para melhor, pelo menos você divulga os fatos e acaba com a hipocrisia.⁵

Michael Jordan começou a enxergar as problemáticas implicações de ser um mito do esporte e, mais ainda, de participar de vastas campanhas para turbinar a marca Jordan. Michael Eugene Thomas era um garoto de 15 anos que adorava Michael Jordan e os tênis da Nike com o nome do astro. Exibia com orgulho a caixa e o recibo pelos 115,50 dólares ("o preço de um produto tocado por uma divindade") que tinha pagado. Toda noite, limpava os tênis. "Falamos para ele não ir para a escola com o tênis", disse a avó, Birdie Thomas. "Falamos que alguém podia ficar com olho gordo, e ele disse, 'Vó, se alguém quiser levar esse tênis, vai ter de me matar antes'." Duas semanas depois da compra, o menino foi assassinado por outro adolescente, um colega do basquete, que queria porque queria o calçado. Ao ficar sabendo do fato, Michael Jordan disse:

> Achei que estaria ajudando os outros e que tudo seria positivo. Achei que as pessoas tentariam seguir as coisas boas que eu faço, que tentariam se superar, ser melhores. Nada ruim. Nunca achei que por eu endossar um tênis ou qualquer outro produto as pessoas fariam mal umas às outras. Todo mundo gosta de ser admirado, mas quando vemos uma criança matando outra é preciso reavaliar as coisas.⁶

A questão é se o culto ao herói pode motivar um jovem a superar suas circunstâncias ou, em vez disso, simplesmente aprisioná-lo em um ciclo de desejos inatingíveis.⁷

Fred Danzig, editor da revista *Advertising Age*, escreveu pessoalmente a Telander depois de publicada a reportagem. Disse que achava que o problema não era só da indústria de calçados, "mas algo que envolve toda empresa, toda agência de publicidade e todo executivo de marketing". E citou um editorial da *Advertising Age* contra o uso de armas no qual a revista criticava o poder da National Rifle Association e defendia essa tese. "Sabemos que um editorial não resolve nada e vamos tratar da questão em toda oportunidade que tivermos, na esperança de ajudar a promover uma mudança para melhor", disse Danzig.[8]

A resposta de Phil Knight, da Nike, foi diferente:

> Não podemos estabelecer regras que impeçam traficantes de usar nossos artigos e não podemos resolver problemas da periferia, mas patrocinamos muitos projetos de atividade física para jovens. E estamos financiando uma série chamada "Ghostwriting" que o Children's Television Workshop está criando para ensinar a garotada a ler e a escrever. Fazemos isso porque achamos que é o certo a fazer, mas também queremos a visibilidade.[9]

Até nessa hora, a Nike estava tentando vender.

Comprei coisas que nem sabia que precisava!

O Walmart usa outra tática para vender. Em vez de criar uma marca de elite, aspiracional, usa o modelo "preço baixo todo dia" para atrair o consumidor para as lojas e fazê-lo comprar. Seguindo a filosofia do fundador Sam Walton – "*stack 'em high and let 'em fly*" [algo como "grande estoque, alta saída"] –, a empresa trabalha para praticar preços que, espera, o público achará surpreendentemente baixos. As lojas estão repletas de cartazes como "Preço baixo todo dia", "Imbatível", "Poupe ainda mais" e "Liquidação". É difícil ignorar a mensagem. A meta declarada do Walmart é garantir ao público o melhor preço pelo item desejado. O efeito disso é fazer o consumidor comprar mais.[10]

Toda vez que uso o caso Walmart na disciplina que leciono, peço aos meus alunos que visitem uma loja do Walmart para fazer uma observação etnográfica. A ideia é que vejam, na prática, aquilo que discutimos em sala de aula. Um aluno aproveitou a tarefa para fazer compras para a ceia de Ação de Graças canadense com um orçamento de 140 dólares. Gostou muito do fato de que a batata-doce estava logo na entrada da loja, que a farinha estava em promoção e que a canela e o açúcar mascavo estavam na altura dos olhos, ao lado da farinha. "A sensação era que o Walmart já me esperava, que o pessoal tinha organizado aquela gôndola só para mim, pois em menos de dois minutos já tinha encontrado dois itens da minha lista", escreveu o aluno em seu trabalho.[11]

> A essa altura, estava extremamente animado pelos preços baixos e por ver como estava dentro do meu orçamento. Comecei, então, a me dar pequenos agrados, como um pacote com oito cartuchos de barbear Gillette Mach 3 Turbo, vendido ali por 24,75 dólares, quando normalmente compro na Shoppers [Drug Mart] por 28,95.

Na hora de pagar, viu que tinha achado tudo o que sua lista pedia – e até mais. No final, gastou 156 dólares e estourou o orçamento.

No trabalho que entregou, ele escreveu:

> O núcleo da estratégia do Wal-Mart é garantir altos volumes por meio de produtos com baixo preço. Queria saber, no entanto, o que exatamente o Walmart faz, além de usar preços baixos, para vender altos volumes. Em outras palavras, uma vez que o cliente entrou na loja, que táticas são adotadas para fazer com que compre mais? Para começar o experimento, fui a um Supercenter: precisava comprar certos produtos, mas acabei saindo com mais itens do que originalmente precisava. Por quê? É exatamente isso que me surpreende, pois sou uma pessoa comedida nas compras. Em geral, fico dentro do orçamento, não compro mais do que preciso e, quando estou em uma loja, vou

direto ao que quero comprar. No entanto, não foi o que aconteceu nessa situação, e acredito que isso possa ser atribuído às seguintes estratégias:

- Itens em promoção altamente visíveis: na loja toda, é possível ver pequenos sinais anunciando promoções. E é impossível não vê-los, pois aparecem em todos os corredores, até quando você está olhando diretamente para a frente. Eu me peguei conferindo todos os itens com um sinal vermelho em todos os corredores. Não só permaneci mais tempo no Supercenter, como também comprei coisas de que nem precisava. Comprei uma caixa tamanho família do cereal Special K só porque estava com um preço inacreditável: 5,34 dólares (o tamanho normal no supermercado Sobeys custa cerca de 8 dólares). Não teria comprado se o sinal de desconto não estivesse visível. Mais ainda, não teria nem parado para checar o preço. Teria passado sem perceber que estava no corredor de cereais. Além disso, como quase todo produto em promoção estava na altura dos olhos, era fácil simplesmente girar a cabeça e ver o que estava em oferta.
- O produto certo, no lugar certo, na hora certa: a sensação que tive ao entrar na loja naquele dia é que eles haviam se preparado para mim. Ver os dois principais itens da minha lista logo na entrada me fez sentir que eles já sabiam o que minha lista trazia. Além disso, 73% dos itens que comprei naquele dia estavam com desconto. Todo mundo que já preparou uma sobremesa de Ação de Graças sabe que os quatro principais ingredientes são abóbora, baunilha, canela e farinha de trigo. Os três últimos itens estavam, "convenientemente", um ao lado do outro. O mesmo acontecia com Coca-Cola e batatas fritas, com queijo e bolachinhas. E assim sucessivamente.
- Descontos por volume: me senti quase obrigado a comprar quantidades maiores. Precisava, por exemplo, de duas

garrafas de 2 litros de Coca-Cola (que estavam a 1,87 dólar cada), mas o pacote de seis garrafas de 2 litros saía por apenas 4,97 dólares, o que significava que cada garrafa no pacote custava 82 centavos (menos de metade do preço unitário). Isso se repetiu com diversos artigos, como o limão (8 centavos a unidade, quando um saco com 16 custava 99 centavos), a cebola (1,29 dólar o saco de meio quilo, mas um saco de cinco quilos custava 6,99 dólares) e a batatinha frita (o preço unitário da batatinha Big Value era 1,44 dólar, mas a promoção com três sacos custava 2,35 dólares). Senti pressão para comprar a melhor oferta ainda que soubesse que meus convidados não iam comer tanto.

- Layout: por sorte, a seção de alimentos ficava perto dos caixas. E digo "por sorte" porque vai saber o que mais eu teria comprado se tivesse caminhado pela seção de roupas masculinas ou de eletroeletrônicos. Naquele estado de febre consumista, passei pela seção de higiene pessoal e saí com um punhado de coisas que não estavam na minha lista inicial. O Walmart, contudo, é muito astuto na hora de projetar as lojas. Não importa se a pessoa está ali para comprar mantimentos ou remédios, o Walmart se certifica de que ela percorra quase toda a loja para encontrar o produto que procura e, ao mesmo tempo, a incentiva a conferir descontos em outros produtos que não estavam originalmente no plano.
- "One-stop shop": essa estratégia é autoexplicativa. O Walmart virou o lugar onde é possível comprar quase tudo o que se possa imaginar. Mantimentos, roupas, bijuterias, medicamentos, artigos de higiene pessoal, eletrodomésticos, seguros, exames de vista, lavanderia, pneus e por aí vai. Essas estratégias não são exclusivas do Walmart, pois outros varejistas já estão fazendo o mesmo. Mas o que não tinha visto até agora é todas elas sendo executadas juntas e com tanta precisão.

A conclusão do aluno: "Vim ao Supercenter para realizar um experimento sem perceber que o objeto do experimento era eu".

Pode ser que a clientela do Walmart não possa ou não queira pagar muito por qualquer produto isoladamente, mas o Walmart aposta no fato de que o consumidor vai comprar em altos volumes, incluindo artigos que nem achava que queria ou precisava antes de vê-los nas prateleiras. Charles Fishman deu muitos exemplos disso no livro *Nos Bastidores do Walmart*: um galão [3,8 litros] de picles Vlasic por 2,97 dólares, um esguicho para mangueira por 1,74 dólar, um aparelho de DVD por 39,00 dólares e um cortador de grama elétrico por 99,96 dólares. O cortador de grama é tão barato que, quando quebra, ninguém conserta; simplesmente compra outro. Ninguém nunca termina um galão de picles, mas é tão barato que não dá para não comprar (essa estratégia acabou levando a Vlasic à falência).[12]

A Nike e o Walmart, cada um à sua maneira, descobriram como fazer o consumidor pagar o suficiente por seus produtos e, também, comprar o suficiente. Aliás, as duas são consideradas geniais em sua abordagem para criar demanda, seja com campanhas publicitárias inovadoras ou com o prolífico uso de cartazes com o mote "preço baixo todo dia".

No entanto, basta olhar para as lixeiras transbordando e o pujante negócio de "self-storage" para que comecemos a questionar se temos coisas demais. Quando o cortador de grama quebra, jogamos o aparelho fora. Quando tudo o que compramos já não cabe mais em casa, alugamos um boxe para poder guardar as coisas e comprar mais. O resultado é que a indústria de self-storage nos Estados Unidos adicionou 90 milhões de metros quadrados em apenas oito anos (de 1998 a 2005) e hoje ostenta mais de 200 quilômetros quadrados, ou três Manhattans.[13] Os trade-offs são: vender produtos × incentivar consumismo; vender produtos × cuidar do planeta; vender produtos × garantir boas condições de trabalho na cadeia de suprimentos. É um paradoxo fundamental. Como fazer as duas coisas ao mesmo tempo?

Não é o consumidor que decide?

Deveríamos estar preocupados com o modo como esses trade-offs são alimentados pelo esforço das empresas para vender? Será que a Nike deveria se questionar por estar criando coisas caras e fazendo anúncios para pessoas (jovens carentes, por exemplo) que não têm condições de pagar por aquilo? E quando um menino mata outro por um par de tênis? Será que o Walmart deveria ser responsabilizado pelo fato de cortadores de grama e aparelhos de DVD hoje serem praticamente descartáveis? E o que dizer quando uma multidão fica tão ensandecida por ofertas durante a Black Friday que acaba invadindo lojas, saindo no tapa e arrancando produtos uns das mãos dos outros?

É tentador dizer que a culpa não é das empresas – sobretudo se o leitor ou leitora for um estudante que exagerou na leitura de Milton Friedman ou um representante de uma empresa encarregado de defender seu modelo de negócios. É o consumidor que está decidindo. A empresa faz o que tem de fazer e o consumidor faz o que quer fazer. Compra o que precisa ou deseja e não compra o que não precisa ou não deseja. Só que isso é contar só metade da história.

Como aponta a socióloga Juliet Schor no livro *The Overspent American*, essa resposta é fundamentada em uma série de suposições sobre a racionalidade das decisões do consumidor que simplesmente não se comprovam na prática.[14] Ela parte do princípio de que o consumidor tem toda a informação de que precisa para poder decidir, ignorando o fato de que muito da informação que chega ao consumidor vem na forma de publicidade. Ela parte do princípio de que preferências não mudam com o tempo. Ou seja, se alguém come um sanduíche de bacon e ovo hoje porque quer, não vai se arrepender um dia dessa dieta, quando estiver com hipertensão. Parte do princípio de que as preferências de um indivíduo independem das preferências de outros, quando estudos de marketing, psicologia e economia comportamental já fornecem evidências consideráveis de que as pessoas são influenciadas por outras e que a forma como as escolhas são apresentadas muda o modo como são feitas.[15] Compramos mais produtos exibidos na altura dos olhos nas prateleiras do comércio. Compramos mais produtos se tivermos um carrinho no qual colocá-los. Compramos mais produtos se tivermos um cartão de crédito ou, por incrível que pareça, só de ver o adesivo da Visa na vitrine da loja.

Partindo da crítica de Thorstein Veblen ao consumo conspícuo, citada anteriormente, Schor sugere uma alternativa ao modelo racional da escolha do consumidor.[16] Com sua formação em sociologia, Schor observa que nosso senso de posição social está vinculado àquilo que consumimos. É a ideia por trás da expressão em inglês "keeping up with the Joneses". Em uma tira de quadrinhos do começo do século 20 criada pelo cartunista Arthur Momand, os Jones eram os vizinhos ricos dos protagonistas da tirinha. "Keep up", aqui, significava fazer o que eles faziam, comprar o que compravam.[17] A ideia dessa imitação, que Schor chama de "upscale emulation", era não parecer inferior ao vizinho com o qual a pessoa se comparava diariamente. Sob essa óptica, o consumo não serve para satisfazer necessidades materiais específicas, mas para atingir objetivos sociais específicos. Outros já sugeriram que esse comportamento poderia até ser considerado "consumo defensivo".

Não compramos um SUV porque queremos ter um, mas porque temos medo de não tê-lo. Se um carro compacto, e mais econômico, se envolver em um acidente com um SUV, maior e mais pesado, o carro e seus ocupantes provavelmente vão sair mais feridos e com mais perdas. Se tiver crianças, qual seria sua escolha?[18] O resultado? Ruas entupidas de SUVs.

Em pleno século 21, com a onipresença da televisão e da internet, não imitamos mais os Jones, mas as Kardashians. Nos Estados Unidos, 35% da população quer estar entre os 6% mais ricos. Outros 49% sonham estar entre os 12% seguintes. O fato de quase 75% das pessoas quererem estar entre os 20% mais abastados dá uma medida de como as aspirações superam o factível. E explica por que as pessoas se endividam até o pescoço com o cartão de crédito para comprar coisas que acham que precisam – e talvez até por que uma pessoa mata outra por um par de tênis. Na reportagem da *Sports Illustrated*, Telander disse:

> Obviamente, esses assaltantes não estão simplesmente roubando roupa das vítimas. Estão roubando status. Há algo muito errado com uma sociedade que criou uma subclasse que está resvalando em um limbo econômico e moral, uma subclasse na qual pedaços de borracha e plástico unidos por um cadarço às vezes valem mais do que uma vida humana. Os fabricantes de calçados têm um papel direto nisso. Com suas campanhas publicitárias milionárias, o endosso de celebridades e produtos caros e chamativos voltados a jovens influenciáveis, estão criando status a partir do nada para saciar quem está faminto de autoestima[19].

Críticos do consumismo, como Naomi Klein em seu best-seller (com o perdão da ironia) *Sem logo*, argumentam que ações de branding e marketing de empresas são fundamentais para essa história. Aliás, sustenta ela, "corporações de sucesso devem produzir principalmente marcas, e não produtos, [cultivando] identidades poderosas ao transformar seu conceito de marca em um vírus e transmiti-lo à cultura por uma variedade de canais: patrocínio cultural, polêmica política, a experiência do consumidor e extensões de marca".[20] As empresas trabalham para gerar as (talvez inatingíveis) aspirações que levam ao que muitos chamam de consumo excessivo. Originalmente, as marcas surgiram com a Revolução Industrial, quando os produtos deixaram de ter conexão com os artesãos locais e passaram a ser produzidos em massa em fábricas. Em vez de mandar fazer roupas na costureira, as pessoas começaram a comprar peças prontas. Os fabricantes criaram marcas para distinguir produtos que já não eram distinguíveis pelo artesão que os produziu. A certa altura, a marca começou a transcender os produtos que deveria representar.

Conforme mostrei nos capítulos anteriores, à medida que a empresa terceiriza a produção e a logística, o que permanece com ela, a empresa, é a marca. E marcas podem virar o objeto das aspirações do consumidor. A marca é o que dá ao indivíduo a distinção que ele busca. Klein chegou a afirmar que o símbolo da Nike – o "swoosh" – havia se tornado uma das tatuagens mais pedidas nos Estados Unidos. Um estudo sobre indivíduos que tatuaram o logo de alguma empresa – Nike, Apple e Harley Davidson estão no topo da lista, embora a IBM também apareça – revelou que as pessoas o fazem porque se identificam com a filosofia da marca ou o estilo de vida que representa.[21] E é pelo consumo que a pessoa consegue esse estilo de vida.

Sabemos que a marca e a publicidade funcionam; caso contrário, não seriam gastos bilhões de dólares com isso nem existiria a imensa indústria de agências. Um forte exemplo desse efeito veio quando a província canadense de Québec proibiu a publicidade infantil relativa a redes de fast-food, seguindo a tese de que as crianças não têm a capacidade de tomar decisões informadas sobre que produtos desejam. Estudos revelaram posteriormente que os quebequenses passaram a comprar menos junk food do que antes e que, na média, a criançada diminuiu de peso na comparação com outras crianças da América do Norte.[22]

Juliet Schor faz a seguinte crítica ao consumismo: quando há uma lacuna de aspiração, o consumo se impõe a destinos alternativos da renda, como poupança, bens públicos ou até tempo livre.[23] Não podemos poupar porque precisamos gastar o que ganhamos, e faremos isso por meio do consumo. Não podemos pagar mais impostos que poderiam ser aplicados em sistemas de transporte público, no financiamento de pesquisas ou na educação porque esse dinheiro faria falta. O apelo recorrente da retórica eleitoral sobre um Estado menor e o corte de impostos é fruto direto desse cálculo (embora o resultado seja que cortes em despesas signifiquem menos investimento em infraestrutura, educação, saúde e outras áreas que ajudam a garantir prosperidade a longo prazo). Não podemos tirar férias nem descansar no fim de semana – ou devemos pegar aquele trabalho extra – porque precisamos comprar mais coisas. E lembremos que o consumo não afeta só a desigualdade, mas também o meio ambiente. É só olhar para as lixeiras abarrotadas e o crescimento do mercado de self-storage para começar a questionar se temos ou não um excesso de coisas.

Pacto com o diabo

Mas o poder da marca tem outro lado. Em resposta à crítica feita por Klein em *Sem logo*, a revista *Economist* declarou em suas páginas – e, posteriormente, em um debate com a própria autora – ser pró-logo. O argumento da revista é que as marcas beneficiam o consumidor, pois são um aval de qualidade e confiabilidade. São uma espécie de garantia, pois, se os produtos ou atos da empresa não estiverem à altura da promessa da marca, seu valor será comprometido. Uma marca torna a empresa vulnerável, já que ela, empresa, precisa agir com mais responsabilidade para honrar as promessas implícitas na marca. "Quanto mais as empresas promoverem o valor de suas marcas, mais terão de parecer eticamente robustas e ambientalmente puras. Marcas são, portanto, alavancas para elevar padrões",[24] dizia o artigo da *Economist*. Os problemas da Nike na década de 1990, tanto com as condições de trabalho quanto com pessoas cometendo crimes para conseguir um tênis da marca, são ótimos exemplos. A resposta da Nike foi investir pesado para melhorar as condições nas fábricas. Em 2015, em resposta a uma série de assassinatos em massa nos Estados Unidos, o Walmart parou de vender a chamada bandeira sulista (em cuja defesa foram cometidos crimes) e uma série de armas de assalto. Após o massacre de 2018 em Parkland, na Flórida, a varejista anunciou que elevaria a idade mínima para comprar qualquer arma de fogo ou munição em suas lojas para 21 anos (até então, era 18).[25]

Quando uma celebridade é embaixadora da marca, o cálculo fica ainda mais complexo. Foi o que descobriu Michael Jordan quando a situação nas fábricas da Nike começou a ser questionada, nos idos da década de 1990. A mídia gera fama para Jordan, e a Nike alimenta essa fama e se beneficia dela. Em 1998, a revista *Fortune* calculou em mais de 10 bilhões de dólares o valor da marca Michael Jordan para a economia.[26] A mídia também vinculou Jordan ao problema das condições de trabalho. Na época, ele não se pronunciou. Muitos o acusaram de estar mais preocupado com o próprio nome do que com os operários que produziam artigos com sua marca. "Não tenho um conhecimento completo da situação. Por que deveria? Estou tentando fazer meu trabalho. Espero que a Nike faça o que é certo, seja lá o que for"[27]. O irônico é que isso pode ter prejudicado a marca pessoal dele.

Em 1996, quando ativistas descobriram que a linha de roupas de Kathie Lee Gifford para o Walmart era produzida em fábricas clandestinas em Honduras, a apresentadora de TV americana denunciou, às lágrimas, a precária situação de trabalho e doou dinheiro a trabalhadores que tinham sido lesados.[28] Chegou a pensar em simplesmente encerrar o negócio com o Walmart, mas foi convencida por ninguém menos que Robert Reich, então secretário do Trabalho dos Estados Unidos e notório defensor de direitos trabalhistas, a usar sua fama para lutar contra as sweatshops: "Minha primeira reação foi 'não vale a pena', mas todos me disseram que eu tinha uma oportunidade única de fazer a diferença usando o que aconteceu comigo para pôr um fim à situação degradante em algumas dessas fábricas". Em depoimento ao Congresso, Kathie Lee declarou que a indústria agora estava "moralmente obrigada" a lidar com o [problema do] trabalho infantil e das condições de trabalho precárias. Líderes trabalhistas concordaram: "Kathie Lee Gifford é uma celebridade, uma pessoa influente e com muito poder" e, portanto, tinha a responsabilidade de sair em defesa do trabalhador, disse Charles Kernaghan, chefe da National Labor Committee.

Em 1999, líderes trabalhistas voltaram a reunir trabalhadores – agora de uma fábrica do Walmart em El Salvador que também produzia artigos da marca Kathie Lee – para denunciar longas jornadas, salários baixos e instalações de trabalho precárias. Contrariado com a publicidade negativa que a esposa vinha recebendo, o marido de Kathie Lee, o ex-jogador de futebol americano Frank Gifford, declarou à imprensa: "Estou revoltado com o que fizeram com minha esposa. Vocês destruíram a reputação dela". No entanto, foi essa pressão sobre Kathie Lee que a fez sair em campanha para acabar com as sweatshops. Ela até tentou incentivar outros famosos a participar de uma manifestação na capital americana, Washington, contra práticas ilegais de trabalho, mas não conseguiu muito apoio. "Todo mundo diz: 'Meu contrato diz que isso não pode acontecer comigo'. Pois bem, meu contrato dizia o mesmo e nada disso me protegeu." Esse é o pacto faustiano que empresas e celebridades firmam. Vivem do marketing e da fama um do outro, mas um também pode prejudicar o outro se seus atos não estiverem alinhados com as expectativas do consumidor.

E é uma via de mão dupla. Uma empresa pode abalar a imagem de uma celebridade, mas a celebridade também pode prejudicar a empresa. Ben Roethlisberger, quarterback do Pittsburgh Steelers, assinou um contrato com a Nike avaliado em mais de 1 milhão de dólares por ano. Michael Vick, outro célebre quarterback da NFL, fechou um contrato com a Nike em 2001, em sua temporada de estreia. O jogador de golfe Tiger Woods tem um acordo com a Nike desde que chegou à liga profissional, em 1996. Seu primeiro contrato, de cinco anos, era por um total de 40 milhões de dólares. À medida que foi sendo renovado dali em diante, a cifra subiu para mais de 20 milhões de dólares por ano.[29] A Nike contratou esses atletas pelas mesmíssimas razões que a levaram a construir o relacionamento com Michael Jordan. Astros do esporte – devido a seus extraordinários feitos como atletas – fortalecem a marca e geram mais demanda.

Mas e quando um desses atletas mancha, em geral de modo bastante infame, a própria reputação? Roethlisberger foi acusado de estupro em 2008, em um hotel no lago Tahoe, durante um torneio de golfe disputado por famosos. Antes que o caso chegasse à justiça, o jogador entrou em um acordo com a acusadora. Em março de 2010, foi novamente acusado de estupro. De novo, a polícia decidiu não dar prosseguimento ao caso (quando um documento interno vazou, ficou claro que os policiais estavam mais interessados em conseguir um autógrafo do jogador do que em investigar a denúncia). Indignado, o comissário da NFL, Roger Goodell, suspendeu Roethlisberger por seis partidas e exigiu que se submetesse a uma avaliação comportamental. Michael Vick foi parar na cadeia depois de ter sido condenado por abuso de animais e organizar brigas de cães. Depois de uma briga doméstica que veio a público quando Tiger Woods bateu o carro em uma árvore, foi revelado que ele mantinha vários casos e encontros sexuais extraconjugais.

Para se proteger, as empresas incluem em seus contratos cláusulas morais que lhes conferem diversos direitos nesses casos, incluindo o de aplicar multas a atletas e celebridades e o de rescindir o contrato. Mas nem sempre se valem deles. A Nike seguiu patrocinando Roethlisberger apesar das queixas de estupro (que não levaram a nenhuma condenação). A empresa cortou Vick, mas voltou a patrociná-lo quatro anos depois, com ele já fora da cadeia e de volta à NFL. Também manteve a aposta em Tiger Woods, usando a crise para criar um anúncio no qual, em uma gravação feita antes de morrer, o pai do atleta perguntava ao filho: "o que você estava pensando [...], você aprendeu alguma coisa".[30] A Nike manteve esses atletas; outras empresas, não. A Ben's Beef Jerky cortou Roethlisberger de sua publicidade. AT&T, Accenture e Gatorade abandonaram Woods.

Certos analistas sugeriram que era um cálculo puramente econômico. Um estudo da linha de golfe da Nike, comparando as 13 semanas anteriores e posteriores ao escândalo de Tiger Woods, mostrou que as vendas não sofreram nenhum abalo.³¹ Por que cortar a relação com o golfista se ele continuava ajudando a empresa a vender? O consumidor continuou comprando. Não houve boicote coletivo. As chuteiras de futebol americano com a marca de Roethlisberger também continuaram saindo. Seria, então, um cálculo puramente econômico? Não há uma decisão moral embutida na decisão econômica? Em um feroz editorial no *The New York Times* após o segundo incidente de Roethlisberger, o comentarista Timothy Egan escreveu:

> Será que existe algo mais vil do que um atleta famoso, grandalhão e com bafo de cerveja exibindo as partes íntimas em uma boate e dando em cima de garotas menores de idade, o tempo todo protegido por uma comitiva de policiais de folga? Tem, sim: a grande patrocinadora – no caso, a Nike –, que continua tentando vender produtos usando o verme como garoto-propaganda.³²

Digamos que o limite fosse prisão e condenação. Vick foi para a cadeia, mas Roethlisberger nem chegou a ser indiciado. Devido à má conduta policial, esse limite pode não ser tão claro. Talvez a imagem de "bad boy" faça parte da marca Nike, embora esses incidentes tornem o lema "Just do it" um pouco problemático. Por outro lado, sendo uma marca grande como é, será que a Nike tem a responsabilidade especial de mudar a cultura em torno de situações como a violência contra a mulher?

Trade-offs intratáveis

Não importa se estamos falando de anunciar artigos caros para quem não pode comprá-los, de vender produtos em embalagens absurdamente grandes para levar o consumidor a gastar mais ou de apoiar anti-heróis que representam valores misóginos. A pergunta é a mesma:

qual é a responsabilidade de uma marca global no que tange à cultura e ao consumismo? É isso que quero dizer com um trade-off intratável: as metas de vendas estão em contradição direta com as metas sociais. Embora para a maioria das empresas as metas de vendas falem mais alto do que as metas sociais, meu foco aqui é saber como a empresa poderia fazer um uso produtivo dessa tensão. Discuto longamente esse paradoxo neste capítulo porque quero deixar claro quanto é difícil resolvê-lo. Ficar só no discurso do ganha-ganha não vai ajudar.

Naturalmente, o governo pode exercer um papel na mudança das regras do jogo. Juliet Schor sugere um imposto sobre bens de luxo e o consumo de *status* – imposto que poderia subsidiar iniciativas ambientais para reduzir o impacto do consumo. O argumento de Schor também iria ao encontro da cruzada da senadora americana Elizabeth Warren para regular com mais rigor o crédito ao consumidor, para que ninguém caia na cilada de se endividar demais a fim de manter certo ideal de vida.[33]

Os próprios consumidores já começam a se manifestar, não só em boicotes periódicos de produtos vinculados a condições de trabalho precárias ou ao desrespeito a normas ambientais, mas também em críticas à cultura do consumo propriamente dita. O movimento do "culture-jamming" – inspirado na interferência de frequências de rádio em tempos de guerra – busca apontar a hipocrisia na mensagem de certas marcas. A organização Adbusters costuma fazer paródias de peças publicitárias, convertendo o sorriso de um Tiger Woods, por exemplo, no swoosh da Nike, ou alterando a imagem de um tênis Nike Air Jordan com o texto "Nike: US$ 250. Sweatshop: 83¢". Ou sobrepondo o "swoosh" a um bando de ovelhas, exortando quem vê a imagem a "escapar do rebanho corporativo".[34]

Ironicamente, até esse tipo de iniciativa pode ser repaginado, como quando a Nike convidou o ativista Ralph Nader, um defensor dos direitos do consumidor, para participar de um comercial de TV com atletas e celebridades. O roteiro previa que Nader seguraria um tênis

Air 120 e diria: "Outra tentativa vergonhosa da Nike de vender calçados". Nader recusou o convite, mas a Nike não pode dizer que não tentou.[35] Agora, a própria Adbusters publica uma revista e mantém uma "loja cultural" na qual é possível comprar (adivinhe?) produtos: sapatos veganos, camisetas da Adbusters, livros e bandeiras. Se branding e publicidade são tentativas de criar distinção, então a contracultura também se tornou parte do mercado.

O que todas essas histórias revelam é que o cálculo do ganha-ganha pode se esgotar rapidamente quando há certos interesses envolvidos no trade-off. **Primeiro**, se estiver operando apenas no Modo 2 (usando o argumento econômico, ou business case), muitas discussões difíceis estão fora de questão. Trata-se de trade-offs tão espinhosos que não está claro sequer se podem ser resolvidos com alguma inovação, ou seja, com uma ação do Modo 3. É aqui que teorias atuais deixam de valer. Não se consegue achar o valor compartilhado (no modelo de Porter e Kramer). Não se consegue achar inovações que resolvam o problema (como preconizam Prahalad e colegas). A resposta, a meu ver, é manter os trade-offs em tensão e usá-los produtivamente para promover a resiliência organizacional. É isso que chamo de ação no Modo 4: prosperar em meio a trade-offs.

Segundo, como indiquei no Capítulo 1, uma literatura emergente começa a explorar esses momentos intratáveis.[36] E sugere que, em vez de temer paradoxos, a empresa pode (e deve) abraçá-los. Para tanto, a saída seria manter os dois lados do trade-off separados: buscar o lucro no curto prazo e trabalhar em projetos de sustentabilidade de longo prazo; tentar resolver trade-offs em algumas linhas de produtos, mas não em outras; montar equipes de sustentabilidade autorizadas a trabalhar por metas ambientais em projetos isolados das demais atividades da empresa; fazer experimentos com resultados incertos para encontrar resoluções para conflitos. Tudo isso requer que a organização conviva com as tensões, em vez de ignorá-las ou de deixar de lado um conjunto de interesses em favor de outros.

8

Experimentação
Verde de verdade

O contraponto ao consumismo é o movimento da sustentabilidade. Para tentar se proteger de críticas ligadas ao consumismo, algumas empresas investiram em produtos sustentáveis ou na redução de resíduos produzidos por suas atividades. Essa abordagem tem seus próprios problemas. A trajetória percorrida pela Nike e pelo Walmart rumo a uma maior sustentabilidade mostra o resultado da ação no Modo 2 e no Modo 3, e o que uma empresa pode fazer quando os trade-offs parecem indissolúveis (Modo 4). Neste capítulo, faremos o percurso inteiro: da formulação do business case até seus limites, chegando à inovação e, por último, a estratégias para lidar com impasses.

Em um livro de 1997 (*Act Now, Apologize Later*), Adam Werbach, à época presidente da organização ambientalista Sierra Club, escreveu o seguinte sobre o Walmart: eles são "uma nova espécie de toxina [...] capaz de arruinar uma cidade [...]. O Wal-Mart já provou isso. São grandes e gananciosos. Não têm compaixão pela comunidade nem pelo indivíduo".[1] Dez anos depois, Werbach foi parar na capa da revista *Fast Company* acompanhado do título: "He Sold His Soul to Walmart".[2] Como foi que um dos ambientalistas mais militantes do mundo, membro do conselho da Apollo Clean Energy Alliance e fundador da Act Now, uma produtora de filmes e consultoria ambiental, acabou trabalhando com o Walmart? E por quê?

Werbach vendeu mesmo a alma? Teve gente – incluindo Robert Greenwald, diretor do documentário *Walmart: The High Cost of Low Price* – que achou que sim: "É triste. É muito triste [...]. Eles compraram um punhado de gente em vez de fazer algo pelos trabalhadores. E compraram o pessoal do ambientalismo porque sabiam que esse era o elo fraco".[3] Em um blog do jornal *San Francisco Bay Guardian*, alguém escreveu: "Adam Werbach me faz vomitar". Sob o argumento de que o modelo de negócios do Walmart era fundamentalmente oposto a princípios da sustentabilidade, esse autor declarou: "Não dá para tornar o Walmart nada que não seja uma catástrofe ambiental e um desastre econômico, e [o mero ato de] tentar serve para dar credibilidade a uma péssima empresa com um modelo de negócios pavoroso".[4] Um blogueiro da revista *Grist* escreveu que Werbach tinha abandonado seus princípios:

> Sejamos bem francos: um hipermercado cheio de trabalhadores explorados vendendo coisas baratas e descartáveis, feitas em fabriquetas do outro lado do planeta, *não tem como* ser verde. Sempre que ambientalistas ajudam o Walmart a marcar pontos fáceis em "responsabilidade corporativa" [...], estão prejudicando o esforço de quem trava sua própria batalha contra o Walmart.[5]

O autor do artigo da *Fast Company* se perguntava se Werbach estava "sendo usado".

Talvez fosse impossível não encarar com ceticismo o anúncio de que a sustentabilidade seria o foco do Walmart, uma empresa sob ataque pelo tratamento dispensado a trabalhadores, pela discriminação contra mulheres e pelo impacto negativo em comunidades. Parecia um ato supremo de greenwashing. O Walmart encomendou à McKinsey

& Company um estudo que acabou revelando que entre 2% e 8% da clientela tinha deixado de comprar na loja devido a toda a cobertura negativa na mídia. Gente de dentro e de fora da empresa começou a se referir a esse problema como o "risco de manchetes".[6] Para outros, era o "problema do funeral": na sede em Bentonville, no Arkansas, parecia tudo bem, mas, quando um executivo tinha de ir a outra cidade para um enterro, era inevitável ouvir a pergunta: "Você trabalha para *aquela* empresa?".[7] E outra: se o Walmart realmente não tivesse mais praças rurais – onde nasceu e cresceu – nas quais se instalar e tivesse de migrar para grandes cidades, a publicidade positiva ligada à sustentabilidade talvez pudesse abrir portas em San Francisco ou Nova York.

Vale a pena examinar o que o Walmart decidiu fazer e o que conseguiu. Em 2005, o CEO, Lee Scott, anunciou três metas para a empresa: trabalhar com 100% de energia renovável, criar zero resíduos e vender mercadorias sustentáveis do ponto de vista de recursos e do meio ambiente. No ano seguinte, foi sua vez de estampar a capa de uma revista: na edição de 7 de agosto de 2006 da *Fortune*, aparecia com a chamada "Walmart Saves the Planet. Well, not quite. But CEO Lee Scott's green campaign, which started as PR, is becoming a force of nature"[8] [O Walmart salva o planeta. Bem, não exatamente. Mas a campanha verde de Lee Scott, que começou como RP, está se tornando uma força da natureza].

Como parte dessa campanha, Scott foi falar com uma série de autoridades do meio ambiente, incluindo Werbach, que tinha saído do Sierra Club e estava dirigindo uma consultoria ambiental, a Act Now (que mais tarde seria comprada pela Saatchi & Saatchi Advertising e convertida em Saatchi & Saatchi S; o "S" aí é de sustentabilidade). A decisão de Werbach viera de sua própria desilusão com o movimento ambientalista – que, a seu ver, não tinha atingido seus objetivos. Em uma palestra em dezembro de 2004, Werbach disse: "Cansei de dizer que sou ambientalista". Ele queria um "plano para ativar os valores que compartilhamos com a maioria dos americanos", e não focado nas elites. Queria tornar a sustentabilidade uma questão pessoal para todo mundo.[9] E concluiu: "Vamos chegar aonde queremos, mas para chegar lá não podemos seguir no caminho em que estamos".[10]

Essa fala fez dele *persona non grata* no movimento ambientalista, mas despertou a atenção dos executivos do Walmart. O novo diretor de sustentabilidade, Andy Ruben, pediu uma reunião com Werbach. Temendo ser "comprado", Werbach recusou. Como costuma fazer o Walmart, Ruben insistiu. Na primeira reunião dos dois, Werbach fez questão de dizer, como muitos ambientalistas, que o modelo de negócios do Walmart é contrário à própria noção de sustentabilidade. Ruben falou das ambições ambientais do Walmart; Werbach respondeu que podia ser mero artifício para ocultar o problema das condições de trabalho. Mais tarde, Werbach diria: "Não comprei [a ideia]. Achei que era só enrolação". Até que, como muita gente que já lidou com o Walmart, ele parou e pensou que o porte e o alcance da empresa podiam viabilizar algo de imenso impacto. Sua mulher, Lyn, que era diretora financeira da Act Now, disse: "Imagine a angústia de saber que existe uma oportunidade com um alcance sem precedentes e não aproveitá-la". Resumo da história: Werbach foi trabalhar com o "inimigo".[11]

Promessa cumprida?

O Walmart começou a tomar medidas para melhorar sua sustentabilidade. "Não era uma questão de contar melhor a nossa história; tínhamos de criar uma história melhor",[12] disse o CEO Lee Scott.

> Quem melhor do que o Walmart para fazer um quilowatt de eletricidade render o dobro, ou para fazer um litro de diesel render mais e levar caminhões a percorrer o dobro da distância? Ou três vezes? Quem melhor do que o Walmart para fazer cada centavo gasto em energia e matéria-prima render mais do que

qualquer um já conseguiu? Para ajudar a reduzir nossa conta de luz e combustível por muitos e muitos anos? [...] O meio ambiente está implorando pelo EDLC [preço baixo todo dia], pelo modelo de negócios do Walmart. E se fizermos isso todo mundo se beneficiará.[13]

Conforme descrevemos no Capítulo 2, Scott foi ouvir críticos como Steven Hamburg, cujo relatório de 1994 condenava a ficha ambiental da varejista. "Foi muito greenwashing", diria Hamburg depois. "Ele [Lee Scott] precisava fazer mais [...]. Falei: 'O que importa mesmo é o que está nas gôndolas. A influência do Walmart é muito maior no mercado do que no espaço físico'."[14]

É aqui que o poder do Walmart sobre fornecedores vem a calhar. Quando quis reduzir o uso de água na produção, de resina plástica e papelão em embalagens e de combustível para transportar lava-roupa líquido (trabalhando apenas com a versão concentrada), a varejista pressionou fornecedores, até os grandes, como a P&G, para que fizessem a mudança. "O Lee me apertou. Mudamos totalmente o modo de fabricar sabão líquido para roupa nos Estados Unidos e, agora, no mundo todo",[15] disse A. G. Lafley, CEO da P&G à época. Quando Hamburg chamou a atenção do Walmart para outro produto, a lâmpada – defendendo como um ganha-ganha a migração da oferta nas prateleiras para a lâmpada fluorescente compacta (CFL), de maior eficiência energética –, o Walmart fez pressão sobre a GE e outros fabricantes.[16] A GE hesitou. Não queria abrir mão do espaço nobre que sua campeã de vendas à época – a lâmpada incandescente típica – ocupava nas gôndolas. Executivos da GE não sabiam se a fluorescente iria agradar o consumidor. Como observou o jornalista Charles Fishman na época, "ou a GE ajuda o Walmart a vender as fluorescentes, ou algum outro fabricante de lâmpadas o fará. Seja como for, o negócio de lâmpadas normais da GE vai encolher [...]. A única maneira de sobreviver à destruição criadora, aliás, é se adiantar ao tsunami, para surfar na onda". E foi o que a GE fez. "O business case é bem claro. Se não conquistarmos a fatia de mercado das CFLs, perdemos", disse Lorraine Bolsinger, vice-presidente de ecomaginação da GE. Quando a tecnologia mudou de novo, a discussão evoluiu da fluorescente para a LED, novamente com a adoção da mesma lógica.[17]

A inserção do Walmart no mercado de bens sustentáveis significa que ser "verde" não precisa ser um luxo. Se somente quem tiver dinheiro para ir ao Whole Foods (um hipermercado em geral mais caro) puder comprar produtos que não fazem mal ao planeta, o mercado (e o impacto) seguirá limitado: "Se toda essa história de sustentabilidade for apenas para gente rica, não fará diferença",[18] disse Jib Ellison, fundador da consultoria de sustentabilidade Blu Skye (que trabalhou com o Walmart). Até os céticos parecem achar que o Walmart está falando sério. Segundo Rebecca Calahan Klein, presidente da ONG Organic Exchange, que incentiva grandes marcas a usar algodão orgânico, o compromisso assumido pelo Walmart passa em vários testes: o de ser completamente transparente, o de não estar só seguindo uma moda passageira e o de usar seu poder para mudar o modelo de negócio. "Trabalho com empresas há 20 anos", disse ela. "Eu sei quando alguém não está sendo sincero. [A empresa] não coloca isso na estratégia de negócios, não coloca suas melhores pessoas nisso". Segundo ela, não é o caso do Walmart: a empresa estaria fazendo o que prometeu.[19]

Na última década, o Walmart realmente avançou bastante. Quase 1.300 fornecedores usam o Índice de Sustentabilidade da varejista para avaliar avanços na produção e outros 3 mil já se cadastraram para usá-lo no futuro. O índice é uma ferramenta que o fornecedor pode usar para medir o impacto ambiental de seus produtos – do fornecedor ao uso final.[20] Até 2015, 26% da eletricidade usada pelo Walmart vinha de fontes renováveis (como a solar e a eólica) e 34% da água utilizada nas lojas era reciclada. A eficiência da frota – volume de carga transportada por quilômetro percorrido – subiu mais de 87% desde 2005. A empresa desviou – para reciclagem ou reúso – 82,4%

dos resíduos produzidos nos Estados Unidos e 68% em outros lugares. E assim sucessivamente. Quase metade das 146 páginas de seu Relatório Global de Responsabilidade de 2015 são dedicadas a planos e conquistas ambientais da empresa.[21] Talvez seja como um jornalista indagou: se puder transformar "a conservação em um bom e velho valor americano, será que o Walmart derrotaria um de seus maiores concorrentes, o movimento ambientalista, com suas próprias armas?".[22] Era, sem dúvida, a esperança de Adam Werbach.

Por outro lado, até 2015 somente 65% dos produtos vendidos no Walmart estavam cobertos pelo Índice de Sustentabilidade da varejista. Embora o uso de energia e a emissão de gases de efeito estufa por metro quadrado tenham caído, o Walmart cresceu e, portanto, o consumo geral de energia e as emissões subiram. A emissão de refrigerantes do grupo de hidrofluorcarbonetos diminuiu, mas ainda representava 2,5 milhões de toneladas por ano. Como observaram alguns ativistas do movimento ambientalista, o negócio do Walmart ainda é vender bens – e ao preço mais baixo possível. E, ano após ano, a organização precisa aumentar as vendas. São metas aparentemente em conflito com as metas ambientais. Se um cortador de grama é barato a ponto de ser praticamente descartável, qual o impacto disso para os aterros sanitários? Agora que roupas são tão baratas, 10,5 milhões de toneladas chegam a aterros nos Estados Unidos a cada ano. O *fast fashion* significa que é mais fácil para o consumidor seguir a última moda. E, com tanta roupa barata, é mais fácil comprar algo novo do que consertar o que está rasgado.[23]

A sustentabilidade é sempre um ganha-ganha?

Quando anunciou a iniciativa de sustentabilidade, Lee Scott declarou:

> Para que o Walmart seja bem-sucedido e continue a crescer, precisamos operar em um mundo saudável e próspero.

Naturalmente, temos plena consciência de que temos uma empresa para administrar, e é o que faremos. Ao mesmo tempo, acreditamos que essas iniciativas e muitas outras por vir farão de nós uma empresa mais competitiva e inovadora, e mais relevante para nossos clientes. De novo, para nós praticamente não há distinção entre ser uma cidadã responsável e uma empresa próspera [...] para o Walmart hoje isso é exatamente a mesma coisa.[24]

Scott afirmou que não havia conflito entre a busca do lucro e a busca da sustentabilidade. Por essa lógica, havia um argumento econômico para a iniciativa de sustentabilidade, e não só uma justificativa ambiental. Aliás, segundo acadêmicos do MIT, esse é o novo mantra de muitas empresas que promovem iniciativas de sustentabilidade. Nele, a inovação voltada à sustentabilidade "busca dissipar a noção de trade-offs entre metas aparentemente antagônicas: desempenho *versus* impacto, lucro *versus* propósito, bem-estar humano *versus* proteção ambiental".[25]

Eu me pergunto o que acontece quando o Walmart é incapaz de achar a justificativa econômica para uma iniciativa ambiental específica. Em um webinar sobre gestão de resíduos organizado pela UL Environment, perguntei ao diretor sênior de estratégia de negócios e sustentabilidade da Walmart Stores, Inc. se a empresa vai em frente com programas de redução de resíduos mesmo na ausência de um business case. E se a conta não fecha? Ele disse:

> Sempre formulamos um business case para uma iniciativa. Pode ser mais fácil ou mais difícil, dependendo dos dados disponíveis. Se [o business case] não mostra um resultado financeiro positivo, fazemos duas perguntas. Se fizermos um piloto, é possível vislumbrar um caminho mais curto para a lucratividade? Isso posto, avançamos com a intenção de que, ao ganhar escala, a

conta fechará. Ou, se não pudermos chegar lá ganhando escala, que mudanças em processos e tecnologia seriam necessárias para avançarmos? Tínhamos vários processos ou tecnologias que a princípio não contavam com um argumento econômico forte, mas que em seis meses ou dois anos, com uma nova análise, tinham amadurecido e mostravam um caminho para a lucratividade para que seguíssemos em frente com um piloto e, em seguida, com uma implantação geral.[26]

Resumindo, o Walmart precisa de um business case. Sem essa munição para a ação, a empresa em geral faz experimentos. Quando não há consenso, cabe a cada unidade de negócios decidir se implanta ou não um programa. O pessoal na matriz trabalha com lojas e regiões para desenvolver programas de gestão de resíduos. Em última instância, a matriz vai ajudar cada unidade a reunir as informações certas. Vai fazer parcerias com entidades externas, como a UL Environment e o Environmental Defense Fund, "para incorporar a ciência e as melhores práticas à [sua] abordagem". Vai lançar pilotos (experimentos) de soluções que possam provar o business case no futuro. Às vezes, nem todos concordam que os números justificam a ação: "Fazemos uma análise do ponto de vista do negócio, mas também nos perguntamos se é o certo a fazer ou não e, em geral, daí vem o desempate".

É aqui que a noção de valor compartilhado do Modo 2 costuma desandar. O princípio por trás do conceito, popularizado por Michael Porter e Mark Kramer – e que foi extraordinariamente motivador para muitos gestores de empresas mundo afora –, é que é possível "gerar valor econômico de uma maneira que também produza valor para a sociedade, ao enfrentar seus desafios".[27] Como propõem Porter e Kramer, e como o Walmart e muitas outras empresas descobriram, há inúmeras ocasiões para criar resultados ganha-ganha. Muitas empresas são desregradas simplesmente por hábito ou por desconhecerem novas tecnologias ou novos processos. Quando essas oportunidades são reveladas o benefício é imenso, tanto para a empresa como para a sociedade, que ganha com um ambiente melhor.

Há dois desafios. O primeiro, como mostrei em capítulos anteriores, é que explorar oportunidades de valor compartilhado tem seu custo. Às vezes, a mudança é fácil de adotar: colocar lâmpadas fluorescentes à altura da vista do consumidor e transferir as incandescentes para prateleiras mais baixas, vender notebooks que já saem da fábrica com o modo de economia de energia ativado ou abastecer gôndolas com produtos orgânicos. Algo como instalar nas lojas uma iluminação de LED, mais econômica, já é um problema mais complicado. Embora LEDs poupem energia diretamente, pois consomem menos eletricidade, e indiretamente, ao emitir menos calor, derrubando o custo de refrigeração em geladeiras e freezers, o Walmart não fez essas mudanças imediatamente. Como admitiu a GE, fornecedora do Walmart, chegar à taxa interna de retorno desejada era um obstáculo à mudança:

> De modo geral, era preciso um alinhamento [com a taxa interna de retorno], mas o problema é que esse alinhamento não existia em toda parte. Tínhamos de entender onde fazia sentido buscar um ganha-ganha. O LED não fazia sentido na maioria dos casos à época [quando o Walmart começou a considerar a tecnologia LED]. Por isso, começamos com a sinalização e a iluminação na refrigeração. Uma vez que o Walmart adotou a solução, levamos a novidade ao resto do mercado. Naquele momento, não fazia sentido em estacionamentos e na loja de um modo geral, onde estava o grosso do consumo de energia. Agora, sim. A tecnologia LED avançou e tanto os custos como as propriedades de cor melhoraram muito. Agora, começa a fazer sentido em todas as aplicações.[28]

Mais uma vez, vemos que, onde há uma situação em que todos ganham, o Walmart adota a mudança. Já onde a conta não fecha, não adota (pelo menos não naquele momento). Obviamente, faz sentido do ponto de vista econômico. O que isso implica, contudo, é que a tese do valor compartilhado só funciona quando os imperativos do negócio são satisfeitos. Um "ganha" sempre prevalece. O risco é que só iniciativas de sustentabilidade que satisfaçam as prioridades da empresa irão adiante.

Como mencionei no Capítulo 6, C. K. Prahalad e seus colegas abordaram esse risco sem rodeios, sugerindo que o bem maior da sociedade, como aquele embutido em metas de sustentabilidade, pode ser uma fonte de inovações que levem a novas fontes de vantagem competitiva. "Ser 'amigável ao ambiente' derruba custos, pois a empresa acaba utilizando menos insumos. Além disso, o processo gera receita adicional com produtos melhores ou permite que a empresa crie novos negócios",[29] sustentam eles, de modo otimista. Era essa a lógica por trás da iniciativa de sustentabilidade de Lee Scott: na visão dele, o foco na sustentabilidade poderia fazer a empresa poupar dinheiro, vender produtos que o consumidor queria, revigorar a cultura e atrair e reter os melhores talentos.[30]

O segundo desafio, portanto, é que chegar ao ganha-ganha exige inovação. É o Modo 3. A maioria das soluções potencialmente boas para todos não está imediatamente disponível ou evidente. Em geral, é preciso inovação para criar abordagens alternativas que satisfaçam tanto as obrigações econômicas como as sociais.

Segundo Prahalad e colegas, uma empresa inicialmente pode ver a conformidade às normas (ou à regulamentação futura esperada) como oportunidade, e não como limitação. E citam o caso da Hewlett-Packard ao prever restrições ao uso do chumbo em componentes eletrônicos. A empresa inovou com soldas alternativas (com estanho, prata, cobre), o que permitiu que cumprisse facilmente uma diretriz europeia de substâncias perigosas quando esta entrou em vigor em 2006. Isso evitou transtornos maiores, o que teria ocorrido se a empresa tivesse esperado até o último minuto para se adequar às novas normas.

Outra oportunidade, mais ambiciosa segundo o argumento deles, é a de aumentar a eficiência em toda a cadeia de valor ou lançar novidades sustentáveis que atraiam clientes mais exigentes ou abram novos mercados. O sabão Tide Coldwater da P&G, para lavar roupa exclusivamente com água fria (economizando energia para o usuário final), ou a Green Works da Clorox (a primeira linha de produtos de limpeza não sintéticos de uma grande empresa do setor) são inovações que fazem o bem e também poderiam aumentar as vendas.

Isso posto, investir na inovação voltada à sustentabilidade, como em qualquer outra inovação, pode ser um processo caro, lento e repleto de incertezas quanto à possibilidade de encontrar soluções. É preciso investir hoje para obter um retorno incerto no futuro. O fato de a empresa buscar sustentabilidade não garante que será capaz de atingir os resultados desejados. Iniciativas de inovação podem piorar o resultado financeiro no curto prazo, pois custam muito e, tendo resultado incerto, podem não produzir benefícios ambientais melhores. Em vez de todos saírem ganhando com uma iniciativa de sustentabilidade, é possível que todos acabem perdendo. É em parte por isso que vemos mais empresas apostando em iniciativas que podem ser claramente associadas a benefícios de curto prazo, tanto financeiros como de mercado.

E em situações nas quais não há uma clara vantagem para todos? E quando inovar (ainda) não é possível ou tem um custo elevado demais? Nesses casos, não há valor compartilhado. Não há um bolo maior a ser dividido entre todos. Aqui, a empresa enfrenta, pelo menos naquele momento específico, trade-offs reais. Não se trata apenas de deixar de pensar em termos de trade-offs da sustentabilidade. Como decidir nesses casos? Se o resultado econômico vier sempre antes de outros fatores, se o primeiro "ganha" na equação ganha-ganha for uma taxa de retorno mínima, o progresso na sustentabilidade será sempre e exclusivamente ditado pela pauta econômica da empresa.

Esse é o perigo de deixar que as empresas instituam as normas ambientais. Em relação ao Índice de Sustentabilidade do Walmart, há quem diga que a varejista passou a ser "uma espécie de Environmental Protection Agency [a agência de proteção ambiental americana] privada, mas com muito mais influência".[31] Assim como no caso das condições de trabalho em fábricas fornecedoras, autorregulação aqui significa que a vitória ambiental talvez só venha se a vitória econômica da empresa estiver garantida.[32]

Responsabilidade do consumidor?

Para muitos, os mecanismos do mercado seriam o melhor meio de promover avanços na questão ambiental. Se o consumidor mostrasse interesse por outras coisas, empresas como o Walmart mudariam. O trabalho de Werbach com o Walmart se concentrou, em parte, em tornar a sustentabilidade algo que importasse para o consumidor. Em uma visita à Rotman School, Werbach falou sobre o programa Personal Sustainability Project [Projeto de Sustentabilidade Pessoal], que ele ajudou a lançar no Walmart. O objetivo era conectar metas pessoais de cada trabalhador com seu impacto no ambiente em geral. Gente que queria emagrecer decidiu ir de bicicleta para o trabalho alguns dias por semana, o que não só é saudável para o indivíduo, mas gera menos poluição e menos desgaste em ruas e estradas. Outros decidiram não comer carne em pelo menos uma refeição por semana. Comer menos carne é bom não só para a saúde do indivíduo, como também reduz o consumo de proteína produzida com grandes volumes de água e recursos alimentares. A tese de Werbach era que o movimento ambientalista talvez tivesse se concentrado demais em "tática[s] de intimidação [...]. Há muito tempo, ambientalistas vêm dizendo ao público que é preciso fazer sacrifícios, mas o grande desafio moderno é como ser feliz. É essa a peça que falta [...]. As pessoas se importam primeiro com elas mesmas, portanto é preciso começar com o que é importante na vida delas".[33]

Em seguida, Werbach teve a ideia de um novo negócio: a Yerdle.com, que originalmente se concentrava no que ele chamou de "sustentabilidade pessoal". Werbach parecia cada vez mais convencido de que o consumidor, ao tomar decisões isoladamente, é quem iria fazer avançar a questão ambiental. A Yerdle é mais uma empresa da "economia compartilhada". Na concepção inicial, as pessoas postariam fotos de coisas que já não queriam e que seriam enviadas gratuitamente para quem as quisesse. Em troca, o indivíduo receberia Yerdle Reuse Dollars, moeda com a qual poderia adquirir outros artigos postados no site. A missão da organização era "reduzir em 25% o número de coisas novas que precisamos comprar".

No texto do blog anunciando a criação da Yerdle – em 23 de novembro de 2012, em plena Black Friday –, Werbach e o outro fundador, Andy Ruben, sustentavam que o movimento de sustentabilidade empresarial "continuava incapaz de atingir sua meta mais fundamental: proteger o futuro da vida no planeta". Segundo eles, a prioridade das empresas sempre será o resultado econômico e, portanto, o máximo que se pode esperar delas é que reduzam as embalagens ou passem a vender lâmpadas de maior eficiência energética. Inspirada em livros como *What's Mine Is Yours*, de Rachel Botsman, e *The Mesh*, de Lisa Gansky, a dupla sugeriu que só haveria mudança de verdade quando o consumidor migrasse do modelo de "posse" de bens materiais para o de "acesso" ao uso desses bens.[34]

É claro que passar a responsabilidade para o indivíduo inspira temores. Será que podemos – e devemos – confiar na ação de indivíduos como consumidores para reverter a onda da degradação ambiental? Devemos aceitar o sistema existente como uma limitação à ação e obrigatoriamente trabalhar com ele, em vez de modificá-lo? Será que essa abordagem significaria endossar o projeto neoliberal de jogar toda responsabilidade social sobre o indivíduo, de modo que os mecanismos de mercado sejam a única força em ação? Pode-se argumentar que as pessoas deveriam se encarar não só como consumidoras, moldando a sociedade ao decidir onde gastar ou não seu dinheiro, mas também como cidadãs, fazendo a diferença por meio da ação política e social coletiva. Ao mirar a sustentabilidade pessoal individual, não estaríamos abrindo mão de promover mudanças em uma escala maior do que uma pessoa por vez? Werbach ficou frustrado com o progresso da pauta política que promovia no Sierra Club e abandonou o movimento por uma iniciativa para mudar grandes corporações por meio do trabalho com o Act Now e, mais tarde, a Saatchi & Saatchi S. Frustrado com a incapacidade de convencer empresas a ir além de vitórias fáceis ou soluções que ainda sejam compatíveis com resultados econômicos, seu foco agora é o consumo individual. No caso do planeta, simplesmente consumir menos – embora útil – dificilmente será suficiente.

Dois acadêmicos da Rotman School, Nina Mažar e Chen-Bo Zhong, lançaram luz sobre esse dilema. A dupla buscou saber que efeito o consumo sustentável teria no comportamento do consumidor. Em uma série de experimentos, os dois mostraram que quem comprava produtos como o desodorante natural da marca Tom's of Maine, lâmpadas fluorescentes NOMA e toalhas de papel da etiqueta Seventh Generation tinha mais probabilidade de trapacear e roubar em tarefas subsequentes do que quem optava por produtos tradicionais como o desodorante da marca Speed Stick, lâmpadas incandescentes DuraMax ou toalhas de papel Bounty. Qual a razão? O consumo sustentável não seria parte de um senso mais geral de responsabilidade social e moral? Mažar e Zhong argumentam que o consumo sustentável dá às pessoas um "direito moral" de se portar mal em outras esferas. Ou seja, comprar produtos sustentáveis faria a pessoa se considerar mais virtuosa e autorizada a praticar outras ações menos honrosas.[35] Esse efeito fica evidente em todos os âmbitos interligados: atos pró-igualdade de gênero autorizam a discriminação de gênero; atos humanitários reduzem ações filantrópicas, e a presença de pratos saudáveis em um cardápio aumenta a probabilidade de que as pessoas peçam batata frita de acompanhamento em vez de salada.[36]

Em 2018, a Yerdle já tinha pivotado. O novo foco do modelo é revender artigos devolvidos a varejistas. Pelo visto, o consumidor não quer reaproveitar produtos – não tanto quanto Werbach esperava.[37]

Talvez não seja viável depender de mecanismos de mercado – como a demanda de consumidores – para servir de freio e contrapeso na busca por vitórias ambientais. Indivíduos atuando como cidadãos, e não como consumidores, também podem alterar a equação econômica de modo a tornar caro demais para as empresas não tomar decisões que contribuam para o planeta. É isso que protestos e o ativismo em redes sociais podem fazer. É só pensar na longa campanha do Greenpeace para impedir a Shell Oil de explorar petróleo no Ártico. Quando colocou ativistas a bordo de um navio que levava uma plataforma de perfuração pelo Pacífico rumo ao Alasca, quando usou caiaques em um porto de Seattle para impedir o deslocamento de outra plataforma e quando pendurou manifestantes de uma ponte no Oregon para bloquear a passagem de outro navio que estava ali para reparos, o Greenpeace chamou a atenção do mundo para os planos da Shell. Quando a Shell finalmente anunciou que estava desistindo do programa no Ártico depois de um investimento de 7 bilhões de dólares, o diretor executivo do Greenpeace do Reino Unido anunciou que "a indústria do petróleo sofreu uma derrota incondicional [...]. O movimento Salve o Ártico fez a Shell pagar um preço enorme em termos de reputação por seu programa de exploração do Ártico".[38] Alguns dizem que a queda dos preços do petróleo foi um empurrão mais forte, embora a Shell tenha seguido perfurando, mesmo quando os preços caíram. No mínimo, os protestos e o dano resultante à imagem da empresa passaram a entrar nos cálculos da petrolífera, tornando ainda mais onerosa uma exploração já cara.

Muitos ativistas sociais já tentaram constranger também o Walmart, seja na ação coletiva alegando discriminação contra mulheres, em protestos em cidades americanas e no mundo quando a varejista pretende inaugurar uma loja nas cercanias ou por meio do grupo de defesa do trabalhador OUR Walmart, que organiza greves em protesto a condições de trabalho. Embora a maioria desses esforços não tenha atingido seu objetivo – a ação coletiva não foi reconhecida pela Suprema Corte americana; o Walmart segue inaugurando lojas apesar dos protestos; e os trabalhadores em lojas da varejista nos Estados Unidos não são sindicalizados –, algum impacto houve. Há quem diga que isso pode até imprimir mais energia às atividades ambientais do Walmart, como contrapeso às críticas nessas outras áreas. Nesse mesmo sentido, o movimento mundial de boicote à Nike na década de 1990 pelas condições precárias de trabalho em fábricas jogou tanta pressão sobre a empresa que a Nike se tornou o padrão-ouro na área (embora, nesse caso, o padrão-ouro não seja tão brilhante quanto os ativistas gostariam que fosse).

Prosperando em meio a trade-offs

Talvez porque não seja possível depender do consumidor para criar demanda por iniciativas de sustentabilidade, as empresas precisam achar maneiras de atingir a sustentabilidade sem comprometer outros aspectos de um produto que o consumidor realmente demanda. O Nike Air Jordan XX3 é um exemplo.

Em 8 de janeiro de 2008, a Nike anunciou o lançamento do Air Jordan XX3. O 23 do nome referia-se ao número de anos que a Nike vinha fabricando Air Jordans. Também era o número de Michael Jordan quando ele jogava no Chicago Bulls. Não surpreende, portanto, que o próprio Jordan tenha dito no comunicado de imprensa: "O Air Jordan XX3 tem um profundo significado para mim, pois é uma celebração da minha vida e da minha carreira. O número 23 obviamente tem grande importância para mim, e esse lançamento é um momento culminante na história da marca". Os fãs concordaram. Segundo um colecionador:

> qualquer fã entenderia a onda de adrenalina que percorre o corpo quando você fica sabendo que estão lançando um novo

calçado da série. Todo e qualquer tênis Jordan é como uma obra de arte. Tenho mais de metade da coleção e estou tentando reunir a série inteira. Nem preciso dizer que o 23 é a peça mais importante da coleção, por ser o número dele.[39]

A Nike tratou esse produto como todos os seus artigos nobres: lançando uma quantidade limitada. Em 25 de janeiro, a empresa disponibilizou 23 pares de tênis em um grupo seleto de 23 lojas (ao preço de 230 dólares). Na sequência, fez um lançamento All-Star em 16 de fevereiro e outro nacional em 23 de fevereiro (ao preço de 185 dólares).[40] Na festa de lançamento estavam atletas estrelados como Ray Allen, Chris Paul, Alonzo Mourning, Carmelo Anthony, Warren Sapp, Dre Bly, Kevin Durant, Brandon Roy e Paul Pierce, além de celebridades da música e da mídia: Bun B, Chamillionaire, Chris Tucker, Stuart Scott e Gabrielle Union.[41] O tênis se tornou tão popular – o mais disputado dos modelos de Jordan pós-aposentadoria – que, em 2015, foi relançado em uma versão totalmente vermelha, a cor dos Bulls. Hoje, o Air Jordan XX3 original aparece à venda no eBay por mil dólares ou mais.

O mais interessante talvez seja que esse foi o primeiro tênis de basquete desenhado com o método Nike Considered, que visava reduzir o impacto ambiental dos produtos da empresa. Tinker Hatfield, um célebre designer da Nike, disse:

> A meta era fazer do Air Jordan XX3 o melhor tênis de basquete já criado, tanto em desempenho como em sustentabilidade [...]. Ao incluir a última palavra em tecnologia, ditar uma nova tendência em estilo e desenhar um calçado com o meio ambiente em mente, esperamos que esses ingredientes levem as pessoas a dizer que este é um de seus Air Jordans favoritos de todos os tempos.[42]

Em 1997, quando andava às voltas com protestos e boicotes contra as condições precárias de trabalho em suas fábricas, a Nike lançou uma iniciativa para repensar como seus artigos eram produzidos. Não era algo restrito às condições de trabalho – abria também todo um diálogo sobre o modelo de produção. Depois de anunciar novas iniciativas para incorporar a sustentabilidade a todas as grandes decisões de negócios e analisar o impacto ambiental em todas as etapas do ciclo de vida de um produto, a Nike começou, em 1999, a eliminar o uso, na produção de calçados, de cloreto de polivinila – um material que, até ali, já representara quase 30% do calçado acabado. Ciente de que a produção de algodão utiliza mais produtos químicos do que qualquer outro cultivo, a Nike também começou a usar algodão orgânico na malharia. Ampliou o programa Reuse-a-Shoe (lançado em 1993) para evitar o descarte em aterros, triturando tênis usados para criar o piso Nike Grind, utilizado em quadras de basquete, parquinhos infantis e pistas de atletismo. Em 2000, a empresa começou a avaliar a composição química e o impacto ambiental de insumos e processos utilizados para fabricar seus calçados, criando uma lista positiva de materiais que satisfaziam critérios ecológicos e uma lista negativa de insumos que, a certa altura, deveriam ser abandonados. Também em 2000, a Nike lançou um programa de capacitação em sustentabilidade para a empresa toda. Em 2001, criou um comitê de responsabilidade corporativa presidido pelo CEO. Em 2003, passou a avaliar o impacto ambiental da logística de insumos.[43] Em 2004, Hannah Jones foi empossada no novo posto de vice-presidente de responsabilidade corporativa.

No entanto, apesar – ou talvez por causa – disso tudo, Jones encontrou uma empresa avessa a qualquer atividade de responsabilidade corporativa. O pessoal que criava os produtos e os indivíduos que administravam a empresa estavam cansados do "juízo moral" a que eram submetidos. Estavam mais interessados em performance e lucros. A primeira medida tomada por Jones foi no Modo 2: "mostrar aos dirigentes da empresa como vamos ajudar a garantir o retorno do investimento feito pelos acionistas". E ela tinha de achar uma maneira de incorporar a sustentabilidade ao dia a dia dos designers. Junto com

Mark Parker (então co-presidente da marca Nike, hoje CEO da Nike) e John Hoke (VP de criação de calçados), criou o Considered Group, cuja missão era levar ferramentas e inspiração aos times de design. Uma decisão importante foi criar o Considered Index, que estipulava metas e diretrizes para o uso preferencial de insumos sustentáveis, reduzindo a utilização de solventes e eliminando resíduos e desperdícios. Cada modelo criado seria classificado de acordo com uma bateria de critérios e ganharia (nos moldes das Olimpíadas) nota ouro, prata, bronze – ou nenhuma, se fosse o caso. Só ouro e prata teriam atingido as metas do índice Considered. A abordagem gerou competitividade entre as equipes de design – que, por terem a mentalidade do esporte, queriam sempre a melhor classificação.[44]

A segunda medida de Jones foi uma inovação no Modo 3. O primeiro calçado da linha Nike Considered foi lançado em 2005. O modelo definitivamente parecia "eco-friendly" ("amigável ao ambiente"). O cabedal – a parte superior – era tramado de um único cadarço de cânhamo e feito de couro "vege-tan" em tons terra. E era ecológico: na fabricação do calçado, o desperdício de material caíra 61%, o consumo de energia, 35%, e o uso de solventes, 89%.[45] Embora tenha sido premiado com um IDEA de ouro pelo design sustentável, teve quem risse do tênis e o chamasse de "Air Hobbits".[46] O problema é que a Nike achou que, para ser sustentável, o produto também tinha de parecer "amigável ao ambiente".

Figura 8.1. Tênis "Considered", da Nike. Fonte: Nike.

O tênis em si não foi um grande sucesso de vendas. O verdadeiro êxito foi ter permitido à Nike testar processos totalmente novos e repensar o modelo de criação e a matéria-prima utilizada, além do processo de montagem. Foi uma experiência que contribuiu para a capacidade da empresa de usar a abordagem Considered no Air Jordan XX3. Vejamos como os criadores do Jordan XX3 fizeram isso. Para reduzir o uso de materiais adesivos, a sola, a entressola e outras partes do calçado foram projetadas para encaixar como peças de um quebra-cabeça. A equipe também usou mais costura: precisou inventar uma máquina que fizesse o que chamaram de pontos 3D em torno de todo o tênis (até então, só era possível costurar em partes planas). Foi usado um processo de cola à base de água que prendia a placa de fibra de carbono ao sapato sem colas à base de solventes. Além disso, o tênis usava diversos insumos menos nocivos ao meio ambiente, como o material reaproveitado do programa Nike Grind para a sola.

Converter o Air Jordan XX3 em um produto Nike Considered foi importante, porque se tratou de uma tentativa de eliminar o trade-off entre o resultado do ponto de vista ambiental e o resultado do ponto de vista atlético e visual. De certo modo, a busca do desempenho no plano ambiental produziu inovações que contribuíram para recursos de design singulares, como a costura 3D que se tornou a marca do modelo, mas que foi instigada pela meta de reduzir o uso de materiais adesivos. Mark Smith, membro do Innovation Kitchen, o grupo de P&D da Nike, disse: "Foi a coisa mais importante que pudemos fazer com esse calçado: pegar o melhor tênis para jogar e fazer dele um tênis que pudesse servir de novo modelo para fabricá-los. Uma grande parte da aparência desse tênis depende de ser do tipo Considered".[47]

E, o mais importante, o produto indicou a designers da empresa inteira que não havia desculpa para não usar o modelo Considered. O pessoal de criação partia do princípio de que haveria necessariamente um trade-off com o desempenho. Para a Nike, desempenho é tudo. O Air Jordan XX3 obrigou a criação a se perguntar se esse compromisso era mesmo obrigatório. Lorrie Vogel, gerente da equipe Considered, disse: "Antes, alguém poderia ter dito: 'Não há como. Meu produto precisa suportar muito impacto. É usado nas Olimpíadas'. O Jordan XX3 derrubou esse argumento".[48] Obviamente, o calçado não é totalmente ecológico. "Não eliminamos por completo os adesivos, mas chegamos perto", disse Tinker Hatfield, da criação da Nike.[49] Os trade-offs seguem lá, mas o Jordan XX3 mostrou que transpor um certo limiar era mais possível do que muitos achavam. Vale lembrar que, para transpor esse limiar no caso do Jordan XX3, foi preciso inventar uma máquina que costurasse o calçado na posição vertical e criasse os espetaculares efeitos visuais que eram uma marca importante do tênis, inventar colas alternativas, conceber princípios de montagem de peças como em um quebra-cabeça e assim sucessivamente. Em suma, foi produto de muita inovação.

O relatório de sustentabilidade da Nike "FY 16/17 Sustainable Business Report" chamou atenção para essa "lacuna na inovação":

> Simplesmente atingir [...] metas ou ampliar o uso de tecnologias e práticas comprovadamente melhores não será suficiente para derrubar nosso impacto ambiental. Para atingir nossas metas moonshots será preciso tecnologias ainda não inventadas e parcerias ainda não estabelecidas. Nosso foco em fechar essa lacuna na inovação significa apostar na invenção, no design e na colaboração como nunca antes. Estamos nos desafiando a imaginar um futuro diferente, usando nossa posição na vanguarda da engenharia e da ciência da produção para reimaginar tecnologias e catalisar novos processos.[50]

O que fazer quando não há um ganha-ganha?

A maioria dos executivos da Nike gosta de dizer que o espírito da linha Considered deveria ser bom para o balanço e bom para o planeta.

Com a ação no Modo 2 e no Modo 3, é aqui que se chega. "É bom para o meio ambiente e é bom do ponto de vista da rentabilidade", diz Lorrie Vogel, gerente-geral da Nike Considered. "É o que querem ver nossos stakeholders e nossos investidores".[51] Hannah Jones, diretora de responsabilidade corporativa da Nike, engrossa o coro: "Não há nada melhor para provar a justificativa econômica da responsabilidade corporativa e incutir a inovação no cerne da responsabilidade corporativa do que o trabalho realizado para criar produtos e modelos de negócios sustentáveis; esse é o espírito do Considered Design".[52]

O desafio para a Nike é que é preciso chegar não só a um "ganha-ganha", mas a um "ganha-ganha-ganha", ou seja, causar um impacto positivo no meio ambiente só é possível se também for possível ter bons resultados econômicos e criar um produto com visual atraente e bom desempenho na prática esportiva. O cliente – seja um garoto de 15 anos ou um atleta de elite – quer o que é bonito e o que lhe ajuda a render mais. "Ser sustentável não basta. Queremos ser um agente de mudança, mas também dar lucro e tomar decisões boas para a empresa",[53] disse o designer Tinker Hatfield. Um grande desafio, naturalmente, é o custo, pois insumos menos nocivos ao planeta em geral custam mais. Isso pode criar impasses. A maioria das empresas para por aqui, se é que chegam tão longe. Mas a Nike dá exemplos daquilo que chamo de ação no Modo 4: prosperar em meio a trade-offs.

Vejamos, por exemplo, os gases usados nas cápsulas de ar do solado do Nike Air para garantir impulsão sem prejuízo da flexibilidade. Essas bolhas, que são o símbolo de muitos tênis da Nike, originalmente vinham com hexafluoreto de enxofre, um gás nocivo cujo potencial de contribuição para o aquecimento global é 23 mil vezes maior do que o do dióxido de carbono, devido ao poder de armazenar calor. Na década de 1990, muitos ambientalistas pressionavam a Nike a parar de usar o gás, que figurava na lista do Protocolo de Kyoto de 1997. A Nike não cumpriu os prazos em 2000 e 2003. Os dirigentes da empresa sabiam que o nitrogênio poderia ser um substituto, embora não durasse tanto quanto o outro. Em 2007, depois de um investimento de vários milhões de dólares, a Nike encontrou um meio de impedir que o nitrogênio escapasse das cápsulas – que, no final, ficaram menores e menos visíveis. Foi só então que a Nike anunciou que tinha abolido o uso do hexafluoreto de enxofre.

Esse exemplo poderia ser usado tanto como algo negativo quanto positivo. Do lado negativo, por quase uma década, enquanto a questão seguia sendo estudada, a Nike continuou a usar um produto que sabia ser problemático para o planeta.[54] Talvez seja por isso que a classificação ambiental de produtos pela Ethical Consumer no Reino Unido dê à Nike apenas nota 6 em uma escala de 20 pontos (a Puma também levou 6 e a Adidas e a Reebok, 5,5). Por outro lado, as únicas grandes marcas que se saem muito melhor são a Patagonia (13,5), a Asics (9,5) e a Sergio Tacchini (9,5). As grandes vencedoras são, como seria de esperar, pequenas marcas que trabalham exclusivamente com material orgânico e reciclado, como a Gossypium (19), de roupas de yoga, a marca de vestuário orgânico THTC (16,5) e a de roupas esportivas feitas de poliéster reciclado Yew (16,5).[55] Quando o modelo Nike Considered foi lançado, a meta era que toda a linha de calçados cumprisse o mínimo desses padrões até 2011, toda a linha de vestuário, até 2015, e os demais acessórios e equipamentos, até 2020. No entanto, até mesmo quando atingir essa meta, a Nike terá conseguido reduzir apenas 17% de resíduos, aumentar 20% o uso de insumos mais ecológicos e usar algodão orgânico em somente 5% dos produtos feitos de algodão (já o uso de solventes nocivos vai ter caído 95%).[56]

Vendo agora pelo lado positivo, isso mostra como certas empresas podem lidar com trade-offs aparentemente intratáveis. A Nike não desistiu da meta. O que fez foi apelar para uma solução temporária, empurrando o objetivo para o longo prazo enquanto garantia o lucro no curto prazo. Não parou de investir. Seguiu trabalhando nas metas até conseguir superar os trade-offs de desempenho. No final, a solução exigiu um redesenho que tornou as bolhas de ar menos visíveis no solado. A Nike descobriu, inclusive, que com esse novo método para selar a cápsula de ar era possível espalhar mais bolhas pela sola. Essa "termoformagem" permitiu à empresa "moldar e adaptar a sola de ar ao contorno do pé", o que contribuiu para o desenvolvimento do tremendo sucesso que foi o Air Max 360.[57]

Também poderíamos voltar ao famoso exemplo do lava-roupa concentrado do Capítulo 3. O Walmart não implantou essa estratégia da noite para o dia. O que fez foi criar um piloto com um fornecedor (a Unilever) e usá-lo para descobrir onde o sistema precisava de ajustes. Como o piloto deu certo, o Walmart conseguiu legitimidade para exigir a mesma mudança de outros fornecedores. Além disso, criou um roteiro para os demais seguirem. Nos dois casos, vemos uma abordagem para manter os trade-offs em tensão enquanto a empresa busca soluções. Os fornecedores não teriam atendido à solicitação do Walmart se o Walmart não tivesse feito acordos sobre espaço nas prateleiras, programas de educação do consumidor e treinamento para funcionários sobre os novos produtos. Encontrar esse modelo foi crucial para o sucesso.

É o suficiente? Quando deixamos que as empresas se autorregulem e estipulem suas próprias metas, o progresso que obtemos é suficiente? Quando a empresa dita as próprias metas, individual ou coletivamente – criando consórcios de um setor –, o resultado é o que Barbara Kyle, diretora da Electronics TakeBack Coalition, aponta: "A indústria acaba votando apenas por critérios que já cumpre".[58] Aqui é um ponto no qual mais regulamentação poderia ser útil, embora saibamos que as empresas tendem a contornar essas normas, como ficou claro em 2015 com o caso da Volkswagen, que usou software para manipular testes de emissões em milhões de veículos.[59] Por outro lado, uma empresa pode usar a regulamentação como inspiração para inovar: em vez de contornar as normas (como fez a Volkswagen), a empresa pode inovar com a regulamentação.

De volta à destruição criativa

Quando o escândalo das emissões da Volkswagen irrompeu em 2015, um comentarista, inspirado pela rápida deterioração da reputação, das vendas e do lucro da empresa, observou: "A sustentabilidade é uma força evolutiva de destruição criativa do mercado e está lentamente eliminando empresas e produtos que sejam inadequados para um futuro sustentável".[60] A pressão está aí – seja ela de consumidores, ativistas, trabalhadores, fundos de investimento e outros –, e cabe às empresas encarar a empreitada de enfrentar os desafios sociais e ambientais cada vez mais urgentes que hoje enfrentamos. Qual, então, é a saída para uma empresa sobreviver e prosperar diante da tensão indissolúvel entre necessidades e interesses de distintos stakeholders?

Primeiro, e uma vez mais, tudo começa por entender a fundo os trade-offs. Se puder descobrir exatamente em que ponto o argumento econômico deixa de fazer sentido (Modo 1), é possível buscar soluções de modo mais direcionado. Quanto mais específico você for, maior a probabilidade de chegar a uma nova solução.

Segundo, já que a ação pode levar a um impasse, certas empresas optam por fazer algo inédito para sair desse beco. Se não houver consenso sobre a validade da justificativa econômica para a ação (Modo 2), opte por agir, pois a ação pode fazer surgir soluções inovadoras (Modo 3). Assim como fez a Nike com o tênis Nike Considered – que, no final, não emplacou –, combinar um viés de ação com uma mentalidade de aprendizado pode, em última instância, transformar trade-offs difíceis em soluções mais palatáveis.

Terceiro, quando a solução não é imediatamente aparente, entra em cena a ação no Modo 4. O esforço para orquestrar experimentos que rompam os trade-offs vale a pena. Não é preciso transformar a organização inteira de uma só vez. É possível fazer experimentos para descobrir como seria uma solução futura. Até experimentos que falham em laboratório ou no mercado podem gerar lições importantes e subsídios para experimentos seguintes. Uma saída, aqui, é separar atividades voltadas a atingir um objetivo daquelas destinadas a atingir outros. Para ter sucesso, a empresa pode pensar em formular certos objetivos como sendo de longo prazo. Às vezes, é possível trabalhar por metas sociais com a expectativa de que o lucro venha no longo prazo. Às vezes, a empresa opta por buscar o lucro agora e tornar a meta social um objetivo de mais longo prazo, como fez a Nike no caso do gás usado em bolhas de ar no solado de seus tênis. Todas elas são estratégias para conviver com a tensão criada por trade-offs.

São justamente os impasses que podem trazer os maiores insights. Impasses causam desconforto, mas o desconforto pode levar a descobertas, experimentos e novas maneiras de pensar. Enfrentar impasses também requer coragem. As organizações naturalmente resistem a mudanças. Gestores com incentivos baseados em resultados econômicos vão se opor ao que veem como o juízo moral imposto pela responsabilidade social empresarial (como fizeram originalmente na Nike). Nossos modelos de liderança autoritária afastam a ambiguidade em prol de escolhas claras. O que descobri é que as melhores empresas e os melhores líderes vicejam em meio a essa tensão.

ROTEIRO DA PARTE IV

- Às vezes, não é possível formular um argumento econômico que justifique a ação (Modo 2), nem achar soluções inovadoras (Modo 3) para trade-offs. Certos conflitos parecem de fato indissolúveis.
- Se puder descobrir exatamente onde o argumento econômico falha (Modo 1), será possível buscar saídas de modo mais focado. Quanto mais específico você for, maior a probabilidade de encontrar novas soluções.

- Se chegar a um impasse, siga o exemplo das empresas mais eficazes: opte por fazer algo novo. Se não houver consenso sobre a validade da justificativa econômica para a ação, opte por agir. Combinar um viés de ação com uma mentalidade de aprendizado pode, em última instância, transformar trade-offs difíceis em soluções mais palatáveis.

- Quando a solução não é imediatamente aparente, entra em cena a ação no Modo 4. O esforço para identificar experimentos que rompam os trade-offs vale a pena. Não é preciso transformar a organização inteira de uma só vez. É possível fazer experimentos para descobrir como seria uma solução futura. Até experimentos que falham em laboratório ou no mercado podem gerar lições importantes e subsídios para experimentos seguintes.

- Uma saída para promover a ação no Modo 4 é separar as atividades voltadas a atingir um objetivo daquelas destinadas a atingir outros. Às vezes, é possível trabalhar por metas sociais com a expectativa de que o lucro venha a longo prazo. Às vezes, a empresa opta por buscar o lucro agora e tornar a meta social um objetivo de mais longo prazo. Todas são estratégias para conviver com a tensão criada por trade-offs.

- São justamente os impasses que podem trazer os maiores insights. Impasses causam desconforto, mas o desconforto pode levar a descobertas, experimentos e novas maneiras de pensar. Enfrentar impasses também requer coragem. As organizações naturalmente resistem a mudanças. Gestores com incentivos baseados em resultados econômicos vão se opor ao que veem como o juízo moral imposto pela responsabilidade social empresarial. Nossos modelos de liderança autoritária afastam a ambiguidade em prol de escolhas claras. Grandes empresas e grandes líderes vicejam em meio a essa tensão.

PARTE V

Liderando a revolução 360°

O CEO 360°
Um mapa para o líder organizacional

Voltemos ao episódio que abriu o livro: o furacão Katrina. Quando perguntei à diretora de sustentabilidade do Walmart, Kathleen McLaughlin, o que tinha deflagrado a jornada da empresa rumo à sustentabilidade, a executiva respondeu que tudo começou naquele momento:

> Aquele evento [o Katrina] foi tão cataclísmico que literalmente mudou o modo de pensar da nossa liderança. Nas semanas que se seguiram, os líderes pararam e se perguntaram: "E se pudéssemos ser esse tipo de empresa todo dia? Como seria?". O Lee teve uma epifania: "Somos a maior varejista do mundo, movemos o consumo em escala global; e se descobríssemos um jeito de tornar isso tudo circular?". [Em outubro de 2005], ele fez um discurso, intitulado "21st Century Leadership" [Liderança do século 21], e nele estabeleceu três grandes metas para o Walmart: utilizar 100% de energia renovável, produzir zero resíduos e vender produtos sustentáveis. Na época, minha reação foi: o quê? O Walmart? Foi uma grande surpresa. Uma coisa que descobri desde que entrei para a empresa é que, quando o Walmart diz que vai fazer algo, faz. É uma empresa muito voltada à execução. Já faz dez anos que as pessoas vêm trabalhando

nisso. *O sistema inteiro mudou* e está ficando cada vez melhor à medida que nosso pessoal cria esses programas e trabalha em estreita colaboração com centenas de fornecedores, outras varejistas, órgãos públicos e organizações sem fins lucrativos.[1]

O que é preciso para liderar a revolução 360°? A primeira coisa que o leitor deve estar pensando é que este livro fez o problema parecer mais difícil do que o esperado. Como disse Kathleen McLaughlin acima, o sistema inteiro talvez tenha de mudar. Dizer que certos trade-offs podem ser indissolúveis, pelo menos por ora, talvez não seja a mensagem mais inspiradora de todas (embora possa ser um alívio para quem achou que seria fácil encontrar valor compartilhado).

Por outro lado, os modos de ação que apresento neste livro podem indicar uma rota rumo ao progresso. Às vezes, é possível formular o argumento econômico – o business case – para levar em consideração novos grupos de stakeholders. Às vezes, não há justificativa econômica para a ação. O líder deve mobilizar a capacidade de inovação da organização para criar o business case e lidar com as tensões não resolvidas que surgem quando as necessidades dos stakeholders são incompatíveis entre si.

Uma empresa 360° requer um CEO 360°. Os líderes empresariais estão despertando para essa responsabilidade. Nas últimas edições da CEO Initiative Summit, da revista *Fortune*, o tema recorrente foi o envolvimento de CEOs em questões sociais e a necessidade de tomarem parte em uma revolução moral. Líderes como Tim Cook, da Apple, Ed Bastian, da Delta, Mikkel Svane, da Zendesk, Chip Bergh, da Levi Strauss, Blake Irving, da GoDaddy, Bernard Tyson, da Kaiser Permanente, e Jamie Dimon, do JPMorgan Chase, passaram pelo evento para discutir como queriam mudar o mundo. O desafio é, claramente, uma prioridade.[2]

Depois, tem a famosa pergunta da segunda-feira cedo. Chegando ao trabalho, você começa por onde? Assim, gostaria de propor algumas ações concretas que permitirão ao leitor, como líder, visualizar, inspirar e administrar a mudança organizacional que necessariamente acompanha a transformação de sua empresa rumo a um foco 360°.

Primeiro, uma observação. Depois de redigir essas recomendações, percebi que não batiam muito com nossa tradicional noção do líder que pratica "comando e controle". Não sou a única a dizer que a liderança no século 21 vai exigir habilidades diferentes, mais relacionadas à colaboração do que à autoridade, mais focadas no questionamento do que em respostas, mais voltadas a mobilizar gente talentosa do que a dar ordens, mais a ver com humildade do que com engrandecimento, mais a ver com o diálogo do que com a rápida tomada de decisões. Essas características se tornam ainda mais importantes quando consideramos o novo imperativo de liderar empresas não só para atingir metas de acionistas, mas levando em conta também todos os demais stakeholders que circundam a organização. O desafio de liderança para a revolução 360° é repleto de incógnitas, complexidade e tensões às vezes indissolúveis. Mas também é cheio de inspiração, criatividade, paixão e significado. São as dificuldades que tornam possíveis grandes avanços.

Segundo, uma exortação. Liderar a empresa 360° é um processo transformador. Não basta adicionar metas sociais às operações normais da empresa, salpicando a demonstração de resultados com um punhado de boas intenções. Será preciso coragem para liderar a revolução. Coragem para estar aberto a novas conversas; coragem para ouvir críticas e transformá-las em oportunidades; coragem para desafiar subordinados, colegas e chefes a pensar diferente sobre o negócio e a mudar hábitos; coragem para tomar medidas de futuro incerto; coragem para aprender ao longo do caminho; coragem para fazer a coisa certa ainda que outros digam que não; coragem para aguentar o tranco ao fazer escolhas difíceis. E a lista continua. Em suma, vai ser desconfortável e inconveniente, mas, ainda assim, vai valer a pena.

Eis uma série de medidas ao seu alcance.

1. **Fazer perguntas.** A primeira coisa a fazer é indagar. Se ninguém está pedindo que as pessoas encontrem soluções, fica difícil achá-las. Perguntas são o ponto de partida de qualquer ação e devem ser feitas em todas as esferas da organização, da linha de frente à alta gestão. No meu último livro, *Destruição criativa*, retratei o líder da organização como um criador de conversas. A recomendação aqui é a mesma, só que a necessidade de diálogo é ainda mais forte diante das tensões às vezes intratáveis geradas por trade-offs entre os stakeholders. Com essas perguntas (ver Tabela 9.1), a organização terá uma visão panorâmica (em 360 graus) de seu entorno.
2. **Cocriar com stakeholders.** Envolva todos em um diálogo aberto sobre os problemas, as preocupações e as perspectivas. Aqui, é possível recorrer a comitês de stakeholders, iniciativas abertas, reuniões e outros métodos de engajamento bidirecional (ou multidirecional). Ao interagir de boa-fé com seus stakeholders, a empresa terá uma noção mais clara sobre o valor que está sendo criado ou destruído – e para quem. O diálogo também pode levar à cocriação de soluções em cada modo citado no livro, com a revisão de modelos de negócios, ideias inovadoras ou parcerias para a execução de testes de soluções futuras. É preciso ver com os olhos de cada stakeholder, pois isso permite enxergar problemas – e, em última instância, oportunidades – segundo novas perspectivas.
3. **Usar a tensão** gerada pela oposição de stakeholders como fonte de atrito criador capaz de promover soluções inovadoras. Em vez de combater oponentes, imagine o que seria possível se as mentes criativas pensassem juntas em soluções. Lampejos criativos nascem da intersecção de distintas maneiras de pensar. O avanço do Walmart rumo à sustentabilidade só ganhou força quando a empresa deu a ambientalistas como Steve Hamburg e Adam Werbach um lugar à mesa. O Walmart ouviu os anseios

deles e os convidou a participar da criação de soluções. A varejista fez o mesmo com fornecedores, trabalhando para tornar toda solução encontrada – como o lava-roupas líquido concentrado – uma conquista boa para todos.

Tabela 9.1. Perguntas para o CEO 360°

Modo 1	Pergunte: Para quem está sendo criado valor? Para quem está sendo destruído valor? Quem tem um lugar à mesa? Quem foi excluído? Que dinâmica de poder poderia tornar certos stakeholders mais ou menos visíveis?
Modo 2	Pergunte: Há soluções ganha-ganha que beneficiam os stakeholders, sustentam a rentabilidade das operações da empresa ou reduzem restrições no contexto competitivo externo? Estamos usando o business case como desculpa para não agir?
Modo 3	Pergunte: Que inovação poderíamos adotar para alterar custos e benefícios ou eliminar trade-offs? E se partíssemos com o imperativo da inovação e retrocedêssemos daí até chegar a um modelo econômico viável?
Modo 4	Pergunte: Se não podemos eliminar o trade-off hoje, que experimentos podemos fazer com soluções futuras? É possível trabalhar por metas de longo prazo sem descuidar do retorno no curto prazo? Como usar impasses para produzir insights e descobertas?

4. **Estar disposto a descartar** o atual modelo de negócio. Mais do que capacidade tecnológica e mais do que "market readiness", o que impede uma organização de promover mudanças é a resistência a rever velhas noções sobre "como ganhamos dinheiro".[3] A estrutura atual da demonstração de resultados e o modo como a organização ganha dinheiro no presente podem ser vistos como um marco referencial pelo qual tudo o mais é

filtrado. Sem romper esses moldes, mudar é impossível. Isso vale tanto no caso de tecnologias disruptivas como de soluções para anseios de stakeholders. Mudar o modelo de negócios tem implicações importantes para o modo como a organização funciona, como seu pessoal é recompensado e que habilidades são necessárias para operar. Isso posto, manter o modelo de negócios presente significa que será difícil resolver a maioria dos trade-offs. A empresa provavelmente ficará apenas no Modo 2 (quando muito) e nunca chegará ao Modo 3 ou ao 4. A campanha da Nike para melhorar as condições de trabalho na cadeia de suprimentos exigiu transformações na maneira como a empresa produzia seus bens globalmente, em como projetava esses produtos, na variedade de mercadorias que poderia fabricar, na matéria-prima que poderia usar e, por último, no modo como vendia os produtos.

5. **Mobilizar talentos** inovadores para trabalhar na solução de trade-offs. Em muitos setores, a inovação em produtos é vista como o Santo Graal e entregue ao pessoal mais genial da casa. E se esses talentos voltassem sua atenção para resolver trade-offs entre stakeholders? Que soluções seriam possíveis se o fizessem? Usar trade-offs como estímulo à ação poderia produzir, de quebra, uma leva de ideias inovadoras para novos produtos ou serviços. É um truísmo dizer que as pessoas trabalham melhor e ficam mais contentes quando o que fazem é inspirador. Cada vez mais, o trabalhador – de vendedores de loja a altos executivos – está exigindo que a empresa tenha um propósito inspirador. Estudo após estudo mostra que os millennials, em particular, consideram o compromisso social e ambiental de uma empresa na hora de aceitar um emprego e até estão dispostos a ganhar menos para trabalhar para empresas socialmente responsáveis.[4] Pelo jeito, o que funciona para os millennials funciona também para a maioria de nós.

6. **Evitar** encarar os stakeholders como um suplemento às operações normais da empresa. Se lidar com os anseios dos stakeholders for visto como mero enfeite, e não um ingrediente indispensável da receita do bolo, o risco é que a empresa avance pouco. Pode haver alguma mudança de pequena proporção, talvez alguma repercussão temporariamente positiva, mas pouco será feito para alterar os trade-offs subjacentes. E, aliás, separar conversas ligadas a stakeholders de conversas ligadas ao lucro pode levar a uma "maquiagem social": dizer coisas para melhorar a imagem, mas só da boca para fora. Foi o caso da Volkswagen. Seu código de conduta alardeava as "ações responsáveis e honestas" da empresa e o uso das "mais avançadas e ecologicamente eficientes tecnologias disponíveis no mundo". Com suas 24 páginas, esse código ajudou a Volkswagen a entrar no índice de sustentabilidade da Dow Jones como a montadora mais sustentável do mundo em 2015, uma semana antes de a agência de proteção ambiental americana, a EPA, revelar a falsificação de dados de emissões pela empresa.[5] Naturalmente, a montadora não está mais no índice.

7. **Alinhar seus incentivos,** tanto formais quanto informais, aos desafios impostos por trade-offs. Se disser que deseja trabalhar pelas necessidades dos stakeholders, mas só fizer perguntas sobre resultados econômicos durante as sessões periódicas de avaliação, a organização não vai se empenhar seriamente para promover mudanças. Os exemplos da Nike e do Walmart mostram a importância da "accountability" – prestação de contas, no caso – para a mudança. O programa Nike Considered inclui indicadores, metas e dados. A meta do Walmart de comprar 20 bilhões de dólares em produtos de empresas comandadas por mulheres produziu muita inovação para localizar, capacitar e apoiar essas empreendedoras. Em geral, são necessárias metas ambiciosas, e não só graduais, para mudar a mentalidade

corrente do pessoal. Quando a Noruega instituiu cotas de 40% para mulheres em conselhos de administração, simplesmente não dava mais para usar desculpas sobre a falta de um pipeline de talentos ou a impossibilidade de encontrar mulheres qualificadas. Os líderes de empresas simplesmente foram a campo e acharam mulheres para instalar no conselho, ampliando as redes de contatos e repensando os critérios de seleção de candidatas a um assento. E saíram ganhando com isso. Hoje, os líderes noruegueses enxergam as cotas assim como vemos a proibição de fumar em restaurantes: algo que no passado teria parecido um problema, mas hoje é uma decisão aplaudida.[6] Alinhar incentivos provoca mudanças que não teríamos como prever e que nem sabíamos que apreciaríamos.

8. **Aprender fazendo.** Já que o conhecimento sobre como lidar com os trade-offs entre os stakeholders ainda está engatinhando, certamente haverá obstáculos inesperados à ação. O segredo será aprender com essas experiências e achar maneiras de contornar obstáculos ou avançar em novas direções, mais produtivas. O item 9, a seguir, recomenda à empresa simplesmente começar. É importante por causa do aprendizado que se acumula no processo. A certa altura, a análise não ajudará a resolver certos trade-offs. Você não terá todas as respostas e, portanto, o segredo é descobrir como ir aprendendo à medida que avança. Esse é um tema recorrente em todas as recomendações, aliás. Envolver os stakeholders significa aprender. Cocriar significa aprender. Uma mentalidade de crescimento – a humildade da curiosidade – vai produzir insights mais profundos e disruptivos, além de trazer agilidade para a ação.

9. **Por último, começar.** Nada do que abordei aqui é fácil. Os trade-offs são, por definição, algo difícil de resolver. Se fosse fácil, não precisaríamos de líderes tarimbados. Isso posto, a realidade do século 21 exige que as empresas levem em conta todos os

stakeholders, e não só acionistas interessados apenas no retorno de seu investimento. Ninguém tem a solução perfeita, mas o único jeito de avançar é começando.

Um de meus alunos disse que a revolução 360° exige um salto de fé. É provável que sim. Mas esse salto permite a descoberta de soluções novas, criativas. Dê esse salto. E chame mais gente para saltar junto.

Epílogo
Uma nova perspectiva para os stakeholders

Este livro foi escrito para líderes empresariais às voltas com a pressão exercida por distintos stakeholders. E se invertêssemos a perspectiva e perguntássemos o que podemos fazer como participantes da sociedade? Não somos só trabalhadores; somos também cidadãos. Se estamos preocupados com poluição, uso de energia, mudanças climáticas, direitos dos trabalhadores, consumismo, discriminação ou outros problemas criados pelo atual sistema capitalista, há algo que possamos fazer?

Vivemos um momento único no qual o cidadão aposta cada vez mais na iniciativa privada para alcançar objetivos sociais. Hoje, muita gente espera que empresas substituam o Estado quando este é débil, moroso ou nocivo. Cada vez mais, a iniciativa privada está satisfazendo essa expectativa. Nos Estados Unidos, líderes de importantes empresas basicamente desertaram o American Manufacturing Council – na esteira da renúncia do CEO da Merck, Kenneth Frazier, em 14 de agosto de 2017 – quando Donald Trump se calou diante de atos de supremacistas brancos. No Twitter, Frazier declarou:

> A força de nosso país vem de sua diversidade e da contribuição dada por homens e mulheres de diferentes religiões, raças,

orientações sexuais e crenças políticas. Os líderes da América devem honrar nossos valores fundamentais e rejeitar claramente manifestações de ódio, intolerância e supremacia racial que vão contra o ideal americano de que todas as pessoas nascem iguais. Como CEO da Merck e por uma questão de consciência pessoal, sinto a responsabilidade de me posicionar contra a intolerância e o extremismo.[1]

Em 2017, quando o governo americano começou a desmontar a regulamentação ambiental do país, o porta-voz do Walmart, Kevin Gardner, reagiu: "Esse trabalho está incorporado a nossas operações. [É] bom para a empresa, para nossos acionistas e para nossos clientes; se, nesse processo, formos capazes de produzir um impacto positivo também no planeta, será mais uma vitória". Mesmo com a nova política do governo, a meta do Walmart de obter metade de sua energia de fontes renováveis até 2025 não mudou. Em uma declaração conjunta, Apple, Amazon, Microsoft e Alphabet (a controladora do Google) afirmaram: "Acreditamos que políticas ambientais e de energia limpa fortes [...] podem tornar os fornecedores de energia renovável mais robustos e ajudar a enfrentar a séria ameaça da mudança climática, além de apoiar a competitividade, a inovação e o crescimento de empregos nos Estados Unidos". Procter & Gamble, Nestlé, Ikea, Levi Strauss e Best Buy também declararam que manteriam os compromissos ligados ao clima assumidos durante o governo Obama.[2]

Diante do aumento de massacres e crimes com armas de fogo nos Estados Unidos, o CEO da Levi's, Chip Bergh, impôs restrições ao porte de armas nas instalações da empresa e investiu recursos da Levi's na campanha para melhorar a regulamentação da área, criando o fórum Everytown Business Leaders for Gun Safety [Todos os Líderes Empresariais em Defesa da Segurança no Uso de Armas] em parceria com Michael Bloomberg, ex-prefeito de Nova York. Em um editorial, Bergh declarou: "Como líderes empresariais com poder tanto na esfera pública como na política, simplesmente não podemos permanecer calados diante de questões que ameaçam a própria estrutura da comunidade em que vivemos e trabalhamos. Embora nosso posicionamento possa desagradar alguns, cruzar os braços não é mais uma opção".[3]

Obviamente, o importante é que essas empresas façam o que pregam. Minha esperança é que, ao mostrar como muitas estão revendo, inovando (para superar) ou convivendo com trade-offs, este livro indique como cada um de nós – como cidadãos, consumidores, trabalhadores e investidores – pode ajudar a definir o papel da empresa na sociedade.

Um insight importante é que os stakeholders podem, sim, alterar o cálculo sobre os trade-offs relativos. Se o custo de agir de modo contrário aos interesses de certos públicos subir (devido a publicidade negativa, protestos, responsabilidade civil ou ações judiciais), fica mais fácil para a empresa justificar a ação. "Jamais diria isso dentro da companhia, mas quem protesta me ajuda a fazer meu trabalho", disse o diretor de sustentabilidade de uma grande empresa. Foi o que vimos, por exemplo, em empresas do Vale do Silício como Uber, Google e Facebook, que deixaram de exigir que denúncias de assédio sexual fossem obrigatoriamente resolvidas por arbitragem privada depois de escândalos e protestos de funcionários.[4]

Comecei a refletir sobre tudo isso logo no começo da minha carreira como consultora. Enquanto usava meu tempo para ajudar empresas a inovar mais e a dar um retorno maior aos investidores (comprei essa ideia, lembrem-se), minha irmã, Esther Kaplan, estava trabalhando com a ACT UP (AIDS Coalition to Unleash Power) para protestar contra a inação tanto do poder público como da iniciativa privada em relação à Aids: "Vi Esther e vários de seus colegas serem presos por bloquear o túnel Midtown em Nova York, invadir a sede do Centers for Disease Control em Atlanta e se acorrentar às portas de grandes laboratórios farmacêuticos. As manifestações atraíram atenção. Acontece, porém, que atenção não foi o suficiente".

Como bem mostrou David France no extraordinário documentário *How to Survive a Plague*, que depois se tornou livro (e como já mostraram muitos outros filmes, livros e artigos),[5] alguns desses ativistas (que mais tarde criaram o Treatment Action Group, ou TAG) achavam que uma via possível para promover mudanças era conseguir um lugar à mesa na qual eram tomadas decisões sobre o formato de ensaios clínicos e a liberação de medicamentos, tanto nas empresas como na Federal Drug Administration (FDA, o órgão de vigilância sanitária dos Estados Unidos). Além de terem preparado um guia sobre o processo na FDA, o grupo dava esclarecimentos sobre a síndrome para membros do ACT UP em todo o país. Um comitê de mídia transmitia toda essa informação à imprensa, ligando para redações e orquestrando aparições no rádio e na TV. O grupo fazia exigências muito específicas e focadas, pois tinha conhecimento profundo dos processos de descoberta e aprovação de medicamentos. Estudavam a fundo a biologia da doença e usavam os protestos para abrir a porta na marra. Conseguiram chegar à mesa, onde poderiam colaborar na concepção de ensaios clínicos e de sistemas para levar o tratamento a mais gente.

Durante todo esse processo, o protesto foi um elemento crucial. Quando medicamentos (imperfeitos) como o AZT chegaram ao mercado, os ativistas fizeram manifestações na Bolsa de Valores de Nova York para protestar contra os altos preços praticados pela Burroughs Wellcome, o que tornava o AZT inacessível para a maioria dos portadores do HIV. Peter Staley (que tinha trabalhado em Wall Street) e vários outros membros do ACT UP invadiram um escritório da Burroughs Wellcome em abril de 1989 e, em setembro daquele mesmo ano, se acorrentaram ao balcão VIP da bolsa, sopraram cornetas e abriram uma faixa que dizia "Sell Wellcome" [Vendam as ações da Wellcome], interrompendo pela primeira vez na história o sino de abertura do pregão. Fotógrafos da ACT UP infiltrados na bolsa enviaram fotos para a imprensa. O episódio viralizou tanto quanto era possível em uma era anterior às redes sociais. Dias depois, a Burroughs Wellcome derrubou o preço do AZT.

O trabalho do ACT UP e de outros grupos de ativismo como o TAG segue sendo um dos modelos de ação mais eficazes contra – e também com – participantes corporativos. Na batalha contra a Aids, sua vitória se deu não só nas ruas, mas também nas altas esferas do poder. Ao garantir que seus representantes fizessem parte do processo no qual governos e empresas concebiam e estruturavam ensaios clínicos, o ACT UP e o TAG contribuíram para o surgimento de drogas que impediram o HIV de ser uma sentença automática de morte.

Naturalmente, a fronteira aqui é tênue. Quando Peter Staley (primeiro no ACT UP e, depois, no TAG) batalhou para participar do processo decisório de laboratórios em medicamentos ligados à Aids, disseram que ele tinha sido comprado. Quando Adam Werbach, do Sierra Club, aceitou trabalhar com o Walmart na questão da sustentabilidade, foi acusado de ter se vendido.

Escrever um livro sobre como uma empresa deveria lidar com os trade-offs criados pelos diferentes interesses de cada público que a cerca também traz seus riscos. Estou sendo ousada o suficiente? Estou aceitando o mundo empresarial sem maiores questionamentos? O efeito das diretrizes que dou aqui será só marginal? Espero que não. A visão que tenho da empresa 360° é a de uma empresa que muda radicalmente os modelos de gestão e liderança que reinaram nas três últimas décadas. Na minha opinião, a colaboração verdadeira, a cocriação real, o diálogo franco e a inovação radical podem nos ajudar a criar novos modelos econômicos.

Como cidadãos, trabalhadores, consumidores e até investidores, podemos dar nossa contribuição.

Os trabalhadores – por meio de protestos e greves (ou ameaças de greve) – podem fazer pressão para que as empresas alterem suas políticas e práticas. O movimento trabalhista perdeu muita força nas últimas décadas; nos Estados Unidos, a sindicalização está em franco declínio. Isso posto, a campanha por melhores salários dos grupos OUR Walmart e Making Change at Walmart conseguiu que a empresa subisse o piso salarial para 10 dólares por hora em 2016.[6] O trabalhador também está usando as redes sociais para se fazer ouvir. Basta ver o relato de assédio sexual no Uber da engenheira Susan Fowler, que viralizou depois de postado em um blog[7] e levou o Uber a contratar o ex-procurador-geral Eric Holder para investigar o caso. Logo depois, o conselho de administração da empresa exigiu a saída do CEO Travis Kalanick e demitiu mais de 20 funcionários. Como vimos no Capítulo 4, na Nike as mulheres usaram uma sondagem interna para tentar mudar um ambiente de trabalho hostil. Sites como o Glassdoor dão ao trabalhador a oportunidade de avaliar a empresa para a qual trabalham. Hoje, ir parar em listas dos "piores lugares para trabalhar" do Glassdoor é um risco a considerar.[8]

Talvez também haja mudanças no lado da demanda dos consumidores – ainda que a passo lento. Apesar das ressalvas feitas no Capítulo 7, o consumidor pode, sim, mudar hábitos de consumo quando isso envolve um bem maior. A crescente conscientização do consumidor sobre os possíveis efeitos negativos de aditivos em alimentos e de açúcares e gorduras processados está causando problemas para muitas fabricantes de alimentos. A venda de cereais matinais nos Estados Unidos, por exemplo, caiu 25% de 2000 até o momento [2019]. A de refrigerantes (*per capita*), idem. Enquanto isso, a venda de refeições prontas para consumo subiu 30% só nos últimos cinco anos. E como a indústria está reagindo? A General Mills está eliminando todo flavorizante ou saborizante artificial de seus cereais. A Hershey's vai parar de usar aditivos como o polirricinoleato de poliglicerol, que os fabricantes de chocolate empregam para substituir a manteiga de cacau e reduzir os custos de produção. Produtores de carne como a Foster Farms estão reduzindo o uso de antibióticos. A Nestlé está investindo 50 milhões de dólares em um centro de P&D para desenvolver alimentos congelados saudáveis.[9] O consumidor também vem usando seu poder para influenciar a publicidade feita por empresas, ameaçando boicotar aquelas cujos anúncios aparecem ao lado de conteúdo de supremacistas brancos no YouTube e no Google. A organização de ativismo social Sleeping Giants fez uma campanha com o objetivo específico de detratar empresas cujos anúncios eram exibidos no site de mídia extremista Breitbart.[10]

Os investidores também podem ter o seu papel. Eles não estão mais exigindo só retorno financeiro. Aliás, cada vez mais querem ter certeza de que esse retorno não vai causar estragos. No caso das mudanças climáticas, por exemplo, os acionistas de algumas empresas de energia já fizeram propostas para exigir que a empresa avaliasse o impacto de suas ações voltadas para limitar o aquecimento global a 2 °C (a meta do Acordo de Paris de 2015). A tese é que essa análise apontaria custos e riscos para empresas que estão contribuindo para o aquecimento global, o que alteraria o cálculo para a ação lenta (ou a inação). Essas propostas receberam de um terço a metade dos votos de acionistas da Exxon Mobil, da Chevron e da Occidental Petroleum.[11] A rápida popularização de fundos e de outros veículos de investimento socialmente responsáveis é mais um sinal de que o investidor está votando com o bolso (tenha este dólares, ienes, euros ou o que for).

Assim, perceba que nada disso é grátis. Se o leitor ou a leitora for daqueles que gostam da rápida entrega da Amazon Prime, mas abomina as condições de trabalho em certos armazéns da Amazon, talvez a saída seja aceitar uma entrega mais demorada de outra loja. Se as ações de fabricantes de cigarro pagam os maiores dividendos, mas você não quer incentivar o tabagismo, é possível que sua carteira de investimentos dê um retorno menor. Se os maiores salários estão em empresas com uma ficha ruim no quesito discriminação, talvez seja preciso ganhar um pouco menos em uma empresa que você admire mais. Os ativistas gastam tempo, dinheiro e energia (e aceitam o risco de ir parar na cadeia ou sofrer agressões) para que sua voz seja ouvida. Os stakeholders também aceitam trade-offs. Colocar seus valores em prática pode ter um custo, mas também ajudar a produzir mudanças reais no mundo.

É por isso que acredito na empresa 360°. Porque ela leva a sério os interesses e as necessidades de todos os seus stakeholders. E porque não deixa ninguém fugir da própria responsabilidade: nem stakeholders, nem empresas.

A propósito do ativismo relativo à Aids, Peter Staley recorda:

> Algumas das narrativas mais comuns sobre o sucesso do ACT UP [...] mostram como estudávamos muito o assunto e [como] nossos especialistas no estudo da Aids conseguiram conduzir atores como o governo americano e laboratórios farmacêuticos na busca de um tratamento. Menos discutida, e acho que mais importante, é a história daqueles primeiros anos, quando saímos às ruas. Começamos a fazer ações nacionais em 1988. A primeira foi na FDA; fechamos [a agência] por um dia inteiro com mais de mil manifestantes [...]. Arriscamos nossa própria vida na FDA e, nesse processo, saímos do armário e derrubamos o mito do homossexual como alguém fraco, tímido, medroso, incapaz de brigar. Em vez disso, o público viu fúria e determinação organizadas [...].[12]

Essa fúria e essa determinação, quando organizadas, são justamente o que pode ajudar a criar a empresa 360°. Em vez de temer o conflito que isso gera, devíamos aceitá-lo de bom grado. É dessa tensão que surgem as maiores possibilidades de mudança.

ROTEIRO DA PARTE V

- Vivemos um momento único no qual o cidadão aposta cada vez mais na iniciativa privada para alcançar objetivos sociais. Hoje, muita gente espera que as empresas substituam o Estado quando este é débil, moroso ou nocivo. A iniciativa privada está correspondendo cada vez mais a essa expectativa.

- A liderança no século 21 vai exigir habilidades diferentes, mais relacionadas à colaboração, mais focadas no questionamento, mais voltadas a mobilizar gente talentosa, mais a ver com humildade, mais a ver com diálogo. Essas características se tornam ainda mais importantes quando consideramos o novo imperativo de liderar empresas não só para atingir metas de acionistas, mas levando em conta também todos os demais stakeholders que circundam a organização.
- O desafio de liderança para a revolução 360° é repleto de incógnitas, complexidade e tensões às vezes indissolúveis. Mas também é cheio de inspiração, criatividade, paixão e significado. São as dificuldades que tornam possíveis grandes avanços.
- Na hora de colocar isso tudo em prática, o líder é guiado por nove princípios, que vão de fazer perguntas e cocriar com stakeholders a usar atritos para inovar, descartar o modelo de negócios atual, mobilizar talentos, não tratar a responsabilidade social como mero apêndice, alinhar incentivos, aprender fazendo. E, o mais importante de tudo: simplesmente começar.
- Cada grupo de stakeholders também tem de fazer sua parte. Somos cidadãos, consumidores, trabalhadores, investidores. Protestos, boicotes, pressão em redes sociais, voto por procuração e outras ações podem influenciar tudo o que uma empresa faz. Essa determinação organizada – e até fúria, talvez – é justamente o que pode ajudar a criar a empresa 360°. Em vez de temer o conflito que isso cria, devemos aceitá-lo. É dessa tensão, nascida de trade-offs, que surgem os maiores insights e as maiores possibilidades de mudança.

- A empresa 360° leva a sério os interesses e as necessidades de todos os seus stakeholders. Não deixa ninguém fugir da própria responsabilidade, nem stakeholders, nem empresas. E nisso reside a possibilidade de uma nova economia.

Agradecimentos

Minha primeira dívida de gratidão é com os alunos do MBA da Rotman School of Management (Universidade de Toronto) que optam pelo módulo que ensino – o "Corporation 360°", que serve de base para este livro. Já apliquei o módulo 15 vezes a um total de quase 600 alunos, e foi a participação deles, seus questionamentos e suas ideias que me levaram a desenvolver e aprimorar o modelo que aqui apresento. Sou igualmente grata a meus assistentes de pesquisa ao longo dos anos – Stephanie Gibson, Matthew Literovich e Rachel Megitt –, que me ajudaram a elaborar o currículo e a refinar o conteúdo. A Rotman School também merece um grande obrigado por aceitar minha sugestão de criar uma disciplina que ninguém até então havia ministrado em uma escola de negócios. Charles Fishman, cujo livro *The Walmart Effect* foi fonte de inspiração, teve a generosidade de vir em pessoa a Toronto várias vezes e de conversar via Skype comigo e meus alunos. A convite, muita gente passou por minha sala de aula, todos trazendo perspectivas e informações interessantes e, não raro, contrastantes: Iwona Gwozdz, Oliver Horton, Rob McClinton, Kathleen McLaughlin, Lesley Smith e Chris West (todos do Walmart); Eric Grimes (Nike); Shelley Martin (Nestlé); Mauro Pambianchi (SmartCentres); Daniel Salmon (BMO Capital Markets); Marcelo Affonso e equipe (Amazon); Brad Stone (Bloomberg Businessweek); Marina Strauss (The Globe and Mail); professor Rick Locke (ex-MIT, agora na Universidade Brown); professor Harry Mahler (OCAD); e professores Lisa Austin, Tiziana Casciaro, Wendy Dobson, Richard Florida, Rafael Gomez, Heather-Anne Irwin, Brian Languille, Geoff Leonardelli, Anita McGahan, Kerry Rittich, Maria Rotundo, Brian Silverman, Dilip Soman, Anil Verma, Joseph Wong e Jia-Lin Xie (todos da Universidade de Toronto). Meu grupo informal de pesquisa do doutorado, com quem até hoje me reúno regularmente, esteve sempre pronto a ajudar. Tive vários outros excelentes interlocutores no meio acadêmico, nomes demais para mencionar aqui, cujo trabalho é incorporado e citado no livro. Sou grata à minha equipe, principalmente a Alyson Colón e Victoria Heath, do Institute for Gender and the Economy, por tocar o barco enquanto eu finalizava o livro, e pela incrível equipe de marketing da Rotman, sobretudo Steve Arenburg, Karen Christensen e Ken McGuffin, pelo forte apoio. As agentes literárias Kristina Moore e Hannah Townsend, da Wylie Agency, foram exatamente o que precisava: simples, diretas e extremamente eficientes. Steve Catalano, meu editor na Stanford University Press, agiu com empenho para melhorar a mensagem do livro, juntamente com dois revisores que ajudaram muito. Agradeço a meus pais e irmãs – Hesh (que pegou vários erros de digitação!), Meredith, Esther, Sharon, Rachel e suas famílias – por sempre me apoiarem e, sobretudo, a minha irmã Esther Kaplan, cuja dedicação à causa da justiça social nos manteve em um diálogo constante e enriquecedor sobre o papel das empresas na sociedade. Acima de tudo, foi minha companheira, a professora Anita McGahan, que me inspirou a ensinar essa disciplina e a escrever o livro. Seu compromisso de tratar dos desafios mais difíceis do mundo – principalmente a saúde mundial – foi um farol para mim e mantém nossa conversa à mesa do jantar sempre animada. Além disso, ela acredita em mim, o que me deu o espaço de que eu precisava para mergulhar fundo no tema deste livro e trabalhar suas ideias.

Notas

Prefácio: A empresa na sociedade

1. Essa ideia é um princípio fundamental de muitas faculdades de administração e tem origem no artigo de Milton Friedman "The Social Responsibility of Business Is to Increase Its Profits", *New York Times Magazine*, 13 set. 1970. Disponível em: <https://www.colorado.edu/studentgroups/libertarians/issues/friedman-soc-resp-business.html>. Acesso em: 28 jun. 2018. Gerald F. Davis, em *Managed by the Markets: How Finance Re-Shaped America* (Oxford: Oxford University Press, 2009), discute a evolução do consenso em torno do valor ao acionista na década de 1970.
2. "Certified B Corporation", B Labs, <https://www.bcorporation.net/what-are-b-corps>. Acesso em: 2 jun. 2018.
3. Andrew Kassoy, Bart Houlahan e Jay Coen Gilbert, fundadores da B Lab, "Your Business Should Be a Force for Good: An Open Letter to Business Leaders", *B the Change*, 6 fev. 2017, <https://bthechange.com/your-business-should-be-a-force-for-good-an-open-letter-to-business-leaders-b6909beab17f>. Acesso em: 2 jun. 2018.
4. Larry Fink, "Larry Fink's Annual Letter to CEOs: A Sense of Purpose", *BlackRock 2018*, <https://www.blackrock.com/corporate/investor-relations/larry-fink-ceo-letter>. Acesso em: 2 jun. 2018.
5. Na história da atividade empresarial, não é a primeira vez que a questão da responsabilidade social vem à tona. A última vez que a questão foi discutida seriamente foi na esteira da agitação coletiva e dos movimentos sociais das décadas de 1960 e 1970, quando se debateu ferozmente a

natureza da empresa. Foi nesse contexto que Milton Friedman publicou "The Social Responsibility of Business Is to Increase Its Profits", que será discutido em mais detalhe no Capítulo 1. Embora o modelo de Friedman tenha reinado nas décadas de 1980 e 1990, muito se discutiu na literatura administrativa sobre um modelo de responsabilidade corporativa. Archie Carroll foi uma figura importante nesse debate; veja o artigo "The Pyramid of Corporate Social Responsibility: Towards the Moral Management of Organizational Stakeholders" (*Business Horizons*, jul.-ago. 1991, pp. 39-48). Esse trabalho colocou a responsabilidade social no topo de uma pirâmide (como na hierarquia de necessidades de Maslow) na qual a responsabilidade econômica de dar lucro seria a base; a responsabilidade legal de obedecer às leis e a responsabilidade ética de agir de forma correta e justa estariam no meio da pirâmide; e, por último, no topo, o que Carroll chamou de responsabilidade filantrópica de contribuir para a comunidade. Essa discussão acabou incorporada à crescente regulamentação pelo Estado – o que, nos Estados Unidos, incluiu a criação de entidades como a Environmental Protection Agency (EPA), a Consumer Product Safety Commission (CPSC), a Equal Employment Opportunity Commission (EEOC) e a Occupational Safety and Health Administration (OSHA) –, o que obrigou as empresas a levar esses stakeholders em consideração por razões legais. Agora, na segunda década do século 21, a discussão está assumindo outra forma, que não depende da regulamentação pelo Estado para a ação e na qual as necessidades dos stakeholders não são uma consideração de importância secundária após o lucro (agradeço a Bretton Fosbrook por me indicar essas ideias).

1. A destruição criativa revisitada

1. Devin Leonard, "'The Only Lifeline Was the Wal-Mart'", *Fortune*, 3 out. 2005, <http://archive.fortune.com/magazines/fortune/fortune_archiv/2005/10/03/8356743/index.htm>. Acesso em: 9 jan. 2019.
2. Michael Barbaro e Justin Gillis, "Wal-Mart at the Forefront of Hurricane Relief", *Washington Post*, 6 set. 2005, <http://www.washingtonpost.com/wp-dyn/content/article/2005/09/05/AR2005090501598.html>. Acesso em: 9 jan. 2019.
3. Barbaro e Gillis, "Wal-Mart at the Forefront of Hurricane Relief".

4. Citado em Philip Mattera, "Disaster as Relief: How Wal-Mart Used Hurricane Katrina to Repair Its Image", Corporate Research Project, *Corporate Research E-Letter*, n. 55, set.-out. 2005, <https://www.corp-research.org/e-letter/disaster-relief>. Acesso em: 9 jan. 2019.
5. Mattera, "Disaster as Relief".
6. Kathleen McLaughlin, citada em Sarah Kaplan, "Walmart's Journey to Sustainability", *Rotman Management Magazine*, inverno 2017, <http://www.rotman.utoronto.ca/Connect/Rotman-MAG/Back-Issues/2017/Back-Issues---2017/Winter2017-SmartPower/Winter2017-SarahKaplan-WalmartsJourney toSustainability>. Acesso em: 21 jun. 2018.
7. Governance and Accountability Institute, "Flash Report: Eighty One Percent of the S&P 500 Index Companies Published Corporate Sustainability Reports in 2015", 15 mar. 2016, <http://www.ga-institute.com/nc/issue-master-system/news-details/article/flash-report-eighty-one-percent-81-of-the-sp-500-index-companies-published-corporate-sustainabi.html>. Acesso em: 31 ago. 2017.
8. Arquivo de relatórios da Global Reporting Initiative, <https://www.globalreporting.org/services/Analysis/Reports_List/Pages/default.aspx>. Acesso em: 31 ago. 2017.
9. Veja exemplo em Michael C. Jensen, "Value Maximization, Stakeholder Theory, and the Corporate Objective Function", *Journal of Applied Corporate Finance* 14, n. 3 (2005), pp. 8-21. Jensen sustenta que é "logicamente impossível maximizar mais de uma dimensão", p. 10.
10. Milton Friedman, "The Social Responsibility of Business Is to Increase Its Profits", *New York Times Magazine*, 13 set. 1970. Disponível em: <https://www.colorado.edu/studentgroups/libertarians/issues/friedman-soc-resp-business.html>. Acesso em: 28 jun. 2018.
11. Michael E. Porter e Mark R. Kramer, "Strategy and Society", *Harvard Business Review* 84, n. 12 (dez. 2006): pp. 78-92; Porter e Kramer, "Creating Shared Value", *Harvard Business Review* 89, n. 1-2 (2011): pp. 62-77.
12. Porter e Kramer, "Strategy and Society", p. 84.
13. Walmart, "Wal-Mart Completes Goal to Sell Only Concentrated Liquid Laundry Detergent", comunicado de imprensa, 29 maio 2008, <http://corporate.walmart.com/_news_/news-archive/2008/05/29/wal-mart-completes-goal-to-sell-only-concentrated-liquid-laundry-detergent>. Acesso em: 31 ago. 2017.

14. Kevin Mahn, "The Changing Face of Socially Responsible Investing", *Forbes*, 26 abr. 2016, <http://www.forbes.com/sites/advisor/2016/04/26/the-changing-face-of-socially-responsible-investing/#3e6f3acf66d0>. Acesso em: 31 ago. 2017.
15. John Acher, "Norway Dumps Wal-Mart from $240 Billion Investment Fund", Reuters, 6 jun. 2006.
16. Jonathan Cooper, "California Pension System Reconsiders Tobacco Divestment", Associated Press, 14 abr. 2016, <http://bigstory.ap.org/article/daae3889b0bb4bc7a85415e35fe82e22/california-pension-system-reconsiders-tobacco-divestment>. Acesso em: 31 ago. 2017.
17. Do site do Interfaith Center on Corporate Responsibility, <http://www.iccr.org/about-iccr>. Acesso em: 31 ago. 2017.
18. *Retorno total aos acionistas* ou *retorno total do acionista* é um indicador do desempenho da empresa para os detentores de suas ações. Inclui a valorização (ou depreciação) da ação, bem como dividendos pagos no período. O indicador pressupõe que os dividendos serão reinvestidos na compra de novas ações e é apresentado como uma taxa de crescimento anual composta. Esse indicador permite uma comparação em termos mais equiparáveis de "growth stocks" – empresas que investem o caixa em crescimento e, portanto, esperariam maior valorização da ação – e de "value stocks" – empresas que usam caixa para pagar dividendos a acionistas. Esse indicador mede apenas o valor financeiro gerado para investidores e ignora qualquer outro stakeholder da empresa.
19. Richard N. Foster e Sarah Kaplan, *Creative Destruction: Why Companies That Are Built to Last Underperform the Market – And How to Successfully Transform Them* (Nova York: Currency/Doubleday, 2001). [Ed. brasileira: *Destruição criativa*. São Paulo: Campus, 2002.]
20. "Creating Shared Value", Nestlé, <http://www.nestle.com/csv/what-is-csv>. Acesso em: 31 ago. 2017.
21. "2016 Global Responsibility Report", Wal-Mart Inc., <http://cdn.corporate.walmart.com/04/23/176a88fc474c92306f04555815ce/2016-global-responsibility-report.pdf>. Acesso em: 31 ago. 2017. Grifos da autora.
22. Como bem sintetizado em Aseem Kaul e Jiao Luo, "An Economic Case for CSR: The Comparative Efficiency of For-Profit Firms in the Market

for Social Goods" (documento de trabalho, mar. 2016), <https://papers.ssrn.com/sol3/papers.cfm?abstract_id=2600780>. Acesso em: 31 ago. 2017.

23. Michael E. Porter, *Competitive Strategy: Techniques for Analyzing Industries and Competitors* (Nova York: Free Press, 1980) [Ed. brasileira: *Estratégia competitiva: técnicas para análise de indústrias e da concorrência*. São Paulo: GEN Atlas, 2005.]; *Competitive Advantage: Creating and Sustaining Superior Performance* (Nova York: Free Press, 1985). [Ed. brasileira: *Vantagem competitiva: criando e sustentando um desempenho superior*. São Paulo: GEN Atlas, 1989.]

24. M. M. Blair e L. A. Stout, "A Team Production Theory of Corporate Law", *Virginia Law Review* 85, n. 2 (1999): pp. 101-182; P. Klein, J. Mahoney, A. Mc-Gahan e C. Pitelis, "A Property Rights Approach for a Stakeholder Theory of the Firm", *Strategic Organization* 10, n. 3 (2012): pp. 304-315.

25. Ver exemplos de benefícios de LGBTQ, reciclagem e biotecnologia: F. Briscoe e S. Safford, "The Nixon-in-China Effect: Activism, Imitation and the Institutionalization of Contentious Practices", *Administrative Science Quarterly* 53, n. 3 (2008): pp. 460-491; M. Lounsbury, M. J. Ventresca e P. M. Hirsch, "Social Movements, Field Frames and Industry Emergence: A Cultural-Political Perspective on US Recycling", *Socio-Economic Review* 1, n. 1 (2003): pp. 71-104; K. Weber, L. G. Thomas e H. Rao, "From Streets to Suites: How the Anti-Biotech Movement Affected German Pharmaceutical Firms", *American Sociological Review* 74, n. 1 (2009): pp. 106-127.

26. Ingrid Eckerman, *The Bhopal Saga: Causes and Consequences of the World's Largest Industrial Disaster* (Hyderabad, Índia: Universities Press, 2005).

27. Ram Nidumolu, C. K. Prahalad e M. R. Rangaswami, "Why Sustainability Is Now the Key Driver of Innovation", *Harvard Business Review* 87, n. 9 (set. 2009): pp. 57-64.

28. Ver, como exemplos: T. Hahn, L. Preuss, J. Pinkse e F. Figge, "Cognitive Frames in Corporate Sustainability: Managerial Sensemaking with Paradoxical and Business Case Frames", *Academy of Management Review* 39, n. 4 (2014): pp. 463-487; e Hahn, Pinkse, Preuss e Figge, "Tensions in Corporate Sustainability: Towards an Integrative Framework", *Journal of Business Ethics* 127, n. 2 (2015): pp. 297-316.

29. N. Slawinski e P. Bansal, "Short on Time: Intertemporal Tensions in Business Sustainability", *Organization Science* 26, n. 2 (2015): pp. 531-549.

30. Jensen, em "Value Maximization, Stakeholder Theory and the Corporate Objective Function", sustenta que é "logicamente impossível maximizar mais de uma dimensão", p. 10.

31. P. E. Tetlock, R. S. Peterson e J. S. Lerner, "Revising the Value Pluralism Model: Incorporating Social Content and Context Postulates", em *The Psychology of Values*, Ontario Symposium, vol. 8, ed. C. Seligman, J. M. Olson e M. P. Zanna (Mahwah, NJ: L. Erlbaum Associates, 1996), pp. 25--51; R. K. Mitchell, G. R. Weaver, B. R. Agle, A. D. Bailey e J. Carlson, "Stakeholder Agency and Social Welfare: Pluralism and Decision Making in the Multi-Objective Corporation", *Academy of Management Review* 41, n. 2 (2016): pp. 252-275.

32. Essas ideias foram propostas por adeptos de um pragmatismo inspirado em John Dewey na governança empresarial, como Charles F. Sabel e Jonathan Zeitlin, "Experimentalist Governance", em *Oxford Handbook of Governance*, ed. David Levi-Faur (Oxford: Oxford University Press, 2012), pp. 2-4; Christopher K. Ansell e Martin Bartenberger, "Varieties of Experimentalism", *Ecological Economics* 130 (2016): pp. 64-73; e D. A. Schön, *The Reflective Practitioner: How Professionals Think in Action* (Nova York: Basic Books, 1983).

33. R. G. Eccles, I. Ioannou e G. Serafeim, "The Impact of Corporate Sustainability on Organizational Processes and Performance", *Management Science* 60, n. 11 (2014): pp. 2835-2857.

34. Concluído o processo de avaliação, entrei em contato com o avaliador e recebi autorização para publicar esse trecho da avaliação.

2. Antes de correr, é preciso caminhar

1. Stephen P. Bradley, Pankaj Ghemawat e Sharon Foley, "Wal-Mart Stores", Harvard Business School Publishing, caso n. 794024, 20 jan. 1994.

2. Citado em Sam Walton com John Huey, *Made in America: My Story* (Nova York: Doubleday, 1992), p. 237. [Ed. brasileira: *Sam Walton: Made in America*. Rio de Janeiro: Alta Books, 2017.]

3. Ann Zimmerman, "Pro-Union Butchers at Wal-Mart Win a Battle, but Lose the War", *Wall Street Journal*, 11 abr. 2000, <http://www.wsj.com/articles/SB955407680495911513>. Acesso em: 31 ago. 2017.
4. Citação e link em Steven Greenhouse, "How Walmart Persuades Its Workers Not to Unionize", *Atlantic*, 8 jun. 2015, <https://www.theatlantic.com/business/archive/2015/06/how-walmart-convinces-its-employees-not-to-unionize/395051/>. Acesso em: 12 jan. 2019.
5. Susan Berfield, "How Walmart Keeps an Eye on Its Massive Workforce", *Bloomberg Businessweek*, 24 nov. 2015, <http://www.bloomberg.com/features/2015-walmart-union-surveillance/>. Acesso em: 31 ago. 2017.
6. Steve Greenhouse, "Illegally in US and Never a Day Off at Wal-Mart", *New York Times*, 5 nov. 2003, <https://www.nytimes.com/2003/11/05/us/illegally-in-us-and-never-a-day-off-at-wal-mart.html>. Acesso em: 12 jan. 2019; Greenhouse, "Wal-Mart to Pay US$ 11 Million in Lawsuit on Illegal Workers", *New York Times*, 19 mar. 2005, <https://www.nytimes.com/2005/03/19/business/walmart-to-pay-us-11-million-in-lawsuit-on-illegal-workers.html>. Acesso em: 12 jan. 2019.
7. Trecho extraído do documentário *Wal-Mart: The High Cost of Low Price*, de Robert Greenwald, 2005.
8. Anne D'Innocenzio, "Wal-Mart Raises Pay for Managers", *US News and World Report*, 2 jun. 2015.
9. Liza Featherstone, "Wage Against the Machine", Slate, 27 jun. 2008, <http://www.slate.com/articles/business/moneybox/2008/06/wage_against_the_machine.html>. Acesso em: 31 ago. 2017.
10. Featherstone, "Wage Against the Machine".
11. Shannon Pettypiece, "Wal-Mart Cuts Some Workers' Hours After Pay Raise Boosts Costs", *Bloomberg Businessweek*, 31 ago. 2015, <http://www.bloomberg.com/news/articles/2015-08-31/wal-mart-cuts-some-workers-hours-after-pay-raise-boosts-costs>. Acesso em: 31 ago. 2017.
12. Tim Worstall, "Of Course Walmart Cut Hours After Raising Pay – What Did You Expect?" *Forbes*, 1 set. 2015, <http://www.forbes.com/sites/timworstall/2015/09/01/of-course-walmart-cut-hours-after-raising-pay-what-did-anyone-expect/#53f31a1f0223>. Acesso em: 31 ago. 2017.
13. Geraldine E. Willigan, "High-Performance Marketing: An Interview with Nike's Phil Knight", *Harvard Business Review* 70, n. 4 (jul-ago 1992):

pp. 90-101, <https://hbr.org/1992/07/high-performance-marketing-
-an-interview-with-nikes-phil-knight>. Acesso em: 31 ago. 2017.

14. Ver site da Nike, <http://about.nike.com/>. Acesso em: 31 ago. 2017.

15. Bob Herbert, "In America: Nike's Pyramid Scheme", *New York Times*, 10 jun. 1996, <http://www.nytimes.com/1996/06/10/opinion/in-america-nike-s-pyramid-scheme.html>. Acesso em: 31 ago. 2017.

16. David C. Rikert e C. Roland Christensen, "Nike (A)", Harvard Business School, caso n. 385024, 15 maio 1990; Matthew Kish, "The Cost Breakdown of a $100 Pair of Sneakers", *Portland Business Journal*, 16 dez. 2014, <http://www.bizjournals.com/portland/blog/threads_and_laces/2014/12/the-cost-breakdown-of-a-100-pair-of-sneakers.html?s=image_gallery>. Acesso em: 31 ago. 2017.

17. Phil Knight, "New Labor Initiatives", discurso no National Press Club, 12 maio 1998, <http://business.nmsu.edu/~dboje/NIKphilspeech.html>. Acesso em: 31 ago. 2017. Para a versão original em vídeo, ver gravação do evento (59 minutos) da CSPAN: "Nike in the Global Economy", C-SPAN, 12 maio 1998, <https://www.c-span.org/video/?105477-1/nike-global-economy>. Acesso em: 12 jan. 2019.

18. Exemplo: Sarah Kaplan, "Truce Breaking and Remaking: The CEO's Role in Changing Organizational Routines", em *Cognition and Strategy*, Advances in Strategic Management, vol. 32, ed. Giovanni Gavetti e William Ocasio (Bingley, Reino Unido: Emerald Group, 2015), pp. 1-45; J. P. Eggers e Sarah Kaplan, "Cognition and Capabilities: A Multi--Level Perspective", *Academy of Management Annals*, 7 (2013): pp. 295-340; Sarah Kaplan, "Cognition, Capabilities and Incentives: Assessing Firm Response to the Fiber-Optic Revolution", *Academy of Management Journal* 51, n. 4 (2008): pp. 672-695; Sarah Kaplan e Rebecca Henderson, "Inertia and Incentives: Bridging Organizational Economics and Organizational Theory", *Organization Science* 16, n. 5 (2005): pp. 509-521; Sarah Kaplan, Fiona Murray e Rebecca M. Henderson, "Discontinuities and Senior Management: Assessing the Role of Recognition in Pharmaceutical Firm Response to Biotechnology", *Industrial and Corporate Change* 12, n. 4 (2003): pp. 203-233.

19. Exemplo: R. E. Freeman, *Strategic Management: A Stakeholder Approach* (Boston: Pitman, 1984).

20. Ver Tim Koller, Marc Goedhart e David Wessels, *Valuation: Measuring and Managing the Value of Companies* (Hoboken, NJ: Wiley, 2005), agora na sexta edição. Há um bom resumo em Koller, "What Is Value-Based Management?", *McKinsey Quarterly*, ago. 1994, <http://www.mckinsey.com/business-functions/strategy-and-corporate-finance/our-insights/what-is-value-based-management>. Acesso em: 31 ago. 2017.
21. "FY 16/17 Sustainable Business Report", Nike, Inc., <https://sbi-stg-s3-media-bucket.s3.amazonaws.com/wp-content/uploads/2018/05/18175102/NIKE-FY1617-Sustainable-Business-Report_FINAL.pdf>. Acesso em: 12 jan. 2019.
22. Matthew Hall, Yuval Millo e Emily Barman, "Who and What Really Counts? Stakeholder Prioritization and Accounting for Social Value", *Journal of Management Studies* 52, n. 7 (2015): pp. 907-934.
23. "2018 Global Responsibility Report", Wal-Mart Inc., <https://corporate.walmart.com/2018grr/>. Acesso em: 12 jan. 2019; "FY 16/17 Sustainable Business Report", Nike, Inc., <https://sbi-stg-s3-media-bucket.s3.amazonaws.com/wp-content/uploads/2018/05/18175102/NIKE-FY1617-Sustainable-Business-Report_FINAL.pdf>. Acesso em: 12 jan. 2019.
24. Charles Fishman, "How Many Lightbulbs Does It Take to Change the World? One. And You're Looking at It", *Fast Company*, 1 set. 2006, <https://www.fastcompany.com/57676/how-many-lightbulbs-does-it-take-change-world-one-and-you're-looking-it>. Acesso em: 12 jan. 2019; e Stephanie Rosenbloom e Michael Barbara, "Environmental Sustainability, Now at Wal-Mart", *New York Times*, 5 fev. 2009, <https://www.nytimes.com/2009/01/25/business/worldbusiness/25iht-25walmart.19647095.html>. Acesso em: 12 jan. 2019.
25. Matthew Heimer, "'Do Some Uncomfortable and Inconvenient Things': A Civil Rights Champion's Call to Action for CEOs", *Fortune*, 27 jun. 2018, <http://fortune.com/2018/06/26/bryan-stevenson-ceo-initiative/>. Acesso em: 28 jun. 2018.

3. Existe de fato um ganha-ganha?

1. "2018 Global Responsibility Report", Wal-Mart Inc., <https://corporate.walmart.com/2018grr/>. Acesso em: 30 maio 2018.

2. "FY 16/17 Sustainable Business Report", Nike, Inc., <https://sbi-stg-s3-media-bucket.s3.amazonaws.com/wp-content/uploads/2018/05/18175102/NIKE-FY1617-Sustainable-Business-Report_FINAL.pdf>. Acesso em: 12 jan. 2019.
3. Wal-Mart, "Wal-Mart to Sell Only Concentrated Products in Liquid Laundry Detergent Category by May 2008", comunicado de imprensa, 26 set. 2007, <https://corporate.walmart.com/_news_/news-archive/2007/09/26/wal-mart-to-sell-only-concentrated-products-in-liquid-laundry-detergent-category-by-may-2008>. Acesso em: 30 maio 2018; Wal-Mart, "Wal-Mart Completes Goal to Sell Only Concentrated Laundry Detergent", comunicado de imprensa, 29 maio 2008, <https://corporate.walmart.com/_news_/news-archive/2008/05/29/wal-mart-completes-goal-to-sell-only-concentrated-liquid-laundry-detergent>. Acesso em: 30 maio 2018.
4. Há boas sínteses em Rebecca Henderson, "Making the Business Case for Environmental Sustainability" (documento de trabalho 15-068, Harvard Business School, 19 fev. 2015); e "The Business Case for Corporate Social Responsibility", Conference Board, jun. 2011, <https://www.conference-board.org/publications/publicationdetail.cfm?publicationid=1954>. Acesso em: 30 maio 2018.
5. "FY 16/17 Sustainable Business Report", Nike, Inc.
6. Sustento essa tese em mais detalhes em Sarah Kaplan, "Beyond the Business Case for Social Responsibility", *Academy of Management Discoveries*, <https://journals.aom.org/doi/10.5465/amd.2018.0220.
7. O argumento é baseado na teoria da justificação do sistema conforme expressa nos seguintes artigos: Sebastian Hafenbrädl e Daniel Waeger, "Ideology and the Micro-Foundations of CSR: Why Executives Believe in the Business Case for CSR and How This Affects Their CSR Engagements", *Academy of Management Journal* 60, n. 4 (2017): pp. 1582--1606; D. Proudfoot e A. C. Kay, "System Justification in Organizational Contexts: How a Motivated Preference for the Status Quo Can Affect Organizational Attitudes and Behaviors", *Research in Organizational Behavior* 34 (2014): pp. 173-187; J. T. Jost e M. R. Banaji, "The Role of Stereotyping in System-Justification and the Production of False Consciousness", *British Journal of Social Psychology* 33 (1994): pp. 1-27; J. T. Jost, M.R. Banaji e B. Nosek, "A Decade of System Justification Theory:

Accumulated Evidence of Conscious and Unconscious Bolstering of the Status Quo", *Political Psychology* 25 (2004): pp. 881-919.

8. A jurista Jamillah Bowman Williams mostra que argumentos baseados em direitos civis são mais propensos a provocar comportamentos inclusivos, ao passo que justificativas de caráter econômico podem levar a crenças negativas sobre a inclusão. Ver Williams, "Breaking Down Bias: Legal Mandates vs. Corporate Interests", *Washington Law Review* 92, n. 3 (2017): pp. 1473-1513. Na mesma veia, Miguel M. Unzueta e Eric D. Knowles sugerem que incorporar justificativas em explicações socioculturais de desigualdades (como noções de privilégio) pode ser mais eficaz do que justificativas de maximização do lucro. Ver Unzueta e Knowles, "The 'Business Case' for Diversity May Not by Itself Make the Strongest Case for Diversity", em *Diversity Ideologies in Organizations*, ed. Kecia M. Thomas, Victoria C. Plaut e Ny Mia Tran (Nova York e Londres: Routledge), pp. 257-267.

9. H. J. Birnbaum, E. P. Apfelbaum e A. Waytz, "When the Business Case Backfires: Competitive Advantage Standards Jeopardize Lasting Support for Diversity" (documento de trabalho, MIT Sloan, 2018).

10. Andrew Crane, Guido Palazzo, Laura J. Spence e Dirk Matten, "Contesting the Value of 'Creating Shared Value'", *California Management Review* 56, n. 2 (2014): pp. 130-153.

11. "A Response to Andrew Crane et al.'s Article by Michael E. Porter and Mark R. Kramer", *California Management Review* 56, n. 2 (inverno 2014): pp. 130-153.

12. David Kiron, Gregory Unruh, Nina Kruschwitz, Martin Reeves, Holger Rubel e Alexander Meyer Zum Felde, "Corporate Sustainability at a Crossroads", *MIT Sloan Management Review*, maio 2017, reimpressão n. 58480.

4. Dificuldades com o business case

1. Tim Smedley, "The Evidence Is Growing – There Really Is a Business Case for Diversity", *Financial Times*, 14 maio 2014, <https://www.ft.com/content/4f4b3c8e-d521-11e3-9187-00144feabdc0>. Acesso em: 13 mar. 2018. Vivian Hunt, Lareina Yee, Sara Prince e Sundiatu Dixon-Fyle,

"Delivering Through Diversity", McKinsey & Company, jan. 2018, <https://www.mckinsey.com/business-functions/organization/our-insights/delivering-through-diversity>. Acesso em: 13 mar. 2018.

2. Michel Landel, "Gender Balance and the Link to Performance", *McKinsey Quarterly*, fev. 2015, <https://www.mckinsey.com/featured-insights/leadership/gender-balance-and-the-link-to-performance>. Acesso em: 13 mar. 2018.

3. Oliver Cann, "Gender Equality Is Sliding Backwards Finds Our Global Report", World Economic Forum, <https://www.weforum.org/agenda/2016/10/gender-gap-report-2016-equality-sliding-backwards/>. Acesso em: 26 out. 2016.

4. Depoimento de Claudia Renati em "Support of Plaintiffs' Motion for Class Certification", US District Court, Northern District of California, caso n. C-01-2252 MJJ, <http://walmartclass.com/staticdata/walmartclass/declarations/Renati_Claudia.htm>. Acesso em: 12 nov. 2015.

5. Depoimento de Ramona Scott em "Support of Plaintiff s' Motion for Class Certification", US District Court, Northern District of California, caso n. C-01-2252 MJJ, <http://walmartclass.com/staticdata/walmartclass/declarations/Scott_Ramona.htm>. Acesso em: 12 nov. 2015.

6. Wal-Mart Stores, Inc. v. Dukes, 564 U.S. 338, 131 S. Ct. 2541 (2011). Decisão proferida pela Suprema Corte dos Estados Unidos em 20 jun. 2011.

7. Ira Kalb, "Wal-Mart vs. 1.5 Million Women: Can the Company's Reputation Be Saved?", *CBS Moneywatch*, 31 mar. 2011, <https://www.cbsnews.com/news/wal-mart-vs-15-million-women-can-the-companys-reputation-be-saved/>. Acesso em: 14 mar. 2018. Informações sobre o documentário de 2005 de Robert Greenwald (*Walmart: The High Cost of Low Price*) disponíveis em <https://www.bravenewfilms.org/walmartmovie>.

8. "Statistical Overview of Women in the Workplace", Catalyst, 3 mar. 2014, <http://www.catalyst.org/knowledge/statistical-overview-women-workplace>. Acesso em: 13 nov. 2015; "Women CEOs of the S&P 500", Catalyst, 9 out. 2015, <http://www.catalyst.org/knowledge/women-ceos-sp-500>. Acesso em: 13 nov. 2015.

9. Claire Cain Miller, Kevin Quealy e Margot Sanger-Katz, "The Top Jobs Where Women Are Outnumbered by Men Named John", *New York Times*,

24 abr. 2018, <https://www.nytimes.com/interactive/2018/04/24/upshot/women-and-men-named-john.html>. Acesso em: 12 nov. 2018.

10. Francine D. Blau e Lawrence M. Kahn, "The Gender Pay Gap: Have Women Gone as Far as They Can?", *Academy of Management Perspectives* 21, n. 1 (fev. 2007): pp. 7-23; Catherine Hill, "The Simple Truth About the Gender Pay Gap", American Association of University Women, 2015, <http://www.aauw.org/files/2015/09/The-Simple-Truth-Fall-2015.pdf>. Acesso em: 14 nov. 2015.

11. Justin Wolfers, "Fewer Women Run Big Companies Than Men Named John", *New York Times*, 2 mar. 2015, <https://www.nytimes.com/2015/03/03/upshot/fewer-women-run-big-companies-than-men-named-john.html>. Acesso em: 13 nov. 2015; "Poverty and the Social Safety Net", Institute for Women's Policy Research, <https://iwpr.org/issue/poverty-welfare-income-security/poverty/>. Acesso em: 13 mar. 2018; Ontario Securities Commission, <http://www.osc.gov.on.ca/en/55517.htm>. Acesso em: 13 mar. 2018.

12. Nos Estados Unidos, essa situação só começou a mudar na década de 1970, devido à pressão do movimento feminista. Stephanie Gilmore, *Groundswell: Grassroots Feminist Activism in Postwar America* (Nova York: Routledge, 2013).

13. "Charges Alleging Sex-Based Harassment (Charges Filed with eeOC) FY 2010-FY 2018", US Equal Employment Opportunity Commission, <https://www.eeoc.gov/eeoc/statistics/enforcement/sexual_harassment_new.cfm>. Acesso em: 13 mar. 2018.

14. Peter Glick e Susan Fiske, "The Ambivalent Sexism Inventory: Differentiating Hostile and Benevolent Sexism", *Journal of Personality and Social Psychology* 70, n. 3 (1996): pp. 491-512; P. Glick, S. T. Fiske, A. Mladinic, J. L. Saiz, D. Abrams, B. Masser, B. Adetoun, J. E. Osagie, A. Akande, A. Alao, A. Brunner, T. M. Willemsen, K. Chipeta, B. Dardenne, A. Dijksterhuis, D. Wigboldus, T. Eckes, I. Six-Materna, F. Expósito, M. Moya, M. Foddy, H.-J. Kim, M. Lameiras, M. J. Sotelo, A. Mucchi-Faina, M. Romani, N. Sakallı, B. Udegbe, M. Yamamoto, M. Ui, M. C. Ferreira e W. López, "Beyond Prejudice as Simple Antipathy: Hostile and Benevolent Sexism Across Cultures", *Journal of Personality and Social Psychology* 79, n. 5 (2000): pp. 763-775.

15. Em entrevista de Philip Galanes, "Seeking a Level Playing Field", *New York Times*, 24 out. 2014, <https://www.nytimes.com/2014/10/26/fashion/kirsten-gillibrand-and-julianna-margulies-share-more-than-fame.html>. Acesso em: 13 mar. 2018.

16. Comparação feita por Jennie Dusheck em blog, "Family Man Who Invented Relativity and Made Great Chili Dies", 1 abr. 2013, <http://www.lastwordonnothing.com/2013/04/01/guest-post-physicist-dies-made-great-chili/>. Acesso em: 13 nov. 2015.

17. Melanie Tannenbaum, "The Problem When Sexism Just Sounds So Darn Friendly...", PsySociety, *Scientific American*, 2 abr. 2013, <http://blogs.scientificamerican.com/psysociety/benevolent-sexism/>. Acesso em: 13 nov. 2015.

18. A polêmica continuou, no entanto, pois o obituário seguia afirmando que Brill se ausentou por oito anos para criar os filhos, quando na verdade atuava como consultora em tempo parcial. Amy Davidson, "Yvonne Brill and the Beef-Stroganoff Illusion", *New Yorker*, 1 abr. 2013, <http://www.newyorker.com/news/amy-davidson/yvonne-brill-and-the-beef-stroganoff-illusion>. Acesso em: 13 nov. 2015.

19. "Education", Project Implicit, <https://implicit.harvard.edu/implicit/education.html>. Acesso em: 14 nov. 2015.

20. Há muitos trabalhos sobre esse tema. Resumi uma área inteira de estudo em um parágrafo. Entre as referências estão Danielle Gaucher, Justin Friesen e Aaron C. Kay, "Evidence That Gendered Wording in Job Advertisements Exists and Sustains Gender Inequality", *Journal of Personality and Social Psychology* 101, n. 1 (2011): pp. 109-128; R. E. Steinpreis, K. A. Anders e D. Ritzke, "The Impact of Gender on the Review of the Curricula Vitae of Job Applicants and Tenure Candidates: A National Empirical Study", *Sex Roles* 41, n. 7-8 (1999): pp. 509-528; M. Bertrand e S. Mullainathan, "Are Emily and Greg More Employable than Lakisha and Jamal? A Field Experiment on Labor Market Discrimination", *American Economic Review* 94, n. 4 (2004): pp. 991-1013; F. Trix e C. Psenka, "Exploring the Color of Glass: Letters of Recommendation for Female and Male Medical Faculty", *Discourse and Society* 14, n. 2 (2003): pp. 191-220; E. J. Castilla, "Gender, Race and Meritocracy in Organizational Careers", *American Journal of Sociology* 113, n. 6 (2008): pp. 1479-1526; A. Joshi, J. Son e H. Roh, "When Can Women

Close the Gap? A Meta-Analytic Test of Sex Differences in Performance and Rewards", *Academy of Management Journal* 58, n. 5 (dez. 2014): pp. 1516-1545; C. J. Turco, "Cultural Foundations of Tokenism: Evidence from the Leveraged Buyout Industry", *American Sociological Review* 75, n. 5 (2010): pp. 894-913; I. Fernandez-Mateo e Z. King, "Anticipatory Sorting and Gender Segregation in Temporary Employment", *Management Science* 57 (2011): pp. 989-1008; R. M. Fernandez e M. L. Mors, "Competing for Jobs: Labor Queues and Gender Sorting in the Hiring Process", *Social Science Research* 37, n. 4 (2008): pp. 1061-1080; A. H. Eagly e S. J. Karau, "Role Congruity Theory of Prejudice Toward Female Leaders", *Psychological Review* 109, n. 3 (2002): pp. 573-598; S. T. Fiske, A. J. C. Cuddy e P. Glick, "Universal Dimensions of Social Cognition: Warmth and Competence", *Trends in Cognitive Sciences* 11, n. 2 (2007): pp. 77-83; M. E. Heilman, A. S. Wallen, D. Fuchs e M. M. Tamkins, "Penalties for Success: Reactions to Women Who Succeed at Male Gender-Typed Tasks", *Journal of Applied Psychology* 89, n. 3 (2004): pp. 416-427. Também escrevi mais sobre o tema em: Sarah Kaplan, "Meritocracy: From Myth to Reality", *Rotman Magazine*, primavera 2015, pp. 48-53, <http://www.rotman.utoronto.ca/Connect/Rotman-MAG/Back-Issues/2015/Back-Issues---2015/Spring-2015---Smarten-Up/Spring-2015-Free-Feature-Article---Meritocracy-From-Myth-to-Reality-by-Sarah-Kaplan>. Acesso em: 3 jun. 2018.

21. Louise Matsakis, Jason Koebler e Sarah Emerson, "Here Are the Citations for the Anti-Diversity Manifesto Circulating at Google", Motherboard, 17 ago. 2017, <https://motherboard.vice.com/en_us/article/evzjww/here-are-the-citations-for-the-anti-diversity-manifesto-circulating-at-google>. Acesso em: 3 jun. 2018.

22. Nellie Bowles, "Equality in Tech? Some Men Say It's Gone Too Far", *New York Times*, 23 set. 2017, <https://www.nytimes.com/2017/09/23/technology/silicon-valley-men-backlash-gender-scandals.html>. Acesso em: 3 jun. 2018.

23. Citação de Ernst & Young, *Groundbreakers: Using the Strength of Women to Rebuild the World Economy*, 2010, <http://www.womenable.com/content/userfiles/E&Y-Groundbreakers.pdf>. Acesso em: 12 jan. 2019. Ver também Georges Desvaux, Sandrine Devillard, Alix de Zelicourts, Cecile Kossoff, Eric Labaye e Sandra Sancier-Sultan, "Women Matter:

Ten Years of Insights on Gender Diversity", *McKinsey & Company*, out. 2017, <https://www.mckinsey.com/featured-insights/gender-equality/women-matter-ten-years-of-insights-on-gender-diversity>. Acesso em: 12 jan. 2019; e Amanda Hindlian, Sandra Lawson, Sonya Banerjee, Deborah Mirabal, Hui Shan e Emma Campbell-Mohn, "Closing the Gender Gaps: Advancing Women in Corporate America", *Goldman Sachs Global Markets Institute*, out. 2018, <https://www.goldman sachs.com/insights/pages/gmi-gender-gaps.html>. Acesso em: 12 jan. 2019.

24. S. E. Jackson, K. E. May e K. Whitney, "Understanding the Dynamics of Diversity in Decision-Making Teams", em *Team Effectiveness and Decision-Making in Organizations*, ed. Richard A. Guzzo, Eduardo Salas e associados (San Francisco: Jossey-Bass, 1995), pp. 204-261; K. A. Farrell e P. L. Hersch, "Additions to Corporate Boards: The Effect of Gender", *Journal of Corporate Finance* 11, n. 1 (2005): pp. 85-106; N. Bassett-Jones, "The Paradox of Diversity Management", *Creativity and Innovation Management* 14, n. 2 (2005): pp. 169-175.

25. Carl Bialik, "Who Makes the Call at the Mall, Men or Women?", *Wall Street Journal*, 23 abr. 2011, <https://www.wsj.com/articles/SB10001424052748703521304576278964279316994>. Acesso em: 29 nov. 2015.

26. "The 2014 State of Women-Owned Businesses Report", encomendado por American Express Open, <http://www.womenable.com/content/userfiles/2014_State_of_Women-owned_Businesses_public.pdf>. Acesso em: 29 nov. 2015.

27. Betsy Brill, "Women in Philanthropy", *Forbes*, 18 ago. 2009, <http://www.forbes.com/2009/08/18/brill-women-philanthropy-intelligent-investing-wealth.html>. Acesso em: 13 nov. 2015; Ryan Gorman, "Women Now Control More than Half of US Personal Wealth, Which 'Will Only Increase in Years to Come'", *Business Insider*, 7 abr. 2015, <https://www.businessinsider.com/women-now-control-more-than-half-of-us-personal-wealth-2015-4>. Acesso em: 29 nov. 2015.

28. Ana Revenga e Sudhir Shetty, "Empowering Women Is Smart Economics", *Finance and Development* 49, n. 1 (2012): pp. 40-43, <http://www.imf.org/external/pubs/ft/fandd/2012/03/revenga.htm>. Acesso em: 19 nov. 2015.

29. "Women", Calvert Foundation, <http://www.calvertfoundation.org/component/content/article/19>. Acesso em: 29 nov. 2015.

30. John Kell, "Nike Makes a Big Push into the Fast-Growing Women's Segment", *Fortune*, 22 out. 2014, <http://fortune.com/2014/10/22/nike-women-business/>. Acesso em: 19 nov. 2015.
31. Rob Strasser, citado em, J. B. Strasser, *Swoosh: The Unauthorized Story of Nike and the Men Who Played There* (Nova York: HarperCollins, 1993), pp. 397-398.
32. Citado em Geraldine E. Willigan, "High-Performance Marketing: An Interview with Nike's Phil Knight", *Harvard Business Review* 70, n. 4 (jul.--ago. 1992): pp. 90-101.
33. Strasser, *Swoosh*, pp. 397-398.
34. Barbara Lippert, "The Sole of a Woman", *Adweek*, 7 out. 1991.
35. "Can Nike Just Do It?", *Businessweek*, 17 abr. 1994.
36. Janet Champ, executiva de publicidade da Wieden Kennedy que trabalhou na conta da Nike, conforme citação em Jean M. Grow, "The Gender of Branding: Early Nike Women's Advertising, a Feminist Antenarrative", *Women's Studies in Communication* 31, n. 3 (2008): pp. 312-343.
37. Citado em Willigan, "High-Performance Marketing", pp. 99-100.
38. "If You Let Me Play", comercial de TV da Nike, <https://www.youtube.com/watch?v=EENUPgWd7-A>. Acesso em: 29 nov. 2015.
39. Janet Champ, da Wieden Kennedy, conforme citação em Grow, "The Gender of Branding", p. 335.
40. Devin Rhodes, 2011, comentário em vídeo no YouTube de "Nike Ad: If You Let Me Play (1995)", <https://www.youtube.com/watch?v=AQ_XSHpIbZE>. Acesso em: 29 nov. 2015.
41. Cynthia Enloe, *The Curious Feminist: Searching for Women in a New Age of Empire* (Berkeley: University of California Press, 2004), especialmente os capítulos 3, "The Globetrotting Sneaker", e 4, "Daughters and Generals in the Politics of the Globalized Sneaker".
42. Do site da Adbusters, <https://www.adbusters.org/spoof-ads>. Acesso em: 12 jan. 2019.
43. Enloe, *The Curious Feminist*, especialmente capítulos 3 e 4.
44. Do site da Girl Effect, <http://www.girleffect.org/about-us/?gclid=CL7Zi6fBuMkCFUKQHwodsxAM5w>. Acesso em: 30 nov. 2015.
45. Do canal no YouTube da Girl Effect, <https://www.youtube.com/watch?v=WIvmE4_KMNw>. Acesso em: 29 nov. 2015.

46. Jad Chaaban e Wendy Cunningham, "Measuring the Economic Gain of Investing in Girls: The Girl Effect Dividend" (World Bank Policy Research, documento de trabalho n. 5753), ago. 2011, <http://papers.ssrn.com/s013/papers.cfm?abstract_id=1907071>. Acesso em: 29 nov. 2015.

47. Maria Hengeveld, "How Nike's Neoliberal Feminism Came to Rule the Global South", Feminist Wire, 14 set. 2015, <http://www.thefeministwire.com/2015/09/nike-neoliberal-feminism/>. Acesso em: 29 nov. 2015. Ver também Michelle Murphy, "The Girl: Mergers of Feminism and Finance in Neoliberal Times", *Scholar and Feminist Online* 11, n.1-2 (2012--2013), <http://sfonline.barnard.edu/gender-justice-and-neoliberal-transformations/the-girl-mergers-of-feminism-and-finance-in-neoliberal-times/>. Acesso em: 29 nov. 2015.

48. "Walmart Launches Global Women's Economic Empowerment Initiative" Wal-Mart Inc., <https://www.prnewswire.com/news-releases/walmart-launches-global-womens-economic-empowerment-initiative-129808593.html>. Acesso em: 30 nov. 2015.

49. Penny Abeywardena, "How Walmart Is Reimagining Its Investments to Empower Girls and Women", Clinton Foundation, 29 abr. 2014, <https://www.clintonfoundation.org/blog/2014/04/29/how-walmart-reimagining-its-investments-empower-girls-and-women>. Acesso em: 30 nov. 2015.

50. Abeywardena, "How Walmart Is Reimagining Its Investments to Empower Girls and Women".

51. Valentina Zarya, "Meet the Activists Leading the Fight for Paid Family Leave", *Fortune*, 1 maio 2018, <http://fortune.com/longform/us-family-leave-parental-leave-activists/>. Acesso em: 29 ago. 2018.

52. United Food and Commercial Workers Union Local 400, "Walmart's Business Practices Cause Systematic Economic Harm to Women in the US and Worldwide", comunicado de imprensa, 15 set. 2011, <http://www.ufcw400.org/2011/09/15/walmarts-business-practices-cause-systematic-economic-harm-to-women-in-the-u-s-and-worldwide/>. Acesso em: 14 mar. 2018.

53. Jamillah Bowman Williams, "Breaking Down Bias: Legal Mandates vs. Corporate Interests", *Washington Law Review* 92, n. 3 (2017): pp. 1473-1513.

54. O. Georgeac e A. Rattan, "Organizational Diversity Cases: Instrumental Justifications for Organizations' Commitment to Diversity Undermine Anticipated Sense of Belonging Among LGBTQ+ Individuals and Women" (documento de trabalho, London Business School, 2018).
55. "Walmart Global Sustainability Report 2009" e "Walmart Global Responsibility Report 2014" (todos os relatórios de responsabilidade e sustentabilidade do Walmart estão disponíveis em <https://corporate.walmart.com/global-responsibility/global-responsibility-report-archive>. Acesso em: 12 jan. 2019); "Board of Directors", Wal-Mart Inc., <http://corporate.walmart.com/our-story/leadership>. Acesso em: 30 nov. 2015; Matthew Boyle e Jordyn Holman, "Women at Walmart Becoming Scarcer Despite C-Suite Promotions", *Bloomberg Businessweek*, 12 fev. 2018, <https://www.bloomberg.com/news/articles/2018-02-12/women-at-walmart-becoming-more-scarce-despite-c-suite-promotions>. Acesso em: 13 mar. 2018; "Road to Inclusion: Culture Diversity and Inclusion 2017 Report", Wal-Mart Inc., <https://cdn.corporate.walmart.com/11/0d/f9289df649049a38c14bdeaf2b99/2017-cdi-report-web.pdf>. Acesso em: 13 mar. 2018.
56. Citado em Amy Westervelt, "Walmart Invests Billions to Buy from Women-Owned Businesses – but Is It enough?" *Guardian*, 29 mar. 2017, <https://www.theguardian.com/sustainable-business/2017/mar/29/women-gender-gap-walmart-business>. Acesso em: 14 mar. 2018.
57. Maria Hengeveld, "Nike Says It Empowers Women Around the World", Investigative Fund, 26 ago. 2016, <https://www.theinvestigativefund.org/investigation/2016/08/26/nike-says-empowers-women-around-world/>. Acesso em: 25 maio 2018.
58. Julie Creswell, Kevin Draper e Rachel Abrams, "At Nike, Revolt Led by Women Leads to Exodus of Male Executives", *New York Times*, 28 abr. 2018, <https://www.nytimes.com/2018/04/28/business/nike-women.html>. Acesso em: 3 jun. 2018; Julie Creswell e Kevin Draper, "Five More Nike Executives Are Out Amid Inquiry into Harassment Allegations", *New York Times*, 8 maio 2018, <https://www.nytimes.com/2018/05/08/business/nike-harassment.html>. Acesso em: 3 jun. 2018.
59. Sara Germano, "Nike to Adjust Pay for Thousands of Staffers After Internal Review", *Wall Street Journal*, 23 jul. 2018, <https://www.wsj.com/articles/nike-to-adjust-pay-for-thousands-of-staffers-after-internal-review-153236 9993>. Acesso em: 22 ago. 2018.

60. Bloomberg, "Nike 'Devalued and Demeaned' Female Employees, Lawsuit Alleges", *Fortune*, 11 ago. 2018, <http://fortune.com/2018/08/11/nike-discrimination-lawsuit/>. Acesso em: 22 ago. 2018.

61. Fara Warner, "Nike's Women's Movement", *Fast Company*, 31 jul. 2002, <https://www.fastcompany.com/45135/nikes-womens-movement>. Acesso em: 3 jun. 2018.

62. Nike, "Nike Women's-Only Store with Fitness Studio Opens in Newport Beach", comunicado de imprensa, 20 nov. 2014. <http://news.nike.com/news/new-nike-experience-store-in-newport-beach-california-combines-best-of-women-s-products-with-fitness-studio>. Acesso em: 29 nov. 2015.

63. Vanessa Friedman, "The 2016 Pirelli Calendar May Signal a Cultural Shift", *New York Times*, 30 nov. 2015, <https://www.nytimes.com/2015/12/03/fashion/the-2016-pirelli-calendar-may-signal-a-cultural-shift.html>. Acesso em: 3 jun. 2018.

64. Citado em Friedman, "The 2016 Pirelli Calendar May Signal a Cultural Shift".

65. L. Babcock e S. Laschever, *Women Don't Ask: Negotiation and the Gender Divide* (Princeton, NJ: Princeton University Press, 2003).

66. Sarah Kaplan e Natassia Walley, "The Rhetoric of Female Risk Aversion", *Stanford Social Innovation Review* 14, n. 2 (2016): pp. 48-54.

67. Para saber mais sobre os riscos trazidos pela interpretação errônea de mecanismos de discriminação, ver Isabel Fernandez-Mateo e Sarah Kaplan, "Gender and Organization Science", *Organization Science* 29, n. 6 (2018): pp. 1229-1236.

5. A RSE não é um mero acessório

1. Charles Fishman, "The Wal-Mart You Don't Know", *Fast Company*, 1 dez. 2003, <http://www.fastcompany.com/47593/wal-mart-you-dont-know>. Acesso em: 31 ago. 2017.

2. Milton Friedman, "The Social Responsibility of Business Is to Increase Its Profits", *New York Times Magazine*, 13 set. 1970, <https://www.colorado.edu/studentgroups/libertarians/issues/friedman-soc-resp-business.html>. Acesso em: 28 jun. 2018.

3. "Bangladesh Arrests Three over Deadly Factory Fire", BBC News, 28 nov. 2012, <http://www.bbc.com/news/world-asia-20522593>. Acesso em: 31 ago. 2017.
4. Sarah Stillman, "Death Traps: The Bangladesh Garment-Factory Disaster", *New Yorker*, 1 maio 2013, <http://www.newyorker.com/news/news-desk/death-traps-the-bangladesh-garment-factory-disaster>. Acesso em: 31 ago. 2017.
5. Agência France Presse, "A Huge Clothing Factory Fire in Bangladesh Is Leading to Pressure on P Diddy", Business Insider, 27 nov. 2012, <https://www.businessinsider.com/a-clothing-factory-fire-which-killed-over-a-hundred-people-was-producing-diddys-new-fashion-line-2012-11>. Acesso em: 12 nov. 2018.
6. Citado por Laila Al-Arian, "Statements from Gap and Walmart for the Made in Bangladesh Episode", Fault Lines (blog), Al Jazeera America, 20 ago. 2013, <http://america.aljazeera.com/watch/shows/fault-lines/FaultLinesBlog/2013/8/20/what-gap-and-walmarthavetosayfor themselves.html>. Acesso em: 31 ago. 2017.
7. Citado em Steven Greenhouse, "Documents Reveal New Details About Walmart's Connection to Tazreen Factory Fire", *New York Times*, 10 dez. 2012, <http://www.nytimes.com/2012/12/11/world/asia/tazreen-factory-used-by-2nd-walmart-supplier-at-time-of-fire.html>. Acesso em: 31 ago. 2017; e Greenhouse, "Documents Indicated Walmart Blocked Safety Push in Bangladesh", *New York Times*, 5 dez. 2012, <http://www.nytimes.com/2012/12/06/world/asia/3-walmart-suppliers-made-goods-in-bangladeshi-factory-where-112-died-in-fire.html>. Acesso em: 31 ago. 2017.
8. "Walmart 2014 Global Responsibility Report", Wal-Mart Inc., <http://cdn.corporate.walmart.com/db/e1/b551a9db42fd99ea24141f76065f/2014-global-responsibility-report.pdf>. Acesso em: 31 ago. 2017. A edição "2015 Global Responsibility Report" já não traz cifras de auditorias em fábricas. Não parece haver explicação para o fato de que os números não somam 100%, <https://cdn.corporate.walmart.com/f2/b0/5b8e63024998a74b5514e078a4fe/2015-global-responsibility-report.pdf>. Acesso em: 31 ago. 2017.

9. James Pogue, "Disasters Made in Bangladesh", Vice, 19 fev. 2013, <http://www.vice.com/read/disasters-made-in-bangladesh-000321-v20n2>. Acesso em: 31 ago. 2017.

10. Clare O'Connor, "These Retailers Involved in Bangladesh Factory Disaster Have Yet to Compensate Victims", *Forbes*, 26 abr. 2014, <http://www.forbes.com/sites/clareoconnor/2014/04/26/these-retailers-involved-in-bangladesh-factory-disaster-have-yet-to-compensate-victims/>. Acesso em: 31 ago. 2017.

11. Steven Greenhouse, "As Firms Line Up on Factories, Wal-Mart Plans Solo Effort", *New York Times*, 14 maio 2013, <http://www.nytimes.com/2013/05/15/business/six-retailers-join-bangladesh-factory-pact.html>. Acesso em: 31 ago. 2017.

12. Sujeet Sennik, "I Designed That Cheap Garment. I Lit That Factory Fire in Bangladesh", *Globe and Mail*, 18 jan. 2013, <http://www.theglobeandmail.com/globe-debate/i-designed-that-cheap-garment-i-lit-that-factory-fire-in-bangladesh/article7498897/>. Acesso em: 31 ago. 2017.

13. Josh Eidelson, "Documents Undermine Walmart Account on Deadly Bangladesh Fire", *Nation*, 6 dez. 2012, <http://www.thenation.com/article/documents-undermine-walmart-account-deadly-bangladesh-fire/>. Acesso em: 31 ago. 2017.

14. Tripti Lahiri e Syed Zain Al-Mahmood, "Bangladesh: How Rules Went Astray", *Wall Street Journal*, 6 dez. 2012, <http://www.wsj.com/articles/SB10001424127887323401904578159512118148362>. Acesso em: 31 ago. 2017.

15. Citado por Pogue, "Disasters Made in Bangladesh".

16. Citado em Renee Dudley e Arun Devnath, "Wal-Mart Nixed Paying Bangladesh Suppliers to Fight Fire", Bloomberg, 5 dez. 2012, <https://www.bloomberg.com/news/articles/2012-12-05/wal-mart-nixed-paying-bangladesh-suppliers-to-fight-fire>. Acesso em: 31 ago. 2017.

17. Ben W. Heineman Jr., "The Cost of Saving Lives in Bangladesh", *Atlantic*, 10 maio 2013, <http://www.theatlantic.com/international/archive/2013/05/the-cost-of-saving-lives-in-bangladesh/275749/>. Acesso em: 31 ago. 2017.

18. Jim Yardley, "Export Powerhouse Feels Pangs of Labor Strife", *New York Times*, 23 ago. 2012, <http://www.nytimes.com/2012/08/24/world/

asia/as-bangladesh-becomes-export-powerhouse-labor-strife-erupts.html>. Acesso em: 31 ago. 2017.

19. Do site do Accord on Fire and Building Safety in Bangladesh, <https://bangladeshaccord.org/>. Acesso em: 12 jan. 2019.

20. Para mais informações, ver site do Accord, <http://bangladeshaccord.org/remediation/>. Acesso em: 31 ago. 2017.

21. Conforme divulgado pela Clean Clothes Campaign, organização fundada para dar apoio a trabalhadores da indústria de vestuário no mundo todo, <https://cleanclothes.org/news/2013/07/10/safety-scheme-gap-and-walmart>. Acesso em: 12 jan. 2019.

22. Kathleen McLaughlin, conforme citada em Sarah Kaplan, "Walmart's Journey to Sustainability", *Rotman Management Magazine*, inverno 2017, <http://www.rotman.utoronto.ca/Connect/Rotman-MAG/Back-Issues/2017/Back-Issues---2017/Winter2017-SmartPower/Winter2017-SarahKaplan-WalmartsJourney toSustainability>. Acesso em: 21 jun. 2018. Ver também equipe CSA, "Women in Factories Training Funded by Walmart", *Chain Store Age*, 10 nov. 2014, <https://www.chainstoreage.com/news/women-factories-training-funded-walmart/>. Acesso em: 21 jun. 2018.

23. Kathleen McLaughlin, conforme citada em Kaplan, "Walmart's Journey to Sustainability".

6. Stakeholders como fonte de inovação

1. Jeffrey Ballinger, "The New Free-Trade Heel", *Harper's*, ago. 1992, <http://harpers.org/archive/1992/08/the-new-free-trade-heel/>. Acesso em: 31 ago. 2017.

2. Steven Greenhouse, "Nike Shoe Plant in Vietnam Is Called Unsafe for Workers", *New York Times*, 8 nov. 1997, <http://www.nytimes.com/1997/11/08/business/nike-shoe-plant-in-vietnam-is-called-unsafe-for-workers.html>. Acesso em: 31 ago. 2017.

3. Código de conduta (Code of Conduct) da Nike em 1997 disponível em <http://hrlibrary.umn.edu/links/nikecode.html>. Acesso em: 12 jan. 2019. O documento cobria trabalho forçado, trabalho infantil, remuneração, benefícios, horas extras, saúde e segurança, meio ambiente e

inspeções. Código de conduta atualizado (janeiro 2019) disponível em <https://sustainability.nike.com/code-of-conduct>. Acesso em: 12 jan. 2019.

4. Dana Canedy, "Nike's Asian Factories Pass Young's Muster", *New York Times*, 25 jun. 1997, <https://www.nytimes.com/1997/06/25/business/nike-s-asian-factories-pass-young-s-muster.html>. Acesso em: 31 ago. 2017.

5. Todas as citações do discurso vieram de Philip Knight, "New Labor Initiatives", discurso no National Press Club, 12 maio 1998, <http://business.nmsu.edu/~dboje/NIKphilspeech.html>. Acesso em: 31 ago. 2017. Ver gravação em video do evento pela CSPAN, com duração de 59 minutos: "Nike in the Global Economy", C-SPAN, 12 maio 1998, <https://www.c-span.org/video/?105477-1/nike-global-economy>. Acesso em: 12 jan. 2019.

6. Tim Connor, "Still Waiting for Nike to Do It: Nike's Labor Practices in the Three Years Since CEO Phil Knight's Speech to the National Press Club", Global Exchange, maio 2001, <https://works.bepress.com/tim-connor/3/down load/>. Acesso em: 12 jan. 2019.

7. Aaron Bernstein, "Nike's New Game Plan for Sweatshops", *Bloomberg Businessweek*, 20 set. 2004, <https://www.bloomberg.com/news/articles/2004-09-19/online-extra-nikes-new-game-plan-for-sweatshops>. Acesso em: 29 jul. 2015.

8. Shelly Banjo, "Inside Nike's Struggle to Balance Cost and Worker Safety in Bangladesh", *Wall Street Journal*, 21 abr. 2014, <http://www.wsj.com/articles/SB10001424052702303873604579493502231397942>. Acesso em: 31 ago. 2017.

9. Banjo, "Inside Nike's Struggle".

10. Citado em Banjo, "Inside Nike's Struggle".

11. Ram Nidumolu, C. K. Prahalad e M. R. Rangaswami, "Why Sustainability Is Now the Key Driver of Innovation", *Harvard Business Review*, set. 2009, pp. 57-64.

12. Todos os relatórios de responsabilidade e sustentabilidade da Nike disponíveis em <https://sustainability.nike.com/reports>. Acesso em: 12 jan. 2019.

13. Citado em Banjo, "Inside Nike's Struggle".

14. Richard M. Locke, *The Promise and Limits of Private Power: Promoting Labor Standards in the Global Economy* (Cambridge: Cambridge University Press, 2013). Boa parte da argumentação aqui vem dos capítulos 3, 4 e 5.
15. Informações do "FY07/09 Corporate Responsibility Report" e do "FY12/13 Sustainable Business Performance Summary", Nike, Inc., ambos disponíveis em <https://sustainability.nike.com/reports>. Acesso em: 12 jan. 2019.
16. Anita M. McGahan, Rahim Rezaie e Donald C. Cole, "Embedded Innovation in Health", em *Innovating for the Global South: Towards an Inclusive Innovation Agenda*, ed. Dilip Soman, Janice Gross Stein e Joseph Wong (Toronto: University of Toronto Press, 2014), pp. 94-114.
17. Ver discussão sobre sua fala a CEOs no Capítulo 2; Matthew Heimer, "'Do Some Uncomfortable and Inconvenient Things': A Civil Rights Champion's Call to Action for CEOs", *Fortune*, 27 jun. 2018, <http://fortune.com/2018/06/26/bryan-stevenson-ceo-initiative/>. Acesso em: 28 jun. 2018.
18. As informações e citações do artigo de Levi vêm de Erika Fry, "Can Levi's Make Life Better for Garment Workers?", *Fortune*, 8 set. 2017.
19. Conforme discutido no Capítulo 5. Sujeet Sennik, "I Designed That Cheap Garment. I Lit That Factory Fire in Bangladesh", *Globe and Mail*, 18 jan. 2013, <http://www.theglobeandmail.com/globe-debate/i-designed-that-cheap-garment-i-lit-that-factory-fire-in-bangladesh/article7498897/>. Acesso em: 31 ago. 2017.
20. Citado em Banjo, "Inside Nike's Struggle".
21. Depoimento de um sobrevivente do incêndio na Triangle Shirtwaist Factory:

> Vi as mesas em chamas, todas cheias de material para [fabricar] lingerie, e isso tinha pegado fogo. Ao ver aquilo, saí correndo. Fui até a porta, que estava fechada. Não sabia que estava fechada. Fui até lá, bati na porta. Fechada. Fiquei lá, parado, até que abrissem. Quarenta pessoas descendo as escadas, todo mundo se acotovelando. E vi gente se atirando pela janela. E, quando chegamos lá embaixo, não havia como sair, pois havia corpos caindo. Foi horrível.

De um sobrevivente do incêndio na Tazreen Fashions:

Quando ouvimos "Fogo!", todo mundo correu para tentar sair da fábrica. Um operário quebrou uma janela e um dos trabalhadores me puxou pela janela. Assim que o incêndio começou, tentamos escapar, mas a porta estava trancada.

Conforme citado em Francesca Rheannon, "From Triangle to Tazreen: A Century of Lessons", *CSRwire Talkback*, 13 dez. 2012, <http://www.csrwire.com /blog/posts/641-from-triangle-to-tazreen-a-century-of-lessons>. Acesso em: 31 ago. 2017.

22. Fontes: James Pogue, "Disasters Made in Bangladesh", Vice, 19 fev. 2013, <http://www.vice.com/read/disasters-made-in-bangladesh--000321-v20n2>. Acesso em: 31 ago. 2017; Jim Yardley, "Export Powerhouse Feels Pangs of Labor Strife", *New York Times*, 23 ago. 2012, <http://www.nytimes.com/2012/08/24/world/asia/as-bangladesh-becomes-export-powerhouse-labor-strife-erupts.html>. Acesso em: 18 ago. 2015; Amy Yee, "Labor Unions Gaining Ground in Bangladesh Garment Industry", Voice of America, 1 maio 2015, <http://www.voanews.com/content/labor-unions-bangladesh-garment-industry/2744414.html>. Acesso em: 31 ago. 2017; Stephanie Clifford e Steven Greenhouse, "Fast and Flawed Inspections of Factories Abroad", *New York Times*, 1 set. 2013, <http://www.nytimes.com/2013/09/02/business/global/superficial-visits-and-trickery-undermine-foreign-factory-inspections.html>. Acesso em: 31 ago. 2017.

23. Gendy Alimurung, "Sweatshops Are Fashion's Dirty Little Secret. But They Don't Exist in L.A. – Do They?", *LA Weekly*, 26 jul. 2012, <http://www.laweekly.com/news/sweatshops-are-fashions-dirty-little-secret-but-they-dont-exist-in-la-do-they-2175796>. Acesso em: 31 ago. 2017; Michelle Chen, "Yes, Your T-Shirt Was 'Made in LA' – and the Worker Got 4 Cents for It", *Nation*, 11 set. 2015, <http://www.thenation.com/article/the-jobs-that-were-going-to-leave-theyve-already-left/>. Acesso em: 31 ago. 2017.

24. Kevin Gardner, porta-voz do Walmart, declarou: "O Walmart vem defendendo normas de proteção contra incêndios melhores junto ao governo de Bangladesh, a entidades do setor e a fornecedores. Estamos desenvolvendo e implantando programas proativos para aumentar a conscientização sobre a proteção contra incêndios e melhorar a prevenção de incêndios. Acreditamos firmemente que donos de fábricas devem

cumprir nossas Normas para Fornecedores [Standards for Suppliers] e reconhecemos que o custo de cumprir essas normas fará parte do custo das mercadorias que compramos". Conforme citado em Josh Eidelson, "Documents Undermine Walmart Account on Deadly Bangladesh Fire", *Nation*, 6 dez. 2012, <http://www.thenation.com/article/documents-undermine-walmart-account-deadly-bangladesh-fire/>. Acesso em: 31 ago. 2017.

7. Como lidar com paradoxos

1. "Police Use Pepper Spray on Crowd Waiting for New Air Jordans", WAFF 48, 20 dez. 2012, <http://www.waff.com/story/20390749/pepper-spray-used-on-unruly-crowd-at-madison-square-mall>. Acesso em: 15 mar. 2018; "Air Jordan Ticket Grab 'Complete Chaos' at Willowbrook Mall", ABC7Chicago, 14 dez. 2014, <http://abc7chicago.com/news/air-jordan-ticket-grab-complete-chaos--at-mall/436375/>. Acesso em: 15 mar. 2018.

2. O vídeo e a descrição da campanha publicitária podem ser encontrados em Tobias Peterson, "It's Gotta Be the Shoes, Money", *Popmatters*, 30 nov. 2006, <https://www.popmatters.com/its-gotta-be-the-shoes-money-2495745463.html>. Acesso em: 12 jan. 2019. Em 2018, a Nike relançou a campanha "It's gotta be the shoes" com este comercial: <https://www.msn.com/en-us/video/l/nike-shoe-therapy-%E2%80%93-it%E2%80%99s-gotta-be-the-shoes-extended-session/vp-BBOswXN>. Acesso em: 12 jan. 2019.

3. A expressão "Be Like Mike" surgiu em uma campanha publicitária do Gatorade em 1991. Gavin Evans, "'Be Like Mike': The Story Behind Michael Jordan's Iconic Gatorade Commercial Song", Complex, 6 maio 2016, <https://www.complex.com/sports/2016/05/be-like-mike-michael-jordan-gatorade-commercial-song>. Acesso em: 12 jan. 2019.

4. Conforme citado em "Nike (A)", Harvard Business School Publishing, caso n. 9-385-025, maio 1990. Em 2014, a Nike ocupava a 22ª posição entre as marcas mais valiosas do mundo, com um valor avaliado em 20 bilhões de dólares (Apple, Google, Coca-Cola e IBM eram as quatro primeiras) segundo a Interbrand, <http://www.bestglobalbrands.com/2014/ranking/>. Acesso em: 27 ago. 2015.

5. Conforme citado em Justin Tejada, "Your Sneakers or Your Life: Behind the Story That Shook Up the Industry", Sole Collector, 14 maio 2015, <http://solecollector.com/news/sports-illustrated-sneakers-or-your-life/>. Acesso em: 15 mar. 2018.
6. Rick Telander, "Senseless", *Sports Illustrated*, 14 maio 1990, <https://www.si.com/vault/1990/05/14/121992/senseless-in-americas-cities-kids-are-killing-kids-over-sneakers-and-other-sports-apparel-favored-by-drug-dealers-whos-to-blame>. Acesso em: 31 ago. 2017.
7. Questão levantada por Robert Goldman e Stephen Papson, *Nike Culture: The Sign of the Swoosh* (Londres: Sage, 1998). Ver também Michael Eric Dyson, "Be Like Mike? Michael Jordan and the Pedagogy of Desire", *Cultural Studies* 7, n. 1 (1993): pp. 64-72.
8. Tejada, "Your Sneakers or Your Life". Editorial "Will the NRA Ever Wake Up?" publicado na edição de 2 abr. 1990 da *Advertising Age*.
9. Geraldine E. Willigan, "High-Performance Marketing: An Interview with Nike's Phil Knight", *Harvard Business Review*, jul.-ago. 1992, <https://hbr.org/1992/07/high-performance-marketing-an-interview-with-nikes-phil-knight>. Acesso em: 31 ago. 2017.
10. Filosofia de Sam Walton, conforme citação em Brian O'Keefe, "Meet the CEO of the Biggest Company On Earth", *Fortune*, 9 set. 2010, <http://archive.fortune.com/2010/09/07/news/companies/mike_duke_walmart_full.fortune/index.htm>. Acesso em: 31 ago. 2017.
11. Declarações em caráter anônimo, trabalho de curso, Corporation 360°, out. 2014.
12. Charles Fishman, *The Wal-Mart Effect: How the World's Most Powerful Company Really Works and How It's Transforming the American Economy* (Nova York: Penguin, 2006). [Ed. brasileira: *Nos bastidores do Walmart*. São Paulo: Saraiva, 2011.]
13. "Self Storage Fact Sheet", Easy Storage Solutions, <https://www.storageunitsoftware.com/blog/self-storage-fact-sheet>. Acesso em: 15 mar. 2018.
14. Juliet Schor, *The Overspent American: Upscaling, Downshifting and the New Consumer* (Nova York: Basic Books, 1998).
15. As ideias sobre preferências foram analisadas em S. Frederick, G. Loewenstein e T. O'Donoghue, "Time Discounting and Time Preference:

A Critical Review", *Journal of Economic Literature* 40, n. 2 (2002): pp. 351--401. A obra *Thinking, Fast and Slow* (Nova York: Farrar, Straus, and Giroux, 2011), de Daniel Kahneman, ganhador do prêmio Nobel, dá uma visão geral da psicologia na economia comportamental.

16. Thorstein B. Veblen, *The Theory of the Leisure Class: An Economic Study in the Evolution of Institutions* (Nova York: Macmillan, 1899), conforme discutido em Juliet Schor, *The Overspent American*.

17. Robert Hendrickson, *The Facts on File Encyclopedia of Word and Phrase Origins*, 4. ed. (Nova York: Facts on File, 2008).

18. Joseph Heath e Andrew Potter, *The Rebel Sell: Why the Culture Can't be Jammed* (Toronto: HarperCollins Canada, 2004).

19. Rick Telander, "Senseless".

20. Naomi Klein, *No Logo: Taking Aim at the Brand Bullies* (Toronto: Knopf Canada, 2000), p. 3. [Ed. brasileira: *Sem logo*. Rio de Janeiro: Record, 2002.]

21. Segundo a Advertising Education Foundation, "A Brief Overview of the History of Branding", <https://s20896.pcdn.co/wp-content/uploads/2016/12/landa_history_rev2.pdf>. Acesso em: 12 jan. 2019. Não consegui comprovar as informações dadas por Klein em *No Logo*, mas dados de Angela Orend e Patricia Gagné sugerem que o símbolo da Nike era uma das tatuagens de empresas mais populares; ver Orend e Gagné, "Corporate Logo Tattoos and the Commodification of the Body", *Journal of Contemporary Ethnography* 38, n. 4, (2009): pp. 493-517.

22. Tirtha Dhar e Kathy Baylis, "Fast-Food Consumption and the Ban on Advertising Targeting Children: The Quebec Experience", *Journal of Marketing Research* 48, n. 5 (2011): pp. 799-813.

23. Schor, *The Overspent American*.

24. "The Case for Brands", *Economist*, 6 set. 2001, <http://www.economist.com/node/771049>. Acesso em: 15 mar. 2018; e debate "Pro Logo vs. No Logo", WNYC, Nova York, 25 set. 2002, <http://www.wnyc.org/story/84896-pro-logo-vs-no-logo/>. Acesso em: 15 mar. 2018.

25. M. J. Lee, "Walmart, Amazon, Sears, eBay to Stop Selling Confederate Flag Merchandise", CNN, 24 jun. 2015, <http://www.cnn.com/2015/06/22/politics/confederate-flag-walmart-south-carolina/>. Acesso em: 15 mar. 2018; Phil Wahba, "Walmart to Stop Selling Assault

Rifles", *Fortune*, 26 ago. 2015, <www.fortune.com/2015/08/26/walmart-assault-rifles/>. Acesso em: 15 mar. 2018; Chris Wilson, "Why Walmart's New Gun Rules Won't Actually Reduce Homicides", *Time*, 7 mar. 2018, <http://time.com/5187583/walmart-sells-guns-age-homicides/>. Acesso em: 25 jun. 2018.

26. Roy S. Johnson, "The Jordan Effect: The World's Greatest Basketball Player Is Also One of Its Great Brands. What Is His Impact on the Economy?", *Fortune*, 22 jun. 1998.

27. Ira Berkow, "Jordan's Bunker View on Sneaker Factories", *New York Times*, 12 jul. 1996.

28. História compilada a partir dos seguintes artigos: Stephanie Strom, "A Sweetheart Becomes Suspect: Looking Behind Those Kathie Lee Labels", *New York Times*, 27 jun. 1996, <https://www.nytimes.com/1996/06/27/business/a-sweetheart-becomes-suspect-looking-behind-those-kathie-lee-labels.html>. Acesso em: 31 ago. 2017; Emily Farache, "Kathie Lee's Latest Sweatshop Scandal", E!online, 22 set. 1999, <https://www.eonline.com/news/38744/kathie-lee-s-latest-sweatshop-scandal>. Acesso em: 31 ago. 2017. Por outro lado, Kathie Lee continua sendo parte do sistema. Como observou John Oliver, apresentador do programa de TV *This Week Tonight*, no canal pago Comedy Central, mesmo após a tragédia do Rana Plaza, quando produtos da linha Children's Place foram achados entre os escombros, a apresentadora apareceu no *Today Show* falando animadamente sobre o preço baixo de roupas da Children's Place. Ver Parker Molloy, "John Oliver Digs into the Low-Cost, Child Labor Hypocrisy in the Fashion Industry", Upworthy, 27 abr. 2015, <http://www.upworthy.com/john-oliver-digs-into-the-low-cost-child-labor-hypocrisy-in-the-fashion-industry?c=ufb 2>. Acesso em: 31 ago. 2017.

29. Bob Harig, "Tiger Woods Signs New Nike deal", ESPN, 17 jul. 2013, <http://espn.go.com/golf/story/_/id/9485529/tiger-woods-signs-new-endorsement-contract-nike-agent-confirms>. Acesso em: 15 mar. 2018; Associated Press, "Nike Re-signs Michael Vick as Endorser", ESPN, 4 jul. 2011, <http://sports.espn.go.com/nfl/news/story?id=6730833>. Acesso em: 15 mar. 2018; Martha Bellisle, "Ben Roethlisberger Settles Lawsuit Alleging 2008 Rape", *Reno Gazette-Journal*, USA Today, 20 jan. 2012, <http://usatoday30.usatoday.com/sports/football/nfl/steelers/story/2012-01-20/ben-roethlisberger-settles-lawsuit/52702798/1>.

Acesso em: 15 mar. 2018; "Police Statement Details Roethlisberger's Alleged Assault", CNN, 16 abr. 2010, <http://www.cnn.com/2010/CRIME/04/16/roethlisberger.incident/>. Acesso em: 15 mar. 2018.

30. Alissa Walker, "Nike's Tiger Woods Ad: Too Soon?", *Fast Company*, 7 abr. 2010, <https://www.fastcompany.com/1610066/nikes-tiger-woods-ad-too-soon>. Acesso em: 15 mar. 2018.

31. Alice Gomstyn, "From Ben Roethlisberger to Tiger Woods: Why Nike Didn't Flee", ABC News, 15 abr. 2010, <https://abcnews.go.com/Business/ben-roethlisberger-tiger-woods-nike-flee/story?id=10375523>. Acesso em: 15 ago. 2015.

32. Timothy Egan, "Nike's Women Problem", *New York Times*, 21 abr. 2010, <https://opinionator.blogs.nytimes.com/2010/04/21/nikes-women-problem/>. Acesso em: 15 ago. 2015.

33. Erika Eichelberger, "10 Things Elizabeth Warren's Consumer Protection Agency Has Done for You", *Mother Jones*, 14 mar. 2014, <https://www.motherjones.com/politics/2014/03/elizabeth-warren-consumer-financial-protection-bureau-2/>. Acesso em: 15 ago. 2015.

34. Do site da Adbusters, <https://www.adbusters.org/spoof-ads>. Acesso em: 15 ago. 2015.

35. "Names &", *Washington Post*, 13 maio 1999, <https://www.washingtonpost.com/archive/lifestyle/1999/05/13/names-38/07e9829a-e023-45dc-b170-ffce9b6b846c/?utm_term=.09e2e819d772>. Acesso em: 15 ago. 2015.

36. Ver, como exemplos, T. Hahn, L. Preuss, J. Pinkse e F. Figge, "Cognitive Frames in Corporate Sustainability: Managerial Sensemaking with Paradoxical and Business Case Frames", *Academy of Management Review* 39, n. 4 (2014): pp. 463-487; e Hahn, Pinkse, Preuss e Figge, "Tensions in Corporate Sustainability: Towards an Integrative Framework", *Journal of Business Ethics* 127, n. 2 (2015): pp. 297-316; N. Slawinski e P. Bansal, "Short on Time: Intertemporal Tensions in Business Sustainability", *Organization Science* 26, n. 2 (2015): pp. 531-549.

8. Experimentação

1. Adam Werbach, 1997, *Act Now, Apologize Later* (Nova York: HarperCollins/Cliff Street Books), p. 248, p. 256.

2. Com novo título para a edição online, Danielle Sacks, "Working with the Enemy", *Fast Company*, set. 1997, <https://www.fastcompany.com/60374/working-enemy>. Acesso em: 12 jan. 2019.
3. Conforme citado em Amanda Witherell, "Is Wal-Mart Going Green or Just Greenwashing?", *San Francisco Bay Guardian*, 16 ago. 2006.
4. Tim Redmond, "Adam Werbach Makes Me Puke", *San Francisco Bay Guardian*, 7 abr. 2008, <http://sfbgarchive.48hills.org/sfbgarchive/2008/04/07/adam-werbach-makes-me-puke/>. Acesso em: 12 jan. 2019.
5. John Sellers, "In Working with Wal-Mart, Activist Adam Werbach Is Abandoning His Principles", Grist, 20 jul. 2006, <http://grist.org/article/sellers/>. Acesso em: 15 mar. 2018.
6. Stephanie Rosenbloom e Michael Barbaro, "Green-Light Specials, Now at Wal-Mart", *New York Times*, 24 jan. 2009, <https://www.nytimes.com/2009/01/25/business/25walmart.html>. Acesso em: 15 mar. 2018.
7. Conforme descrito por Adam Werbach em discurso público na Rotman School, 11 nov. 2009.
8. Com novo título para a edição online, Marc Gunther, "The Green Machine", *Fortune*, 31 jul. 2006, <http://archive.fortune.com/magazines/fortune/fortune_archive/2006/08/07/8382593/index.htm>. Acesso em: 12 jan. 2019.
9. Conforme citado em Sacks, "Working with the Enemy".
10. Conforme citado em Chris Turner, "If You Can't Beat 'Em...", *Globe and Mail*, 15 mar. 2008, <https://www.theglobeandmail.com/technology/science/if-you-cant-beat-em/article669270/>. Acesso em: 15 mar. 2018.
11. Conforme citado em Sacks, "Working with the Enemy".
12. Rosenbloom e Barbaro, "Green-Light Specials, Now at Wal-Mart".
13. Lee Scott, "Twenty First Century Leadership", discurso a associados, 23 out. 2005, <http://corporate.walmart.com/_news_/executive-viewpoints/twenty-first-century-leadership>. Acesso em: 15 mar. 2018.
14. Citado em Charles Fishman, "How Many Lightbulbs Does It Take to Change the World? One. And You're Looking at it", *Fast Company*, set. 2006, <https://www.fastcompany.com/57676/how-many-lightbulbs-does-it-take-change-world-one-and-youre-looking-it>. Acesso em: 15 mar. 2018.

15. Citado em Rosenbloom e Barbaro, "Green-Light Specials, Now at Wal-Mart".
16. Citado em Charles Fishman, "How Many Lightbulbs Does It Take to Change the World?".
17. Diana Budds, "GE Lighting Plans to Stop CFL Bulb Production by Year End", *Fast Company*, 1 fev. 2016, <https://www.fastcompany.com/3056104/ge-lighting-plans-to-stop-cfl-bulb-production-by-years-end?cid=search>. Acesso em: 12 jan. 2019.
18. Rosenbloom e Barbaro, "Green-Light Specials, Now at Wal-Mart".
19. Citado em Witherell, "Is Wal-Mart Going Green or Just Greenwashing?".
20. Sustainability Index Program do Walmart, <https://www.walmartsustainabilityhub.com/sustainability-index>. Acesso em: 12 jan. 2019.
21. Todos os relatórios de responsabilidade e sustentabilidade do Walmart estão disponíveis em <https://corporate.walmart.com/global-responsibility/global-responsibility-report-archive>. Acesso em: 12 jan. 2019.
22. Witherell, "Is Wal-Mart Going Green or Just Greenwashing?".
23. Elizabeth Cline, "Where Does Discarded Clothing Go?", *Atlantic*, 18 jul. 2014, <https://www.theatlantic.com/business/archive/2014/07/where-does-discarded-clothing-go/374613/>. Acesso em: 15 mar. 2018.
24. Scott, "Twenty First Century Leadership".
25. Jason Jay, Sergio Gonzalez e Mathew Swibel, "Sustainability-Oriented Innovation: A Bridge to Breakthroughs", Big Idea: Leading Sustainable Organizations, *MITSloan Management Review*, 10 nov. 2015, <http://sloanreview.mit.edu/article/sustainability-oriented-innovation-a-bridge-to-breakthroughs>. Acesso em: 15 mar. 2018.
26. "More Than Just Trash Talk: Turning Waste into Opportunities", UL Environment webinar, 24 jun. 2015, arquivado em <https://ul.wistia.com/medias/m2nbom4tlw>. Acesso em: 15 mar. 2018.
27. Michael E. Porter e Mark R. Kramer, "Creating Shared Value", *Harvard Business Review* 89, n. 1-2 (2011): pp. 62-77.
28. Conforme citado em Peter Kelly-Detwiler, "How Walmart and G.E. Are Leading Transformation in the Energy Market", *Forbes*, 30 set. 2013, <http://www.forbes.com/sites/peterdetwiler/2013/09/30/walmart-ge-and-lighting-a-case-study-in-market-transformation/>. Acesso em: 15 mar. 2018.

29. Ram Nidumolu, C. K. Prahalad e M. R. Rangaswami, "Why Sustainability Is Now the Key Driver of Innovation", *Harvard Business Review* 87, n. 9 (set. 2009): pp. 57-64.
30. Rosenbloom e Barbaro, "Green-Light Specials, Now at Wal-Mart".
31. Jack Neff, "Why Wal-Mart Has more Green Clout Than Anyone", *Advertising Age*, out. 15, 2007.
32. "You end up with manufacturers voting only for criteria that they already meet", conforme citado em Stacy Mitchell, "Walmart's Greenwash: How the Company's Much-Publicized Sustainability Campaign Falls Short, While Its Relentless Growth Devastates the Environment", Institute for Local Self-Reliance, mar. 2012, <http://ilsr.org/wp-content/uploads/2012/03/walmart-greenwash-report.pdf>. Acesso em: 15 mar. 2018.
33. Sacks, "Working with the Enemy".
34. Adam Werbach e Andy Ruben, "Black Friday Today, Personal Sustainability Tomorrow", Triple Pundit, 23 nov. 2012, <http://www.triplepundit.com/2012/11/personal-sustainability-black-friday/>. Acesso em: 15 mar. 2018.
35. Nina Mažar e Chen-Bo Zhong, "Do Green Products Make Us Better People?", *Psychological Science* 21 (2010): pp. 494-498.
36. B. Monin e D. T. Miller, "Moral Credentials and the Expression of Prejudice", *Journal of Personality and Social Psychology* 81 (2001): pp. 33--43; S. Sachdeva, R. Iliev e D. L. Medin, "Sinning Saints and Saintly Sinners: The Paradox of Moral Self-Regulation", *Psychological Science* 20 (2009): pp. 523-528; Keith Wilcox, Beth Vallen, Lauren Block e Gavan J. Fitzsimons, "Vicarious Goal Fulfillment: When the Mere Presence of a Healthy Option Leads to an Ironically Indulgent Decision", *Journal of Consumer Research* 36, n. 3 (out. 2009): pp. 380-393.
37. "How It Works", Yerdle.com, <https://www.yerdlerecommerce.com/index.html#how-it-works>. Acesso em: 15 mar. 2018.
38. Citado em BBC News, "Shell Stops Arctic Activity After 'Disappointing' Tests", 28 set. 2015, <https://www.bbc.com/news/business-34377434>. Acesso em: 15 mar. 2018. Ver também Reuters, "Arctic Oil Rig Departs Seattle-Area Port Despite Protest", 30 jun. 2015, <https://www.reuters.com/article/us-usa-shell-arctic/

arctic-oil-rig-departs-seattle-area-port-despite-protest-idUSKCN0PA10X20150630>. Acesso em: 15 mar. 2018; e "Greenpeace Protesters Claim Symbolic Victory as Shell Oil Ship Leaves Portland", *Oregonian*, 30 jul. 2015, <https://www.oregonlive.com/portland/index.ssf/2015/07/greenpeace_protesters_claim_sy.html>. Acesso em: 15 mar. 2018.

39. Adeline Yeo, "23 Is the Number", theurbanwire.com, 26 fev. 2008, <http://theurbanwire.com/2008/02/23-is-the-number/>. Acesso em: 15 mar. 2018.

40. Nike, "Jordan Brand Launches Air Jordan XX3", comunicado de imprensa, 8 jan. 2008, <http://news.nike.com/news/jordan-brand-launches-air-jordan-xx3>. Acesso em: 15 mar. 2018; Reena Jana, "Quality over Green: Nike's New Air Jordan", *Businessweek*, 25 jan. 2008, <https://www.bloomberg.com/news/articles/2008-01-25/quality-over-green-nikes-new-air-jordanbusinessweek-business-news-stock-market-and-financial-advice>. Acesso em: 15 mar. 2018.

41. Brandon Richard, "Flashback//Air Jordan XX3 Launch Event in 2008", Sole Collector, 12 fev. 2013, <http://solecollector.com/news/flashback-air-jordan-xx3-23-launch-event-in-2008>. Acesso em: 15 mar. 2018.

42. Nike, "Jordan Brand Launches Air Jordan XX3".

43. "Nike 'Considered' – An Environmental Sustainability Initiative" (caso n. 710-016-1, ICMR Center for Management Research, 2010), <http://www.icmrindia.org/casestudies/catalogue/Business%20Ethics/BECG111.htm>. Acesso em: 15 mar. 2018.

44. As informações nesse parágrafo foram obtidas a partir de Rebecca Henderson, Richard M. Locke, Christopher Lyddy e Cate Reavis, "Nike Considered: Getting Traction on Sustainability" (caso 08-077, MITSloan Management, 21 jan. 2009).

45. "IDSA Awards, Gold 2005: Nike Considered Boot", *Businessweek*, <http://www.bloomberg.com/ss/05/06/idea2005/source/29.htm>. Acesso em: 6 nov. 2015; "Nike Considered Boot", IDSA, <http://www.idsa.org/awards/idea/computer-equipment/nike-considered-boot>. Acesso em: 3 jun. 2018.

46. Jana, "Quality over Green: Nike's New Air Jordan".

47. Conforme citado em Michael Andersen, "How Nike's Considered Line Changed the Company for Good", Sole Collector, 22 abr. 2015, <http://

solecollector.com/news/the-history-of-nike-considered/>. Acesso em: 15 mar. 2018.

48. Eugenia Levenson, "Citizen Nike", *Fortune*, 17 nov. 2008, <http://archive.fortune.com/2008/11/17/news/companies/levenson_nike.fortune/index.htm>. Acesso em: 15 mar. 2018.
49. Jana, "Quality over Green: Nike's New Air Jordan".
50. "Nike 16/17 Sustainable Business Report", 13, <https://sustainability.nike.com/reports>. Acesso em: 12 nov. 2018.
51. "A Natural Step Case Study: Nike", estudo da consultoria Natural Step, que trabalhou com a Nike na criação do modelo Considered, <https://thenaturalstep.org/project/nike/>. Acesso em: 15 mar. 2018.
52. Tilde Herrera, "Nike: From Considered Design to Closing the Loop", Green Biz, 19 out. 2009, <http://www.greenbiz.com/blog/2009/10/19/considered-design-closing-loop>. Acesso em: 15 mar. 2018.
53. Jana, "Quality over Green: Nike's New Air Jordan".
54. "Nike 'Considered' – An Environmental Sustainability Initiative".
55. A Ethical Consumer se descreve como "a principal organização de consumo alternativo do Reino Unido". A entidade avalia o desempenho de empresas em quesitos ligados a meio ambiente, animais, pessoas, políticas e sustentabilidade de produtos. Ver Heather Webb, "Sportswear", Ethical Consumer, 10 set. 2016, <http://www.ethicalconsumer.org/buyersguides/clothing/sportswear.aspx>. Acesso em: 15 mar. 2018.
56. "A Natural Step Case Study: Nike".
57. Stanley Holmes, "Nike Goes for the Green", *Businessweek*, 25 set. 2006, <https://www.bloomberg.com/news/articles/2006-09-24/nike-goes-for-the-green>. Acesso em: 4 nov. 2018.
58. Mitchell, "Walmart's Greenwash".
59. Coral Davenport e Jack Ewing, "VW Is Said to Cheat on Diesel Emissions; US to Order Big Recall", *New York Times*, 18 set. 2015, <https://www.nytimes.com/2015/09/19/business/volkswagen-is-ordered-to-recall-nearly-500000-vehicles-over-emissions-soft ware.html>. Acesso em: 15 mar. 2018.
60. Gregory Unruh, "The Changing Business Climate Is Causing Product Die-Offs", *Sloan Management Review*, 9 out. 2015, <http://sloanreview.

mit.edu/article/the-changing-business-climate-is-causing-product-die-offs/>. Acesso em: 15 mar. 2018.

9. O CEO 360°

1. Kathleen McLaughlin em entrevista a Sarah Kaplan durante evento na Rotman School, conforme publicado em Sarah Kaplan, "Walmart's Journey to Sustainability", *Rotman Management Magazine*, inverno 2017, <http://www.rotman.utoronto.ca/Connect/Rotman-MAG/Back-Issues/2017/Back-Issues---2017/Winter2017-SmartPower/Winter2017-SarahKaplan-WalmartsJourneytoSustainability>. Acesso em: 21 jun. 2018. Grifo da autora.
2. Ver <http://fortune.com/tag/ceo-initiative/> para a cobertura do evento anual pela *Fortune*. Acesso em: 28 jun. 2018.
3. Sarah Kaplan e Rebecca Henderson, "Inertia and Incentives: Bridging Organizational Economics and Organizational Theory", *Organization Science* 16, n. 5 (2005): pp. 509-521; Kaplan, "Truce Breaking and Remaking: The CEO's Role in Changing Organizational Routines", *Cognition and Strategy (Advances in Strategic Management)* 32 (2015): pp. 1-45.
4. Cone Communications, "Millennial Employee Engagement Study", comunicado de imprensa, 2 nov. 2016, <https://static1.squarespace.com/static/56b4a7472b8dde3df5b7013f/t/5819e8b303596e3016ca-0d9c/1478092981243/2016+Cone+Communications+Millennial+Employee+Engagement+Study_Press+Release+and+Fact+Sheet.pdf>; PWC, "Millennials at Work: Reshaping the Workplace", 2011, <https://www.pwc.de/de/prozessoptimierung/assets/millennials-at-work-2011.pdf>; Peggie Pelosi, "Millennials Want Workplaces with Social Purpose. How Does Your Company Measure Up?", Talent Economy, 20 fev. 2018, <http://www.talenteconomy.io/2018/02/20/millennials-want-workplaces-social-purpose-company-measure/>. Acesso em: 16 jun. 2018.
5. Richard Hardyment, "CSR After the Volkswagen Scandal", Triple Pundit, 28 out. 2015, <https://www.triplepundit.com/2015/10/csr-volkswagen-scandal/>. Acesso em: 3 jun. 2018.
6. Aaron Dhir, *Challenging Boardroom Homogeneity: Corporate Law, Governance, and Diversity* (Cambridge: Cambridge University Press, 2015); Margarethe

Wiersema e Marie Louise Mors, "What Board Directors Really Think of Gender Quotas", *Harvard Business Review*, <https://hbr.org/2016/11/what-board-directors-really-think-of-gender-quotas>. Acesso em: 20 fev. 2018.

Epílogo: Uma nova perspectiva para os stakeholders

1. Sarah Whitten, "Trump Attacks Merck CEO for Stepping Down from Manufacturing Council in Protest", CNBC, 14 ago. 2017, <https://www.cnbc.com/2017/08/14/merck-ceo-resigns-from-trumps-american-manufacturing-council.html>. Acesso em: 27 jun. 2018.
2. Jeva Lange, "Major American Companies Say Thanks but No Thanks to Trump's Environmental Regulation Rollbacks", Week, 30 mar. 2017, <http://theweek.com/speedreads/689276/major-american-companies-say-thanks-but-no-thanks-trumps-environmental-regulation-rollbacks>. Acesso em: 27 jun. 2018.
3. Chip Bergh, "Levi Strauss CEO: Why Business Leaders Need to Take a Stand on Gun Violence", *Fortune*, 4 set. 2018, <http://fortune.com/2018/09/04/levi-strauss-gun-violence-parkland/>. Acesso em: 9 set. 2018.
4. Exemplo: Kate Conger e Daisuke Wakabayashi, "Google Overhauls Sexual Misconduct Policy After Employee Walkout", *New York Times*, 8 nov. 2018, <https://www.nytimes.com/2018/11/08/technology/google-arbitration-sexual-harassment.html>. Acesso em: 10 nov. 2018.
5. Seção baseada em informações de David France, *How to Survive a Plague: The Inside Story of How Citizens and Science Tamed AIDS* (Nova York: Knopf, 2016); informações tanto sobre o livro quanto sobre o documentário no qual foi baseado estão disponíveis em <https://surviveaplague.com/>. Acesso em: 27 jun. 2018. Douglas Crimp, "Before Occupy: How AIDS Activists Seized Control of the FDA in 1988", *Atlantic*, 6 dez. 2011, <https://www.theatlantic.com/health/archive/2011/12/before-occupy-how-aids-activists-seized-control-of-the-fda-in-1988/249302/>. Acesso em: 27 jun. 2018; "ACT UP Demonstration at the New York Stock Exchange", NYC LGBT Historic Sites Project, <https://www.nyclgbtsites.org/site/act-up-demonstration-at-the-new-york-stock-exchange/>.

Acesso em: 27 jun. 2018; Tom Carson, "When the Fringe Shapes the Center", *American Prospect*, 28 set. 2012, <http://prospect.org/article/when-fringe-shapes-center>. Acesso em: 27 jun. 2018.

6. Dave Jamieson, "Labor Groups Are Taking on Walmart and McDonald's. But Who Will Fund Their Fight?", Huff Post, 2 jun. 2016, <https://www.huffingtonpost.com/entry/our-walmart-funding_us_574f4b70e4b0eb20fa0cac8b>. Acesso em: 27 jun. 2018.

7. Susan Fowler, "Reflecting on One Very, Very Strange Year at Uber", susanjfowler.com, 19 fev. 2017, <https://www.susanjfowler.com/blog/2017/2/19/reflecting-on-one-very-strange-year-at-uber>. Acesso em: 27 jun. 2018; Johana Bhuiyan, "With Just Her Words, Susan Fowler Brought Uber to Its Knees", Recode, 6 dez. 2017, <https://www.recode.net/2017/12/6/16680602/susan-fowler-uber-engineer-recode-100-diversity-sexual-harassment>. Acesso em: 27 jun. 2018.

8. Grant Suneson e Samuel Stebbins, "What Are the Worst Companies to Work for? New Report Analyzes Employee Reviews", *USA Today*, 15 jun. 2018, <https://www.usatoday.com/story/money/business/2018/06/15/worst-companies-to-work-for-employee-reviews/35812171/>. Acesso em 27 jun. 2018.

9. Hans Taparia e Pamela Koch, "A Seismic Shift in How People Eat", *New York Times*, 6 nov. 2015, <https://www.nytimes.com/2015/11/08/opinion/a-seismic-shift-in-how-people-eat.html>. Acesso em 27 jun. 2018.

10. Osita Nwanevu, "'Sleeping Giants' Is Borrowing Gamergate's Tactics to Attack Breitbart", Slate, 14 dez. 2016, <http://www.slate.com/articles/news_and_politics/politics/2016/12/sleeping_giants_campaign_against_breitbart.html>. Acesso em: 27 jun. 2018.

11. Gretchen Morgenson, "Want Change? Shareholders Have a Tool for That", *New York Times*, 24 mar. 2017, <https://www.nytimes.com/2017/03/24/business/proxy-climate-change-executive-pay.html>. Acesso em: 27 jun. 2018.

12. Peter Staley, "What I've Learned from Thirty Years of AIDS Activism", Vice, 30 mar. 2017, <https://www.vice.com/en_us/article/mgdxy3/what-ive-learned-from-thirty-years-of-aids-activism>. Acesso em 27 jun. 2018.

Índice remissivo

A

Abedin, Sumi, 117
Accord on Fire and Building Safety in Bangladesh (2013), 125-126
accountability: visões culturais da, 145-146; pela segurança, 123
Achille, Antonio, 108
Act Now (Saatchi & Saatchi S), 176, 177, 189
Act Now, Apologize Later (Werbach), 175
ACT UP, 64, 217-219, 222
Adbusters, 99, 172
Advertising Age: sobre crimes com armas de fogo, 157-158; sobre Walmart, 19
Adweek, sobre Nike, 96
África do Sul, relatórios de sustentabilidade exigidos na, 22
Agência dos Estados Unidos para o Desenvolvimento Internacional, 101
Air Jordans. *Ver* Nike
Akhter, Mahmuda, 117
All (sabão lava-roupas), 72-73
Alphabet (Google), 93, 216
Amazon, 25, 216, 221
American Manufacturing Council, 215-216
análise de trade-offs. *Ver* Modo 1 (entender seus trade-offs)
análises inside-out e outside-in, 62-65, 75
Apparel International, 140
Apple, 166, 216
aquisições, business case/argumento econômico para, 77
árvore ROIC (retorno do capital investido), 61
Associação de Fabricantes e Exportadores de Vestuário de Bangladesh, 124
ativismo contra Aids, 217-219, 222
auditoria: auditorias internas, 129-133; e conformidade com normas, 118-119, 124-126; e preocupações de stakeholders, 133-135; independente, 131-133, 137-139
AZT (Burroughs Wellcome), 218-219

B

B Lab, 10
Ballinger, Jeff, 129
Banco Mundial, 100
Bangladesh: Accord on Fire and Building Safety in Bangladesh (2013), 125-126; decisão da Nike sobre fábricas em, 132-134; desabamento do edifício Rana Plaza, 120, 125, 129, 135, 147, 256n28; fábrica Rosita Knitwear, 147-148; incêndio na Tazreen Fashions, 116-124; salário mínimo em, 147
Barclay's, 30
bem-estar animal, 128
Bergh, Chip, 141, 216
BlackRock, 10
Bloomberg, Michael, 216
Blu Skye, 180
Bolsa de Valores de Ontário, 89
Boston Consulting Group, 108
Bowerman, Bill, 57
branding: posição social e consumo conspícuo, 163-167; responsabilidade por, 167-172; sucesso do, 166-167. *Ver também* consumismo
Brandman, Allen, 120
Breitbart, 221
Brill, Yvonne, 91-92, 240n18
Broussard, Aaron, 18
Burroughs Wellcome, 218
Bush, George H. W., 18

business case/argumento econômico da diversidade. *Ver* diversidade

C

cadeia de suprimentos, 115-128; accountability pela, 121-124; auditoria para conformidade com normas [compliance], 124-126; complexidade da, 126-128; exemplo do lava-roupa líquido no Walmart, 71-73, 179, 186, 199, 209; terceirização para manter preços baixos, 57-59, 115-116; tragédias por segurança precária resultantes de, 116-121. *Ver também* transformação
California Management Review, sobre Porter e Kramer, 81
Calvert Foundation, 95
Campbell's, 81
Canadá: CEOs mulheres no, 89-90; licença remunerada no, 102; regulamentação no, 145
Capitano, Philip, 18
Carroll, Archie, 228n5
Champ, Janet, 98
Children's Television Workshop, 158
China, como centro manufatureiro, 146
Clean Clothes Campaign, 249n21
Clinton Global Initiative, 72
Clinton, Bill, 18
Clorox, 186
Comedy Central, 53, 256n28
compliance/conformidade (com normas). *Ver* auditoria; regulamentação/regulação

Connor, Tim, 105

consumismo, 153-173; e branding, 162-171, 255n21; e decisão do consumidor, 158-162; e custos para o consumidor, 50-57, 153-154; e demanda no mercado, 154-158, 187-191, 220; posição social e consumo conspícuo, 163-167

contato em pessoa, para inovação, 138

Costco, 54-56, 126

Crane, Andrew, 81

crimes com armas de fogo: *Advertising Age* sobre, 157; Levi Strauss sobre, 216; resposta do Walmart a, 167

D

Daily Show (Comedy Central), sobre Walmart, 53

Damore, James, 93

Danzig, Fred, 157

decisão, do consumidor, 158-162

Delaney, Judy, 96

demanda, de consumidores, 154-158, 187-191, 220

Departamento para Desenvolvimento Internacional do Reino Unido, 101

desabamento do edifício Rana Plaza, 120, 125, 129, 135, 147, 256n28

desenvolvimento de competências, 138

Destruição criativa (Kaplan, Foster), 31, 59, 208

destruição criativa, sustentabilidade como, 200

Dinamarca, relatórios de sustentabilidade exigidos na, 22

disciplina acadêmica Corporation 360° (Rotman School, University of Toronto), 12, 34-35

diversidade, 83-110; como viabilizador e limitador da ação, 103-108; Dukes, Betty, 87-89; e fontes de discriminação, 89-99; ideias negativas sobre inclusão, 237n8; ímpeto para, 85-89; passos necessários para, 108-110; problemas de lógica do business case para a, 80, 83-85; promover mudanças na, 99-102

E

Edelman, 19

Einstein, Albert, 91

Eitel, Maria, 133

Electronics TakeBack Coalition, 199

Ellison, Jib, 180

emprego e trabalhadores: demissões e mercado acionário, 37; Global Exchange sobre, 133; modelo de negócios de salários baixos do Walmart, introdução a, 50-57; modelo de pirâmide do mercado da Nike, introdução a, 57-59; movimento por melhores condições de trabalho, 140-142; recrutamento e discriminação de gênero, 92-94; salário mínimo, 54, 146, 147, 220; sindicatos, 51-54, 64, 102, 125-126, 147, 191, 219. *Ver também* diversidade; transformação; *nomes específicos de empresas* empresa 360°: CEO 360° para, 205-213; como fonte de inovação e transformação, 17-21; definição, 24-26; roteiro para, 65-66, 110--111, 149-150, 201-202. *Ver também* trade-offs

Enloe, Cynthia, 99

entenda seus trade-offs. *Ver* Modo 1 (entender seus trade-offs)

Envoy Group, 123

Equal Employment Opportunity Commission (EUA), 90-92

Equal Justice Initiative, 64, 139

Ernst & Young, 94, 130

estado de Nova York, Factory Investigating Commission do, 147

"Estratégia e sociedade" (Porter, Kramer), 28

Ethical Consumer, 198, 262n55

ética. *Ver* Responsabilidade Social Empresarial

Everytown Business Leaders for Gun Safety, 216

experimentação e movimento verde. *Ver* sustentabilidade

externalidade (negativa), 49-51

F

Fábrica Rosita Knitwear, 147-148

Factory Investigating Commission (estado de Nova York), 147

Fair Labor Association, 137, 138

Fame Jeans, 120

Fast Company, sobre Werbach, 175, 176

Featherstone, Liza, 54-55

Federal Drug Administration (FDA), 218

Financial Times, sobre diversidade, 83

Fink, Larry, 10

First Trust ISE Global Wind Energy ETF, 30

Fishman, Charles, 115-116, 162, 179

Fiske, Susan, 92-92

Fortune: CEO Initiative da revista, 64, 206; sobre a Levi Strauss, 141; sobre Jordan (Michael), 168; sobre Walmart, 177

Fowler, Susan, 220

France, David, 218

Frazier, Kenneth, 215-216

Freeport-McMoRan, 31

Friedman, Milton: sobre a responsabilidade social da empresa, 9, 23, 33, 45; "The Social Responsibility of Business Is to Increase Its Profits", 227n1, 228n5

Fundo de Pensão do Governo da Noruega, 30

Furacão Katrina, resposta do Walmart ao, 17-21, 205-206

G

ganha-ganha: e diversidade, 84, 94, 108; e liderança, 209; e lidando com paradoxos, 153-154, 171-173; e transformação, 136, 140-144; introdução a trade-offs para, 24, 28-31, 33, 39, 43-44; para sustentabilidade, 180, 181-187,

196; rever trade-offs (Modo 2) para, 69-82
Gap, 123, 126
Gardner, Kevin, 252n24
Georgeac, Oriane, 104
"Ghostwriting" (Children's Television Workshop), 158
Gifford, Frank, 169
Gifford, Kathie Lee, 168, 256n28
Gillibrand, Kirsten, 90
Glick, Peter, 90-92
Global Exchange, 132
Global Reporting Initiative, 22
Globe and Mail (Canadá), sobre accountability, 121-122
Goldman Sachs, 94
González Franch, Oscar, 141
Goodell, Roger, 170
GoodWorks International, 131
Google, 93, 216
Greenhouse, Steven, 130
Greenpeace, 190
Greenwald, Robert, 19, 89, 176
Grist (blog), sobre Werbach, 176

H

Hafenbrädl, Sebastian, 79
Hamburg, Steven, 63, 179, 208
Harper's, sobre Nike, 129
Harris, Claude, 50
Harvard University, 92
Hatfield, Tinker, 192, 196, 197
Hengeveld, Maria, 101

Hewlett-Packard, 185
Hoke, John, 194
Holder, Eric, 220
Hossain, Delwar, 117
How to Survive a Plague (France), 218

I

"I Designed That Cheap Garment" (Sennik), 121-122
igualdade de gênero. *Ver* diversidade
igualdade de salário. *Ver* diversidade
Índia, acidente na Union Carbide na, 38
Indonésia, fábricas da Nike em, 129
inovação. *Ver* Modo 3 (inovar para resolver trade-offs)
Interfaith Center on Corporate Responsibility, 31
investidores: e sustentabilidade ambiental, 211, 221; investimento socialmente responsável por, 31; mudança influenciada por, 11, 217
Investigative Fund (Type Investigations, Nation Institute), 105
Islam, Aminul, 148

J

Jones, Hannah, 133-135, 193, 197
Jordan, Michael, 129, 154-157, 168, 172, 191. *Ver também* Nike

K

Kalanick, Travis, 220
Kalavakolanu, Sridevi, 123

Kaplan, Esther, 217

Kaplan, Sarah: *Destruição criativa*, 31, 59, 208; disciplina acadêmica Corporation 360° (Universidade de Toronto), 12, 34-35

Kernaghan, Charles, 168

Klein, Naomi, 165-167

Klein, Rebecca Calahan, 180

Knight, Phil: sobre condições de trabalho em fábricas, 131, 136, 143; sobre consumismo, 158; sobre diversidade, 97; sobre modelo da pirâmide do mercado, 57, 58

Knowles, Eric D., 237n8

Kramer, Mark, 28, 80-81, 184

Kyle, Barbara, 199

L

Lafley, A. G., 179

Landel, Michel, 84

legitimidade, criação de, 37

Levi Strauss, 115-116, 140-141, 216

licença para operar, 71, 74, 78, 110

liderança, CEO 360° para, 205-213

Locke, Richard M., 137-140

lógica do business case/argumento econômico como problema para, 80, 83-85; exemplos de sucesso do, 69-73; formular business case/argumento econômico para responsabilidade social, 73-78; Modo 2, definição, 25, 38-40; sustentabilidade como business case/argumento econômico, 181-187. *Ver também* diversidade

Lyric Industries, 146-147

M

Making Change at Walmart, 103, 220

Massachusetts Institute of Technology (MIT), 137

Mažar, Nina, 187

McGahan, Anita, 139

McKinsey & Company, 31, 83, 94, 176

McLaughlin, Kathleen, 70, 104, 127, 205

McMillon, Doug, 54, 56

Merck, 215-216

metas: alinhando incentivos para, 211; argumento econômico e definição de metas, 76-78, 101, 104; medir progresso de, 109

Microsoft, 216

MIT Sloan Management Review, sobre Stangis, 82

Mitchell, Stacy, 260n32

modelo da pirâmide do mercado, da Nike, 57-59

modelo de entrega just-in-time, 37. *Ver também* Walmart

modelo de negócios, entender. *Ver* Modo 1 (entender seus trade-offs)

Modo 1 (entender seus trade-offs), 49-65; análises inside-out e outside-in do, 61-65; definição, 24, 36-38; e externalidade (negativa), 49-51; gerar insights com, 75, 109, 124; identificar modelo de negócios para, 49; modelo de negócios da pirâmide do mercado da Nike, 57-60; modelo de negócios, abandonar, 210; perguntas a fazer sobre, 208; roteiro para, 66; modelo de negócios de salários baixos do Walmart, 51-57

Modo 2 (rever trade-offs): definição, 25, 38-40; evitar cilada do business case, 142-143; para valor compartilhado (ganha-ganha), 69-81; perguntas a fazer sobre, 208; roteiro para, 110-111; sustentabilidade como business case/argumento econômico, 181-187. *Ver também* diversidade; valor compartilhado

Modo 3 (inovar para resolver trade-offs): definição, 25, 40-43; lampejos criativos para, 208; mobilizar talentos inovadores, 210; obter valor compartilhado com inovação, 185; perguntas a fazer sobre, 208; roteiro para, 149-150. *Ver também* cadeia de suprimentos; transformação

Modo 4 (prosperar em meio a trade-offs): definição, 26, 43-47; e custos sociais do consumismo, 43; e tensão de trade-offs intratáveis, 153-154, 171-173, 208; iniciativas de sustentabilidade como, 43-46, 72; perguntas a fazer sobre, 208; roteiro para, 201-202. *Ver também* consumismo; sustentabilidade

Momand, Arthur, 164

movimento #MeToo. *Ver* diversidade

movimento B Corporation (B Corp), 10

movimento do culture-jamming, 172

movimento Salve o Ártico, 190

movimento verde. *Ver* sustentabilidade

Murshedy, Abdus Salam, 123

N

Nader, Ralph, 172

Nation Institute, 105

National Labor Committee, 168

National Rifle Association, 158

Nestlé, 32

New York Times: obituário de Brill no, 91-92, 240n15; sobre CEOs mulheres, 89; sobre Google, 93; sobre modelo de salários baixos do Walmart, 53; sobre Nike, 106, 129-130, 171; sobre Pirelli, 107; sobre incêndio na Tazreen Fashions, 120

Nike: Adbusters sobre, 99, 172; Air Max 360, 199; auditorias em fábricas por, 133-139; Flyknit, 25; branding da, 166-171, 255n21; campanha publicitária "If you let me play" da, 97-100, 106; Código de Conduta, 130-131; consumismo e Air Jordans, 154-157, 168, 172; e ambiente de trabalho hostil, 97, 220; estudo e intervenções de Locke para, 139-142; iniciativa NikeGoddess, 106; introdução, 25-28; lugares com mão de obra barata como modelo de negócios da, 37; modelo Considered e Air Jordan XX3, 191-199, *194*, 211; modelo de negócios da pirâmide do mercado da, 57-59, 156; programa Girl Effect [efeito menina],

99-102; programa Grind, 71, 193, 195; relacionamento com Lyric Industries encerrado por, 145-146; relatório de sustentabilidade "16/17 Sustainable Business Report", 75-76; relatório de sustentabilidade "FY 16/17 Sustainable Business Report", 62, 196; relatório de sustentabilidade "FY07-09 Corporate Responsibility Report", 136; relatórios de sustentabilidade da, 63; denúncias de uso de sweatshop contra, 105, 129-133, 142, 191; sobre mercado feminino de roupas e acessórios esportivos, 95-99; valor compartilhado e questões sociais, 30. *Ver também* consumismo; diversidade; cadeia de suprimentos; sustentabilidade; trade-offs

normas de saúde e segurança ocupacional americanas, 132

Nos Bastidores do Walmart (Fishman), 162

Nova, Scott, 118, 122

O

O'Rourke, Dara, 130

Obama, Barack, 216

Oliver, John, 256n28

opções mutuamente excludentes, 23, 36

operações, transformação de. *Ver* transformação

Organic Exchange, 180

Organização das Nações Unidas para o Desenvolvimento Industrial, 130

OUR Walmart, 54, 102, 190, 220

P

paradoxos, lidando com: branding como paradoxo, 167-171; decisões de consumo como paradoxo, 163-167; exemplo da Nike, 154-158; exemplo do Walmart, 158-162; tensão intratável de, 43, 153-154, 171-173

Parker, Mark: sobre assédio sexual, 106; sobre condições de trabalho em fábricas, 136; sobre modelo Considered, 194; sobre sustentabilidade, 71, 75

Pax World Fund, 30

perguntas, fazer, 208

Pirelli, 107-108

Porter, Michael, 28, 36, 80-81, 183

posição social, consumismo e, 163-167

Prahalad, C. K., 135, 139, 185

preconceito implícito, 92-95

Procter & Gamble (P&G), 50, 179, 186, 216

produção: American Manufacturing Council, 215-216; Associação de Fabricantes e Exportadores de Vestuário de Bangladesh, 124; mão de obra barata para a produção, como modelo de negócios, 37; salários mínimos para a, 146, 147. *Ver também* Nike

programas de treinamento/capacitação, para segurança, 127, 252n24

prospere em meio a trade-offs. *Ver* Modo 4 (prosperar em meio a trade-offs)

publicidade infantil, 166
publicidade. *Ver* consumismo

Q

questionamento, importância do, 207
questões de segurança. *Ver* cadeia de suprimentos

R

Rahman, Sakr, 146
Rattan, Aneeta, 104
redução de custos, como justificativa para uso do business case/argumento econômico, 74
redução de riscos, como justificativa para uso do business case, 74
Reebok, 95-99, 198
regulamentação/regulação: auditoria para compliance, 118-119, 124-126; e relatórios de sustentabilidade, 22; e responsabilidade para com distintos stakeholders, 23; visões culturais da, 144-146;
Reich, Robert, 168
Reino Unido, relatórios de sustentabilidade exigidos no, 22
Renati, Claudia, 86
responsabilidade individual, questões de, 188-189
Responsabilidade Social Empresarial (RSE): "maquiagem social", 211; como parte do currículo do curso de administração, 40; comportamento moral e licença para operar, 71, 74, 78, 110, 189;
disciplina acadêmica Corporation 360° (Universidade de Toronto), 12, 34-35; e investimento socialmente responsável, 29--31; e responsabilidade para com distintos stakeholders, 20-28; e valor compartilhado, 28-33, 69-82; Friedman sobre a responsabilidade social da empresa, 9, 23, 33. *Ver também* trade-offs
retorno total aos acionistas (ou retorno total do acionista), definição, 179-80n18
reveja trade-offs. *Ver* Modo 2 (rever trade-offs)
Roethlisberger, Ben, 169-171
Rotman School of Management, University of Toronto: disciplina acadêmica Corporation 360°, 12, 34-35; disciplina de estratégia de MBA da, 50
Ruben, Andy, 178, 188
Ryanair, 36

S

Saatchi & Saatchi S (Act Now), 176, 177, 189
Sadisah (operária de fábrica da Nike), 129
salário mínimo: em fabricantes, 146, 147; Walmart sobre, 56, 220
Sam's Club, 54-55, 86
San Francisco Bay Guardian, sobre Werbach, 176
Schor, Juliet, 163, 166, 172

Scott, Lee, 18, 63, 177-185
Scott, Ramona, 87
Sellers, Joseph, 88-89
Sem logo (Klein), 165-167
Sennik, Sujeet, 121-122, 144
setor de self-storage, consumismo e, 162
sexismo: "sexismo benevolente", 90-92; e ambiente de trabalho hostil, 90, 96-98, 220
"sexismo benevolente", 90-92
Shell Oil, 190
Shiper, Mikail, 122
Sierra Club, 63
Simco, 118
sindicatos: Accord on Fire and Building Safety in Bangladesh (2013), 125-126; em Bangladesh, 147; Making Change at Walmart, 103; representação no conselho de administração, 64
Sistema de Aposentadoria de Funcionários Públicos da Califórnia, 31
Sleeping Giants, 221
Sloan School of Management (MIT), 137
Smith, Mark, 195
Sodexo, 84
Sports Illustrated, sobre Nike, 156, 165
Sprunk, Eric, 134
stakeholders: cocriação com, 139, 143, 207-208; como consideração fundamental, 210-211; responsabilidade para com distintos stakeholders, 21-28; como fonte de inovação (*Ver* transformação); e objetivos sociais, 215-222; teoria do stakeholder, 61
Staley, Peter, 218-219, 222
Stangis, Dave, 81
Stevenson, Bryan, 64, 139
Stewart, Jon, 53
sustentabilidade ambiental. *Ver* sustentabilidade
sustentabilidade, 175-201; "greenwashing" *versus*, 64, 109, 260n32; articular business case/argumento econômico para a, 181-187; como contraponto a consumismo, 175-181; como destruição criativa, 200-201; crescimento do número de relatórios de empresas, 22; e demanda de consumidores, 154-158, 187-191, 220; entender pegada de carbono de produtos, 63; exemplo de lâmpadas LED no Walmart, 39-40, 70, 184; exemplo do lava-roupa líquido no Walmart, 71-73, 179, 186, 199, 209; iniciativas de eficiência hídrica da Nike, 76; prosperar em meio a trade-offs de, 43-46, 191-201, *194*; relatórios de empresas, 22
sweatshops: e consumismo, 129; protestos contra, 97-100, 107, 145. *Ver também* transformação

T

Tannenbaum, Melanie, 92
tatuagens, logos de empresas, 166, 255n21

Tazreen Fashions: comparação com incêndio na Triangle Shirtwaist Factory, 146-147, 251-252n21; incêndio e reação a, 116-124, 251-252n21

Telander, Rick, 156-158, 165

tensão, de trade-offs intratáveis, 153-154, 171-173, 208

teoria da justificação do sistema, 79

terceirização: accountability por segurança, 121-124; auditoria para compliance, 118-120, 124-126; e complexidade da cadeia de suprimentos, 126-128; e tragédias por segurança precária, 116-121; razões para, 57-59, 115-116

The Economist, sobre branding, 167

The Overspent American (Schor), 163

The Promise and Limits of Private Power (Locke), 137

"The Pyramid of Corporate Social Responsibility" (Carroll), 227-228n5

"The Social Responsibility of Business Is to Increase Its Profits" (Friedman), 228n5

This Week Tonight (Comedy Central), 256n28

Thomas, Birdie, 157

Thomas, Michael Eugene, 157

Thorn, Sarah, 102

trabalhadores. *Ver* emprego e trabalhadores

trade-offs, 17-47; ampliar gestão de stakeholders para, 33-36; definição, 38-40; distintos stakeholders e trade-offs, introdução, 21-28; e começar, 212; empresa 360°, definição, 24-26; entender seus trade-offs (Modo 1), definição, 36-38; inovar para resolver trade-offs (Modo 3), definição, 40-43; modos de ação, terminologia, 75; prosperar em meio a trade-offs (Modo 4), definição, 43-47; rever trade-offs (Modo 2), trade-offs, definição, 22-23; usar os quatro modos de ação, 60; valor compartilhado de, 28-33. *Ver também* Modo 1 (entender seus trade-offs); Modo 2 (rever trade-offs)

transformação, 129-149; eficiência operacional como justificativa para uso do business case/argumento econômico, 74; inovar com stakeholders, 135-139; inovar para soluções ganha-ganha, 140-142; melhorar condições com, 144-149; ouvir stakeholders para, 133-135; protestos contra sweatshops como, 129-133, 142, 190; soluções e trade-offs, 142-144

Transparency International, 125

Treatment Action Group, 64

Triangle Shirtwaist Factory, 146-147, 251n21

Trump, Donald, 215-216

Tuba Garments, 118

Type Investigations (Nation Institute), 105

U

Uber, 217, 220

UL Environment, 182, 183

União Europeia (UE), relatórios de sustentabilidade exigidos na, 22
Unilever, 199
Union Carbide, 38
Universidade de Toronto, 12, 34-35, 50
Unzueta, Miguel M., 237n8

V

valor compartilhado, 69-82; business case/argumento econômico minando objetivos da responsabilidade social, 78-82; para resolver trade-offs entre stakeholders, 28-33
valor, geração de. *Ver* Modo 1 (entender seus trade-offs)
Veblen, Thorstein, 164
Vick, Michael, 169-171
Vogel, Lorrie, 196
Volkswagen, 199-200, 211

W

Waeger, Daniel, 79
Wall Street Journal, sobre Nike, 134
Walmart sobre, 51-54, 102, 191, 219
Walmart: e Accord on Fire and Building Safety in Bangladesh (2013), 125; "A Manager's Toolbox to Remaining Union Free", 52; e incêndio na Tazreen Fashions, 116-124; e Werbach sobre sustentabilidade, 63, 175-178, 181, 187-190, 208, 219; exemplo de lâmpadas LED, 39-40, 70, 184; exemplo do lava-roupa líquido, 71-73, 179, 186, 199, 209; Índice de Sustentabilidade, 180, 187; inovação para resolver trade-offs (Modo 3), 25; modelo de entrega just-in-time do, 37; introdução, 26-28; linha de roupas de Kathie Lee Gifford para, 168; metas de sustentabilidade do, 177-181; modelo de baixos salários do, 50-57; preço baixo todo dia, 50, 115, 158-162; programa Women's Economic Empowerment, 85--87, 102-104, 212; programas de treinamento/capacitação para trabalhadores na cadeia de suprimentos, 127, 252n24; projeto Personal Sustainability Project, 187-188; relacionamento com Simco encerrado por, 145; relatório "2016 Global Responsibility Report", 32; relatórios "Global Responsibility Reports", 63, 70-71, 119, 181; resposta ao furacão Katrina pelo, 17-21, 205-206; Sam's Club, 55-56, 86; sobre política de regulamentação ambiental nos EUA, 216; valor compartilhado e questões sociais, 30, 31; *Wal-Mart Stores, Inc. v. Dukes* (2011), 87-89, 103. *Ver também* diversidade; cadeia de suprimentos; sustentabilidade; trade-offs
Wal-Mart: The High Cost of Low Price (Greenwald), 19, 89, 176
"Walmart's Greenwash" (Mitchell), 260n32
Walt Disney, 135, 146

Walton, Sam, 50, 53, 158
Warren, Elizabeth, 172
Werbach, Adam, 63, 175-178, 181, 187-190, 208, 219
Wieden Kennedy, 97-98, 155
Williams, Jamillah Bowman, 103, 237n8
Winslow, Darcy, 106
Women in Leadership ETN (Barclay), 30
Women Investing in Women Initiative (WIN-WIN), 95

Woods, Tiger, 169
Worker Rights Consortium, 118, 122
Worstall, Tim, 56

Y

Yerdle.com, 188
Yo Quiero, Yo Puedo, 140
"Your Sneakers or Your Life" (Telander), 156, 165

Z

Zhong, Chen-Bo, 189